KUNSTDENKMÄLER IN FRANKREICH

BURGUND

KUNSTDENKMÄLER IN FRANKREICH

EIN BILDHANDBUCH

HERAUSGEGEBEN VON
REINHARDT HOOTZ

BURGUND

Text und Bildauswahl
von
BERNHARD LAULE
ULRIKE LAULE
HEINFRIED WISCHERMANN

WISSENSCHAFTLICHE BUCHGESELLSCHAFT
DARMSTADT

CIP-Titelaufnahme der Deutschen Bibliothek

Kunstdenkmäler in Frankreich: ein Bildhandbuch / hrsg. von Reinhardt Hootz. – Darmstadt: Wiss. Buchges.

NE: Hootz, Reinhardt [Hrsg.]

Burgund / Text und Bildausw. von Bernhard Laule . . . – 1991
ISBN 3-534-08440-3
NE: Laule, Bernhard

Gedruckt auf säurefreiem und alterungsbeständigem Bilderdruckpapier
Satz: Fotosatz Janß, Pfungstadt
Druck und Einband: Wissenschaftliche Buchgesellschaft, Darmstadt
Printed in Germany
Schrift: Linotype Garamond, 9.5/10.5 und 8.5/9.5

ISBN 3-534-08440-3

INHALT

VORWORT

Die mit dem Band ›Südfrankreich‹ begonnene Frankreich-Reihe des Bildhandbuches wird mit dem vorliegenden Burgund-Band fortgesetzt. Er umfaßt ein – im Vergleich zum ersten Band – kleines Gebiet, die Départements Côte-d'Or, Saône-et-Loire und Yonne. Es ist dies der größte Teil des 880 gegründeten Herzogtums Burgund. Nur im Norden fehlen das in Richtung Langres in das heutige Département Haute-Marne ausgreifende Gebiet und das nach Westen daran anschließende Territorium um Bar-sur-Seine, beide jedoch ohne bedeutende Kunstdenkmäler (Langres selbst gehörte übrigens nicht mehr zum Herzogtum). Statt dessen schließt heute das Département Yonne das ursprünglich nicht zugehörige Gebiet zwischen Auxerre und Sens mit den Städten Villeneuve-sur-Yonne und Joigny ein. Die Monumente dort sind fast ausschließlich nachmittelalterlich oder nachmittelalterlich erneuert. Die Grafschaft Nevers – identisch mit dem heutigen Département Nièvre – kam wie Flandern, Artois und die Freigrafschaft Burgund erst 1384 mit dem Erbe der Margarete von Flandern an das Herzogtum. Wenn sich also diese Reihe an die Einteilung in Départements hält, die im übrigen oftmals die historischen Grenzen übernommen haben, so geschieht das einem sinnvollen Gesamtkonzept zuliebe. Das Saône-Becken, die Monts du Charolais, ein Stück des Oberlaufs der Loire, der Morvan, die Côte-d'Or und ein Teil des Plateaus von Langres mit dem Quellgebiet der Seine bestimmen das geographische Bild dieses nach allen Seiten offenen Landes.
Es ergibt sich aus der Geschichte Burgunds, daß die Denkmäler überwiegend mittelalterlich sind. Die erste Blütezeit burgundischer (Bau-)Kunst ist den beiden Zentren der großen monastischen Bewegungen des Mittelalters – Cîteaux und, mehr noch, Cluny – zu verdanken. Hauptsächlich seit dem Bau der zweiten Kirche von Cluny begann in Burgund die Auseinandersetzung mit dem Problem der Wölbung, die in den Kirchen der Klöster und Priorate ihren Niederschlag fand. Diese Entwicklung ausführlich darzustellen ist hier nicht der Ort, doch haben sich die Autoren bemüht, die wichtig-

sten Schritte auf dem Weg zur perfekten Wölbung im Text darzustellen. Außerdem sind mehrere Häuser aus dem 13. Jh. aufgenommen, die eine Vorstellung von dem weitgehend unbekannten städtischen Profanbau dieser Zeit vermitteln sollen.

Die zweite große Epoche Burgunds war die Zeit der Grands Ducs, der vier Herzöge aus dem Hause Valois, die von 1363 bis 1477 regierten. Ihre einst unermeßlich reiche, einzigartige Hinterlassenschaft wird man in diesem Buch allerdings vergeblich suchen. Erschütternd wenig ist von ihren Burgen und Residenzen geblieben; die ungezählten Bilder, Statuen und Statuetten, die Teppiche, Möbel, Goldschmiedearbeiten und Handschriften sind fast ausnahmslos im Museumsbesitz, den das Konzept dieser Reihe ausschließt. Doch regte diese Hofkunst in vielen Bereichen eine bedeutende Nachfolge an, die, kaum bekannt, noch überall zu sehen ist. Neben den großen Berühmtheiten Burgunds auch jene Architektur und Plastik zu zeigen, die für Mitglieder der Hofgesellschaft entstanden sind, ihre Familiensitze und die Ausstattung ihrer Grablegen in den Kirchen, die sich fast ausschließlich an herzoglichen Vorbildern orientieren, erschien den Autoren gleichfalls lohnend.

Das Bemühen von Autoren und Verlag, die kunstgeschichtlich wichtigsten Werke außerhalb der Museen im Bild zu zeigen, führte schnell zu der Erkenntnis, daß dies mit den greifbaren Fotos „gängiger“ Objekte nicht erreichbar war. Notwendigerweise mußte deshalb das Bildmaterial fast vollständig neu angefertigt werden. Wir verdanken die für diesen Band angefertigten Fotos Hermann Hessler, Kaiserslautern, und Dr. Bernhard Laule, Freiburg.

Der Bildteil ist wie die Erläuterungen dazu ortsalphabetisch geordnet. Den Erläuterungstexten sind jeweils die Abbildungshinweise vorangestellt, den Orten folgt in Klammern die Angabe des Départements, hinter dem Objekt steht in eckigen Klammern das Planquadrat, in dem auf der beigefügten Karte der Ort zu finden ist. Die durch Grundrisse und Pläne veranschaulichten Texte gehen nicht nur auf das im Bild Gezeigte ein, sie erläutern auch – teilweise sehr ausführlich – den historischen, kirchlichen und kunstgeschichtlichen Rahmen des Bauwerks oder der Ausstattung. So entsteht ein in dieser Art der Darbietung sowie in Auswahl und Fülle der Abbildungen neues und, wie uns scheint, überraschendes Bild der Kunstlandschaft Burgund.

EINLEITUNG

Kaum ein Name tritt in der Geschichtsschreibung Westeuropas so lange und in so unterschiedlichen Zusammenhängen auf wie der Name Burgund. Über nahezu zwei Jahrtausende zieht er sich als gleichzeitig territorialer und ethnischer Begriff durch die Geschichte und bezeichnet wechselnde Gebiete, oft mehrere gleichzeitig. Auch wenn dieses Buch nur jenen verbliebenen Rest Burgunds, die französische Provinz Bourgogne, behandelt, sei dennoch eine knappe Darstellung der Geschichte Burgunds erlaubt, dessen Wurzeln bis in das sagenhafte Burgunderreich am Rhein zurückreichen.

Die frühesten Nachrichten über die wohl aus Dänemark in das westliche Hinterpommern und das Warthe-Netze-Gebiet eingewanderten „Burgundiones" stammen noch aus dem 1. Jahrhundert n. Chr. Während der folgenden Jahrhunderte begegnet man ihnen in der Lausitz, in Brandenburg, sogar in Ungarn und Rußland. Im 3. Jahrhundert scheint sich eine bedeutende Gruppe westwärts gewandt und das ehemalige Alemannengebiet am Main besetzt zu haben, um sich dann mit den Römern zu verbünden. 406/07 überquerten sie den Rhein. Dies war wohl der Anfang des ersten Burgunderreiches des „phylarchus" Gundahar, von dem das Nibelungenlied berichtet, und das vermutlich 435/36 im Kampf gegen Aetius, den römischen Statthalter in Belgien, vielleicht aber auch gegen die einbrechenden Hunnen so stark geschwächt wurde, daß zeitgenössische Quellen von vollständiger Auslöschung sprechen.

Das zweite, historisch wesentlich besser faßbare Burgunderreich entstand um 443, als das Restvolk der „Burgundiones" von Rom in der römisch besiedelten Sapaudia südlich des Genfer Sees Siedlungsland nach den Bedingungen der Landteilung erhielt. Damit begann der starke Romanisierungsprozeß der ostgermanischen Burgunder, die offenbar rasch zu einer Führungsschicht erstarkten und durch geschicktes politisches Lavieren zwischen der wachsenden Macht der Franken im Norden und dem weströmischen Kaisertum im Süden innerhalb von zwei Generationen ein ausgedehntes Reich an der Rhône zu errichten verstanden. Seine größte Ausdehnung erlangte dieses zweite Burgunderreich um 500 unter König Gundobad, der das burgundische Recht in der ›lex gundobada‹ erstmals schriftlich niederlegen ließ. Es reichte damals im Norden ungefähr bis Langres und bis zum Rhein, schloß im Westen den oberen Lauf der Loire ein und berührte im Süden und Osten Arles und die Westalpen. Die Königsresidenzen waren Genf und Lyon. Es ist dabei nicht uninteressant, daß – wie offenbar schon im ersten Burgunderreich am Rhein – jeweils alle Söhne eines Königs Herrschaftsansprüche besaßen und in unterschiedlichen Städten residierten. Der älteste unter ihnen behielt aber die Führungsrolle. Dem drängenden Expansionswillen des Frankenkönigs Chlodwig, der mit Chrotechilde (Clothilde), der Tochter des burgundischen Königs Chilperich II., verheiratet war, konnte Burgund auf Dauer nicht widerstehen. 534 unterlag König Godomar III. den Chlodwig-Söhnen Chlotar und Childebert in der Schlacht bei Autun, nachdem schon Königin Chrotechilde dessen Bruder Sigismund, ihren Neffen, hatte ermorden lassen. Sigismund war 502, noch vor seinem Bruder Godomar, vom Arianismus zur katholischen Kirche übergetreten und hatte der Legende zufolge an den Gräbern des hl. Mauritius und der thebaischen Märtyrer in Agaunum ein Kloster gestiftet (Saint-Maurice-d'Agaune), in dem er später beigesetzt wurde. Er ist der erste als heilig verehrte germanische König.

Burgund wurde dem fränkischen Reichsverband einverleibt und dem fränkischen Prinzip der Herrschaftsteilung unterworfen. Das Zentralgebiet mit Mâcon, Lyon und Genf fiel an Childebert, dessen Residenzen nun Paris und Orléans waren, Chlotar (gen. von Soissons) erhielt wohl den Süden mit Vienne und Grenoble, und der Norden mit Nevers, Langres, Besançon und Autun ging an ihren Neffen Theudebert von Metz. 537 traten die Ostgoten die Provence und das restliche Alemannien vertraglich an die Franken ab.

Der einzige überlebende Sohn Chlodwigs war Chlotar. Vor seinem Tod 561 konnte er deshalb das Reich erneut unter seinen vier Söhnen aufteilen. Diese anfängliche Vierteilung wurde aber durch den Tod von Charibert von Paris bald zu einer Dreiteilung: Sigibert erhielt das Ostreich (Austrien) mit den Hauptstädten Metz und Reims, Chilperich das Westreich (Neustrien oder Franzien) mit Soissons und Paris und Gunthram Burgund mit Orléans und Chalon-sur-Saône als neuen Residenzen. In diesem neuen Burgund kamen nun noch mehrere Landstriche zum alten Herrschaftsgebiet hinzu und wurden unter dem alten Namen zusammengeschlossen. Bis zum Tode Gunthrams hielt Burgund mit Hilfe eines mächtigen römischen Beamtentums die Vormachtstellung im fränkischen Großreich. Danach zerbrach die Trias Austrien–Neustrien–Burgund bald an der dynastischen Nachfolge. Als nämlich 592 König Gunthram söhnelos starb, fiel Burgund durch den 587 geschlossenen Vertrag von Andelot an Childebert II. von Metz, d. h. an Austrien. Wenig später, im Jahr 613, endete indessen auch diese Dynastie, und Burgund fiel an König Chlotar II. von Neustrien. Nach fränkischer Erbfolge wurde Chlothar damit wieder zum Alleinherrscher. Allerdings hatte inzwischen der austrische Adel seine Stellung durch die Wahrnehmung politischer Ämter erheblich ausbauen können, ein Vorgang, der die königliche Macht stark behinderte. In ihrem Haß gegen die alten burgundischen Sonderansprüche waren Austrien und Neustrien sich jedoch einig, und burgundische Eigenständigkeit wurde zugunsten fränkischer Staatsdurchsetzung zurückgedrängt. Ein letztes Mal versuchten 656 Bischof Leodegar von Autun und sein ihm verbündeter Bruder Graf Warin an der Spitze des weltlichen und geistlichen Adels vergeblich, sich gegen Ebroin, den zur Macht über alle drei Teilreiche aufstrebenden neustrischen Hausmeier, zu erheben. Fast gleichzeitig mißlang auch der erste Staatsstreich der in Austrien mächtig gewordenen Pippiniden, die aber dennoch 687 in der Schlacht von Tertry Neustrien endgültig besiegten.

Die Zeit der austrischen Hausmeier, der Karolinger, hatte nun begonnen. 751 wurden sie mit Pippin d. J. als Königtum legitimiert. Das Fränkische Reich wurde grundlegend neu geordnet. Die Machtzentren verlagerten sich aus dem romanisch geprägten Süden und Westen in den germanischen Osten, an Nieder- und Mittelrhein, und Burgund sank für zwei Jahrhunderte zu einer Nebenlandschaft ab. Wesentlich schuld an dieser Entwicklung war neben der Absicht des fränkischen Herrscherhauses auch die starke Islamisierung des Mittelmeeres. Dadurch verlagerten sich die jahrhundertealten Handels- und Verkehrswege vorübergehend, während nur der ostburgundische Raum mit den Westalpenpässen durch die Ausweitung des fränkischen Einflußbereichs nach Süden (Langobarden) schon um die Mitte des 8. Jahrhunderts wieder Bedeutung gewann.

Bei der karolingischen Reichseinteilung war der Zusammenhang der alten Burgundia ebensowenig berücksichtigt worden wie die Grenzen der merowingischen Teilreiche. 843 teilte der Vertrag von Verdun das Großreich wieder unter den Söhnen von Ludwig dem Frommen auf. Karl II., der Kahle, bekam Westfranken, Ludwig II., der Deutsche, Ostfranken und Lothar das Mittelreich, an dem die Kaiserkrone hing und das als breiter Streifen von Friesland bis zur Provence Ost- und Westfranken trennte und im Südosten die Lombardei, Friaul und Italien bis zum Herzogtum Benevent einschloß. Zum westfränkischen Verband gehörte künftig Nordburgund mit den Städten Chalon-sur-Saône, Autun und Auxerre. Karl der Kahle, seit 876 Kaiser, erhob dieses Gebiet 880 für seinen Schwager Richard den Gerechten zum Herzogtum. Die restliche Burgundia gehörte zunächst zum lotharingischen Mittelreich, wurde aber schon 855 beim Tod Kaiser Lothars I. erneut unter dessen Söhnen aufgeteilt. Ludwig III. erhielt Italien mit der Kaiserkrone, Lothar das nach ihm benannte Lothringen und Jura-Burgund, den ehemaligen „pagus ultrajoranus" des 8. Jahrhunderts mit den Städten Besançon und Genf, und Karl das „regnum Provinciae" mit den Dukaten Lyon–Vienne. Nachdem bis 863 Karl und Lothar ohne Nachkommenschaft gestorben waren, wurden im Vertrag von Meersen die Grenzen abermals neu festgelegt: Karl der Kahle konnte die Grenze Westfranziens bis an die Rhône und über das Herzogtum Vienne ausdehnen, gewann einen Teil Jura-Burgunds mit Besançon und Teile von Lothringen, während Ludwig der Deutsche Friesland und die restlichen Teile Lothringens und Jura-Burgunds (bis zum Genfer See) bekam. An Kaiser Ludwig II., den letzten noch lebenden Sohn Kaiser Lothars I., fiel das „regnum Provinciae" bis zur Rhône, das allerdings bei dessen Tod 875 ebenso wie die Kaiserkrone an Westfranzien fiel. Wenige Jahre später – 879 – ließ sich der ehrgeizige Graf Boso, ein Schwager Kaiser Karls III., des Dicken, und Schwiegervater des Kaiserenkels Karlmann, auf der Bischofssynode von Mantaille zum König wählen. Damit war es Boso als erstem Nichtkarolinger gelungen, sich vom regnum Francorum ein eigenes Königtum abzuspalten, an dem – wie am westfränkischen Herzogtum – der alte Name Burgund hing, regnum Burgundiae. Den Tod Kaiser Karls III., der letztmals das gesamte karolingische Großreich geeint hatte, nutzte 888 auch der wie Boso mehrfach mit den Karolingern verschwägerte Welfe

Rudolf. Auch er schuf sich, begünstigt durch die Wirren der Zeit, ein eigenes Königtum und ließ sich im welfischen Hauskloster Saint-Maurice-d'Agaune krönen. Sein Herrschaftsgebiet schloß Besançon, Basel und Genf ein und trug ebenfalls seit Jahrhunderten den Namen Burgund. Rudolf trug die Titel rex Burgundionum, rex Jurensium oder auch rex Alemannorum. Späterhin wurden aus diesem Gebiet die Freigrafschaft Burgund, der Paßstaat Savoyen und die französische Schweiz. Zur Unterscheidung der beiden neu konstituierten Königtümer wurde Rudolfs Gebiet Burgundia superior genannt, Bosos Territorium Burgundia inferior – Hoch- und Niederburgund.

Am Ende des 9. Jahrhunderts unterschied man also drei benachbarte Herrschaftskomplexe auf dem Gebiet des zweiten Burgunderreiches, an denen allen der Name Burgund haftengeblieben war. Hoch- und Niederburgund blieben auf Jahrhunderte vom deutschen Kaisertum abhängig, die westfränkische Burgundia aber, das Herzogtum Burgund, wurde mit der Festigung des Weststaates französisch.

1031 gelangte dieses Herzogtum als Kronlehen in die Hände eines Kapetingers: Henri Ier verlieh die Herzogswürde seinem jüngeren Bruder Robert mit dem Recht, es an seine Erben weiterzugeben. Diese Dynastie hielt sich in ununterbrochener Folge bis 1361 (während die Kapetinger auf dem französischen Thron schon 1328 durch die Valois abgelöst worden sind) und sicherte in zäher Aufbauarbeit den Bestand des Herzogtums.

Im frühen 10. und im frühen 12. Jahrhundert nahmen die beiden großen monastischen Gründungen des Mittelalters – Cluny und Cîteaux – hier ihren Anfang. Die allgemeine Unsicherheit durch Sarazenen-, Normannen- und Ungarneinfälle ebenso wie durch die wachsende Verselbständigung des Adels beim Verfall des Karolingerreiches, die sich gerade in der geographischen Mitte, dem „Durchgangsland", besonders schwer bemerkbar machte, hatte 910 zur Gründung des benediktinischen Reformklosters Cluny geführt. Die unmittelbare Abhängigkeit vom Heiligen Stuhl (nicht von bischöflicher oder weltlicher Stifter-Gewalt), die 931 gewährte Reformlizenz, die Wahrung unmittelbarer Abhängigkeit aller Kongregationen und Filialen von der Mutterabtei, die strenge Observanz und nicht zuletzt die herausragenden Persönlichkeiten der er-

sten Äbte ließen den jungen Orden schnell zu einer ordnenden Macht im feudal geprägten Staat werden. Im Laufe des 10. Jahrhunderts breiteten sich die Cluniazenser zunächst in Burgund und Aquitanien, von wo auch die bedeutendsten Äbte kamen, und in Italien aus und griffen im 11. Jahrhundert auf Spanien und über die Normandie auf England über. Im germanisch geprägten Reichsgebiet hingegen blieben cluniazensisch reformierte Klöster eher die Ausnahme (z. B. St. Blasien und Hirsau). Die rasche Expansion des Mutterklosters bedingte in vergleichsweise kurzer Zeit den Bau von drei Kirchen, von denen nur die letzte, 1089 von Abt Hugo begonnene, noch in Resten steht. Doch vermittelt auch dieser Torso ebenso wie die Nachfolgebauten und die Quellen einen Eindruck von der schöpferischen Kraft der Cluniazenser, mit der sie Bauten nach ihren Vorstellungen und für ihre liturgischen Zwecke „erfanden" und prachtvoll ausstatteten.
Eben dieser Reichtum an Ausstattung aller Art brachte Cluny in den Gegensatz zur zweiten großen Ordensgründung des Mittelalters, den 1075 bzw. 1098 gegründeten Zisterziensern, die bis 1115 die vier bedeutenden Töchter La Ferté (1113), Pontigny (1114), Clairvaux (1115) und Morimond (1115) gründeten und schließlich weit über 700 Filialen besaßen. Anders als Cluny war Cîteaux nicht zentralistisch, die Tochterklöster waren wirtschaftlich wie administrativ vom Mutterkloster unabhängig, das nur durch die jährlichen Visitationen des Generalkapitels eine lockere Kontrolle behielt. Der Gegensatz zwischen Cluny und Cîteaux lag aber nicht allein im Unterschied der Observanzen, sondern vielmehr in den unterschiedlichen religiösen Haltungen begründet, denn während die Cluniazenser weltoffen und volksseelsorgerisch auftraten, Wallfahrten anregten, eine feierliche Liturgie inszenierten, kultivierten die Zisterzienser die Einsamkeit und die Askese, die in der absoluten Schmucklosigkeit ihrer Architektur gipfelte. Schriftliches Dokument der leidenschaftlichen Auseinandersetzung zwischen beiden benediktinischen Lebensformen ist der Brief- und Traktatwechsel zwischen Bernhard von Clairvaux und Petrus Venerabilis.

Das von den kapetingischen Herzögen mehr als 300 Jahre verwaltete Herzogtum fiel beim Tod des erst siebzehnjährigen Philippe de Bourgogne 1361 zurück an die Krone, und Jean II le Bon gab es seinem jüngsten Sohn Philippe, der sich 1356 in der verhängnisvollen

I Bussy-le-Grand. Château de Bussy-Rabutin: Hofseite

II Semur-en-Auxois. Stadt mit Burg und Notre-Dame

III Auxerre. Blick über die Yonne auf die Kathedrale Saint-Etienne und den Bischofspalast

IV Pontigny. Zisterzienserklosterkirche: Seitenschiff

V Berzé-la-Ville. Château des Moines: Chorfresko-Detail

VI Chablis. Saint-Martin: Inneres nach Osten

VII Saint-Vincent-des-Prés. Saint-Vincent von Südosten

VIII Saint-Bris-le-Vineux. Saint-Prix-et-Saint-Cot von Südosten

IX Sens. Kathedrale Saint-Etienne: Westfassade

X Joigny. Saint-Jean: Langhaus-Südseite

XI Saint-Julien-du-Sault. Saint-Pierre: Chor von Süden

XII Anzy-le-Duc. Ehem. Prioratskirche von Süden

XIII Dijon. Notre-Dame: Westfassade

XIV Cruzy-le-Châtel. Château de Maulnes

XV Berzé-le-Châtel. Burg: Torbau

XVI Beaune. Hôtel-Dieu:
Engel vom Weltgerichtsaltar des Rogier van der Weyden

Schlacht von Maupertuis gegen England durch besondere Tapferkeit ausgezeichnet hatte. Damit begann für das Herzogtum und für die künftige Dynastie des jungen Philippe ein märchenhafter Aufstieg, auf dessen Höhepunkt etwa ein Jahrhundert später ein neues Königtum – vielleicht sogar die Kaiserkrone – in greifbare Nähe rückte. Zwar waren Land und Städte durch den Feldzug des Engländers Edward IIIrd verarmt und geplündert, doch hatte der letzte Kapetinger dem ersten Valois ein Erbe besonderer Art hinterlassen: Er war mit Margarete von Flandern, der reichen Erbtochter des Ludwig von Maele, verheiratet gewesen, und auf dieses Versprechen berief sich Philippes Bruder Charles V. Mit dieser Verbindung eröffneten sich für Burgund glänzende Aussichten. Es erhielt die reichen und fruchtbaren Gebiete von Flandern, Nevers und Artois und die Freigrafschaft Burgund (Franche-Comté) als Reichslehen. Gleichzeitig bedeutete das aber auch, daß Philippe künftig nicht nur von Frankreich, sondern auch vom Reich lehensabhängig war. Schon unter Philippes unmittelbaren Nachfolgern kamen in rascher Folge Brabant-Limburg, Hennegau, Holland, Seeland und Friesland, die Markgrafschaft Namur, die Herzogtümer Luxemburg und Geldern und die geistlichen Fürstentümer Cambrai, Lüttich und Utrecht hinzu. Philippe nannte sich vorerst Sohn des Königs von Frankreich, Herzog von Burgund, Graf von Flandern, Artois und der Freigrafschaft Burgund, Herr von Salins, Graf von Rethel, Herr von Mecheln. Dem König von Frankreich gegenüber verhielt er sich absolut loyal. Doch Charles V starb schon 1380 und hinterließ zwei minderjährige Söhne – Charles und Louis. Die Regentschaft übernahmen deren Oheime Philippe de Bourgogne, Jean de Berry und Louis d'Anjou, letzterer starb jedoch ebenfalls schon 1384. Damals lehnte sich der junge König unter der Einfluß seines Bruders Louis zum ersten Mal gegen die Bevormundung durch die beiden Regenten auf. 1388 verlangte er die Alleinherrschaft. Als sich seit 1392 der geistige Zustand des jungen Charles VI rasch verschlechterte, verlangte Louis, soeben zum Herzog von Orléans ernannt, die Regentschaft. Sowohl seine Oheime als auch die Stände von Frankreich jedoch hielten Louis für zu jung. Philippe de Bourgogne übernahm erneut Regierungsvollmachten. Der Streit zwischen Burgund und Orléans hatte begonnen. Er sollte Jahrzehnte dauern und einen seiner traurigen Höhepunkte in der Ermordung des Herzogs von Orléans im Auftrag seines Vetters Jean sans Peur finden. Jean, Nach-

folger seines Vaters Philippe de Bourgogne seit 1404, ließ in einem meisterhaft verfaßten Pamphlet des Magisters Jean Petit, der berühmt gewordenen ›Justification du Duc de Bourgogne‹, diese Tat vor dem Volk von Paris als Tyrannenmord legitimieren. Noch waren dem Herzog von Burgund die Belange Frankreichs wichtiger als die Ausweitung seiner eigenen Territorien, doch lag ihm viel am Frieden mit England, das Wolle für die flämischen Webereien lieferte.
1419 wurde auch Jean sans Peur ermordet. Hinter diesem Attentat stand die Orléans-Partei um den Dauphin, den späteren König Charles VII, die sich nach ihrem neuen Anführer Bernard d'Armagnac nun Armagnacs nannte.
Der Sohn von Jean sans Peur, der junge Philippe le Bon, war nicht mehr in erster Linie Franzose. Er war in den Niederlanden aufgewachsen und sprach die flämische Sprache. Zeitgenössischen Berichten zufolge war er „allein dem Aussehen nach ein Kaiser, der wegen seiner natürlichen Gaben verdiente, eine Krone zu tragen". Sein Haß gegen den Dauphin, dem allein er den Mord an seinem Vater anlastete, trieb ihn auf die Seite Englands. So schloß er im Mai 1420 mit der Exilregierung in Troyes unter Königin Isabeau, der Gemahlin des regierungsunfähigen Charles VI, und England den berüchtigten Vertrag von Troyes. Darin wurde der Dauphin am Attentat an Jean sans Peur für schuldig erklärt und enterbt. Cathérine de Valois, die Tochter von Charles VI und Isabeau, wurde mit dem englischen Thronfolger Henry Vth vermählt. (Philippe selbst war übrigens mit Cathérines Schwester Michelle de Valois verheiratet.) Beim Tod des Königs sollte der Engländer Henry den französischen Thron besteigen. Doch der starb schon 1422. Er hinterließ einen Sohn, für den der Herzog von Bedford handelte. Als wenig später auch Charles VI starb, standen sich der Dauphin mit seiner Regierung in Bourges und der Herzog von Bedford, der zusammen mit Philippe le Bon Paris beherrschte, mit ihren Thronansprüchen gegenüber. Jeanne d'Arc, dem Bauernmädchen aus Domrémy, gelang es 1429, den Dauphin zur Krönung nach Reims zu führen, doch fiel sie danach den Burgundern in die Hände, wurde an England ausgeliefert und 1431 in Rouen verbrannt.
Gleichwohl begann sich das französische Königtum zu erholen, und Philippe le Bon – der Meister der Diplomatie – wandte sich klug und flexibel wieder Frankreich zu. 1435 schloß er mit Charles VII

den Frieden von Arras, in dem Frankreich als Sühneleistung für den Mord an Jean sans Peur die Somme-Städte an Burgund abtrat und Philippe auf Lebenszeit von der Huldigungspflicht befreit wurde. Dieses Zugeständnis versetzte Philippe in die Lage, ungeachtet des andauernden Krieges zwischen England und Frankreich, mit England Sonderabmachungen zu treffen und eine selbständige Außenpolitik zu führen. Daneben hatte Philippe – wesentlich durch die Unterstützung durch seinen Kanzler Nicolas Rolin (der dieses Amt 40 Jahre verwaltete) – seine heterogenen Länder auch innerlich konsolidiert und zu einem Staat geeint. Seit den vierziger Jahren verhandelte er mit Kaiser Friedrich III. um einen burgundischen Königstitel für seine Reichslehen. Sein Sohn Charles „le Téméraire" aber hatte noch weiterreichendere Pläne: Er betrieb die Wiederherstellung des alten lotharingischen Mittelreichs. Auch er verhandelte mit Kaiser Friedrich, zunächst um eine Königskrone, die in Trier 1473 in greifbarste Nähe gerückt war. Die Kathedrale von Trier war bereits für die Krönung vorbereitet, die Insignien lagen bereit, als der Kaiser plötzlich abreiste. Das Pfand des Burgunders in diesen Verhandlungen war die von Habsburg dringend gewünschte Verbindung zwischen Friedrichs Sohn Maximilian und der burgundischen Erbtochter Maria, der Charles nur dann zustimmen wollte, wenn er selbst beim Tod Kaiser Friedrichs als Statthalter für Maximilian zum Kaiser gekrönt würde. Damit hatte er den Bogen offensichtlich überspannt. Zudem hatte er sich – diplomatisch weniger geschickt als sein Vater – durch die Heirat mit Margarete von York, der Schwester des englischen Königs Edward VIth, die erbitterte Feindschaft von Louis XI eingehandelt. Dieser begann nun, auf dem Verhandlungswege die burgundischen Bündnisse aufzubrechen und den Herzog einzukreisen. 1476 verlor dieser gegen die Eidgenossen die Schlachten bei Grandson und Murten, 1477 bei Nancy gegen die vereinigten Truppen unter René II. von Lothringen, in der Charles le Téméraire fiel. Seine Tochter Maria heiratete wenig später Maximilian. Die Reichslehen und die „burgundischen Niederen Lande" gingen an Habsburg, das Herzogtum und die Picardie fielen wie einst im Vertrag von Verdun (843) Frankreich zu. Damit war der ein Jahrhundert dauernde Dualismus Frankreich–Burgund zu Ende, doch begann gleichzeitig der nicht weniger dramatische Konflikt Frankreich–Habsburg, dessen Grenzen nun unmittelbar aneinanderstießen. „Denn die Geschichte Europas kommt seitdem vom Verhängnis und Vermächtnis Burgunds nicht mehr los", sagte Johan Huizinga in einer vielzitierten Rede.

Louis XI vergab das Herzogtum nicht mehr. Es wurde zur französischen Provinz mit einer Ständeverwaltung, die ihren Sitz in Dijon hatte. Der König ließ systematisch jede Erinnerung an die Herzöge tilgen, indem er ihre Burgen und Residenzen zerstören oder wenigstens verfallen ließ. Die Bourgogne am Rande des mehr und mehr auf Paris konzentrierten Frankreich spielte politisch keine Rolle mehr. Nach der Revolution wurde sie in drei Départements aufgeteilt – Côte-d'Or, Saône-et-Loire und Yonne –, die den alten Grenzen aber nur ungefähr entsprechen.

Von der bis ins Paläolithikum zurückreichenden Siedlungsgeschichte dieses nach allen Seiten offenen Durchgangsgebiets zeugen Funde, die Grabungen 1866 und 1922 am Kalkfelsen von Solutré bei Mâcon zutage förderten, darunter die Reste von zahllosen Pferdeskeletten. In strategisch günstigen Höhenlagen, am Mont-Auxois, am Mont-Lassois und am Mont-Beuvrai, fand man ausgedehnte bronzezeitliche Siedlungen. Seit die Griechen sich im westlichen Mittelmeerraum niedergelassen hatten (Marseille wurde um 600 v. Chr. gegründet), führte eine der ältesten und bedeutendsten Süd-Nord-Verbindungen von Massalia (Marseille) über Rhône und Saône nach Alesia und nach Westen, oder über die Burgundische Pforte in die keltisch besiedelten Gebiete an Rhein und Donau. Alesia war eines der wichtigsten keltischen Oppida mit bedeutenden Heiligtümern, von denen Reste ausgegraben wurden. 52 v. Chr. eroberte Caesar diesen wichtigen Stützpunkt.

Obgleich durch Quellen und Grabungen für viele Städte keltische und römische Besiedlung oder wenigstens Militärstützpunkte gesichert sind, ist vergleichsweise wenig stehengeblieben. Nur Autun – das Rom der Gallier – besitzt bescheidene Reste einer einst prächtigen Stadt mit zahlreichen öffentlichen Gebäuden und einer Universität: den sog. Janustempel, zwei Tore und das Theater. Griechische Grabinschriften bezeugen Christen in Autun schon für das ausgehende 2. Jahrhundert. Auch in Mâcon, Chalon-sur-Saône, Tournus und Dijon sollen der Legende zufolge bei der Christenverfolgung von Lyon 177/78 Christen das Martyrium erlitten haben. Dennoch bestimmt die christliche Kunst nun für mehr als ein Jahrtausend fast ausschließlich den Denkmälerbestand, denn mit der fränkischen Eroberung und der Taufe des Frankenkönigs Chlodwig 496/97 gewann die römische Kirche durch Stiftungen und Schenkungen des Königshauses und des Adels rasch an Bedeutung und Macht. Bischofssitze gab es allerdings schon seit dem späten 4./frühen 5. Jahrhundert in Auxerre, Autun und Mâcon. Chalon-sur-Saône kam gegen Ende des 5. Jahrhunderts hinzu. Eines der ältesten Klöster im fränkischen Einflußbereich, Moutiers-Saint-Jean, bestand seit der 1. Hälfte des 5. Jahrhunderts. Für das 6. Jahrhundert berichten die Quellen häufiger von Klostergründungen, z. B. in Châtillon-sur-Seine (Klosterschule), Tournus, Saint-Seine-l'Abbaye und Bèze oder von Kirchenstiftungen über Märtyrergräbern in Dijon, Saint-Seine-sur-Vingeanne, Auxerre und Sens (wo um 600 eine Kirchenfamilie bestand); in Autun, Saint-Bris-le-Vineux und Saulieu waren sie sogar noch älter.

Die ältesten stehenden Bauten aus der Zeit vor 1000 sind die Krypten von Flavigny-sur-Ozerain (um 864/87) und Auxerre, wo um 840/60 ein älteres Oratorium über dem Germanus-Grab erneuert wurde.

Wenig ist auch von den Burgen des 1. Jahrtausends auf uns gekommen, doch sind manchmal noch Lage und Abmessungen der später wesentlich verkleinerten Anlagen faßbar, wie z. B. in Epoisses, dem merowingischen Königshof, in Druyes-les-Belles-Fontaines, dem Drogia des 6. Jahrhunderts, in Montréal und Noyers.

Erst um 1000 wird der Denkmälerbestand dichter; während der ersten Hälfte des 11. Jahrhunderts entstanden bedeutende Großbauten in Burgund: in Dijon die einzigartige Rotunde über dem Benignus-Grab, von der das unterste Geschoß erhalten ist (die fünfschiffige Basilika mußte dem hochgotischen Bau weichen), in Tournus begann die Erneuerung der Klosterkirche Saint-Philibert, in Châtillon-sur-Seine wurde über dem karolingischen Bau von 868 eine neue große Kirche errichtet. Gleichzeitig entstanden im Schatten dieser Großbauten kleinere Kirchen, von denen Farges-lès-Mâcon, Saint-Laurent in Tournus, Saint-Vincent-des-Prés und Chapaize erhalten sind. Das zentrale Problem der Zeit war die Überwölbung verhältnismäßig breiter Räume bei gleichzeitiger Beibehaltung des Obergadens. Auch die (ergrabene) zweite Kirche von Cluny, die 981 geweiht wurde, dürfte sich bereits um die Lösung des Wölbungsproblems bemüht haben – oder regte sie es erst an?

Am Beispiel von Saint-Philibert in Tournus und Saint-Martin in Chapaize wird die schrittweise Lösung deutlich: Über zunächst quadratischen Mittelschiff- und längsrechteckigen Seitenschiffjochen plante man allem Anschein nach eine Tonne mit winzigen Fenstern im Tonnenfuß (Tournus – Narthex). In einem nächsten Schritt wurden die Mittelschiffjoche breitrechteckig zugunsten quadratischer Seitenschiffjoche, die leicht mit Gratgewölben zu überdecken waren, die kleinen Fenster im Tonnenfuß konnten beibehalten werden (Chapaize und Tournus–Langhaus, Zustand vor der heutigen Wölbung). In Bourbon-Lancy dagegen verzichtete man in der bald nach 1030 begonnenen Kirche zugunsten großer Obergadenfenster offenbar bewußt auf Wölbung. Der Staffelchor ist gewiß ein Einfluß von Cluny II. Gegen Ende des 11. Jahrhunderts scheint die Wölbungstechnik wesentlich fortgeschritten gewesen zu sein. Das – allerdings schmalere – Narthex-Obergeschoß von Tournus wurde um 1070/80 über recht großem Obergaden, der nicht in die Tonne einschneidet, gewölbt. Den Seitenschub nehmen dort Viertelkreistonnen über den Seitenschiffen auf. Die Vollendung dieser Lösung brachte bis zum ersten Viertel des 12. Jahrhunderts die dritte Kirche von Cluny. Sie besaß über einem dreigeschossigen Aufriß (Arkaden, Triforium, Obergaden) eine Spitztonne, die außen durch Strebebögen abgestützt war. Diese dritte Kirche von Cluny wurde zum Vorbild einer ganzen Gruppe, die heute noch eine Vorstellung vom einstigen Aussehen des Langhauses geben kann: zuerst Paray-le-Monial (1090ff.), seit etwa 1120/25 auch Saint-Lazare in Autun, Notre-Dame in Beaune, Saint-Andoche in Saulieu und Saint-Hilaire in Semur-en-Brionnais. In vielen kleinen Kirchen, die bis zum frühen 12. Jahrhundert entstanden – Saint-Vincent-des-Prés, Curgy, Iguerande, Saint-Germain-en-Brionnais, Marcilly-la-Gueurce, Laives, Sennecey-le-Grand –, verzichtete man wohl noch aus Sicherheitsgründen auf den Obergaden unter der Tonne, doch scheint seit dem ersten Viertel des 12. Jahrhunderts die Tonnenwölbung über Obergaden endgültig gelöst zu sein. Die Langhäuser von Anzy-le-Duc, Bois-Sainte-Marie oder Malay (alle 1. Viertel 12. Jahrhundert) besitzen perfekte Tonnen über zweizonigem Aufriß (Arkade, Obergaden). Ausnahmen von dieser Wölbungsart, die noch bis nach 1200 bestimmend blieb, sind die Langhäuser von Vézélay, Avallon und Pontaubert, die Gratgewölbe im Mittelschiff haben.

Ein anderes wichtiges Problem der Zeit um 1000 war der östliche Abschluß der Kirchen. Während Cluny II dem Typ des Staffelchores folgte, der – in reduzierter und veränderter Form – in Burgund noch für hochgotische Kirchen bestimmend blieb, entstand kurz nach 1000 in Tournus ein Umgangschor mit rechteckigen Kapellen, dessen Form in Krypta und Obergeschoß identisch ist. Nun waren Umgänge um ein Heiligengrab (Confessio) in den Krypten großer Wallfahrtskirchen schon seit karolingischer Zeit üblich; gerade in Tournus darf man für das späte 9. Jahrhundert eine vielleicht halboberirdische Umgangskrypta nach dem Vorbild von Saint-Philbert-de-Grandlieu (dem Herkunftsort der Mönche von Tournus) vermuten, die an einem rechtwinklig um die Confessio angelegten Umgang mehrere geostete Kapellen besaß. Dieser Bau ging beim Großbrand 1007/08 unter. Ähnliche Ostanlagen mit Gängen um zentrale Hallenkrypten und aufwendigen Ostkapellen sind in Saint-Germain in Auxerre und Saint-Pierre in Flavigny-sur-Ozerain aus dem 9. Jahrhundert erhalten. Doch um oder kurz nach 1000 scheint an mehreren Stellen gleichzeitig der Schritt zu den halbrund angelegten Chorumgängen mit radialen Kranzkapellen vollzogen worden zu sein: in Saint-Philibert in Tournus, in einer wahrscheinlich einmaligen Sonderform in Saint-Bénigne in Dijon und in Saint-Martin in Tours. Der Grund für diese bauliche Veränderung muß in einer Änderung der Liturgie liegen, die schließlich zur weitgehenden Aufgabe der Krypten führte. Daß der Chorumgang mit Kapellenkranz seit dem Bau des Chores von Saint-Denis in der Gotik der Île-de-France einen solchen Erfolg hatte, liegt indessen eher an seinen optischen Vorteilen für das gotische Raumkonzept. In Burgund hielt man, wie gesagt, noch lange am Dreiapsidenchor fest.

Für den Burgenbau nach der Jahrtausendwende (für den städtischen Profanbau stammen die frühesten Beispiele aus dem 12. Jahrhundert) ist wichtig, daß seit der zweiten Hälfte des 10. Jahrhunderts laufend neue Grundherrschaften geschaffen wurden, deren Mittelpunkt jeweils eine Burg bildete. So sind z. B. die Grundherren von Brancion, Mont-Saint-Jean, Chastellux, Palinges und Rully alle im 10. Jahrhundert erstmals erwähnt, andere Grundherrschaften wie Oyé oder Châteauneuf-en-Auxois entstanden durch Teilung für nachgeborene Söhne großer Adelsfamilien. Nur an wenigen Anlagen lassen sich heute noch Reste aus dem 11. Jahrhundert erkennen. Man wird sie sich als immer noch sehr weitläufige, unregelmäßige, ummauerte Areale mit einem meist runden oder ovalen Donjon als Zentrum und Holzbauten vorstellen dürfen. Aus dem 12. Jahrhundert haben sich einige Donjons erhalten, z. B. die Tour du Bost in Charmoy, ein quadratischer Bau mit zwei unterirdischen Geschossen in einer Motte und zwei oberirdischen Geschossen (drei weitere Geschosse entstammen dem 13. Jahrhundert), die durch eine umlaufende Treppe in der Mauerstärke miteinander verbunden waren. Die einzigen Öffnungen bildeten wohl die kleine rundbogige Pforte im zweiten Geschoß und eine winzige Bifora. Ein Graben – oder eher ein Weiher – umschloß den Donjon von allen Seiten. Eine zweite Anlage des 12. Jahrhunderts ist Antigny-le-Château, eine unregelmäßig geführte Mauer mit Resten von Zinnen und in ihrer Mitte die Ruine eines quadratischen Donjons, der im 15. Jahrhundert modernisiert worden ist. Mehrere konzentrisch angelegte unregelmäßige Mauerringe mit einem quadratischen Donjon an der höchsten Stelle bildeten auch die 1175 gegründete Spornburg von Châteauneuf-en-Auxois.

Am berühmtesten unter den romanischen Kunstwerken Burgunds wurde jedoch die Plastik, zu deren Inkunabeln anscheinend der Gerlannus-Bogen im Narthex-Obergeschoß von Saint-Philibert in Tournus und die Kapitelle der Rotunde von Saint-Bénigne in Dijon gehören. An den Portalen und Kapitellen von Montceaux-l'Etoile, Anzy-le-Duc, Vézélay, Autun, Saulieu, Saint-Julien-de-Jonzy oder Saint-Philibert in Dijon, die alle im zweiten Viertel des 12. Jahrhunderts entstanden, erreichte die romanische Plastik in Burgund ein knappes halbes Jahrhundert vor der provenzalischen ihren Höhepunkt. Wenigstens in Burgund muß man daneben auch mit der Möglichkeit bemalter Tympana und Kapitelle rechnen, Reste von Malerei finden sich am Tympanon von Saint-Philibert in Dijon. Ausgemalte Kirchenräume des 12. Jahrhunderts sind in der Krypta von Saint-Etienne in Auxerre, in Gourdon und in Berzé-la-Ville erhalten.

Die Gotik beginnt in Burgund mit der Wende zum 13. Jahrhundert mit den großen Umgangschören von Vézelay, Pontigny und der Kathedrale von Auxerre, die neben Chablis, Bois-Sainte-Marie und Saint-Père-sous-Vézelay – alle ohne Kapellen – bis ins 15. Jahrhundert die Ausnahme blieben. Die Kathedrale von Sens, 1130 begonnen, umgeplant und 1163 vollendet, zählt zu den Großbauten der französischen Frühgotik. Die burgundische Gotik ging seit dem

Bau der beiden Marienkirchen in Semur-en-Auxois und Dijon und dem Langhaus von Saint-Père-sous-Vézelay (1220/30) nicht nur in der Form der Ostteile eigene Wege. Oft ist auch auf ein Triforium verzichtet worden, und der Aufriß blieb zweigeschossig. Statt zwischen Arkade und Obergaden verläuft in nahezu allen gotischen Kirchen Burgunds ein Laufgang am Fuße des Obergadens, der die Gewölbeansätze durchdringt und den ganzen Raum umzieht.

Ein Wandel vollzieht sich um 1200 auch in der Profanarchitektur. Vermutlich unter dem Einfluß der kurz vor 1200 begonnenen, regelmäßig quadratischen Burg von Druyes-les-Belles-Fontaines, die von vier Ecktürmen, zwei Flankentürmen und einem Torturm begleitet wurde, und vielleicht des Louvre und anderer regelmäßiger Anlagen von Philippe Auguste wurden auch die mehr und mehr in die Ebene verlegten Burgen des Adels regelmäßig. Auf den Donjon, der außer sicherem Rückzugsort gewiß auch ein Herrschaftszeichen war, mochte man anscheinend noch nicht verzichten, doch rückte er nun an eine Ecke der Rechteck- oder Quadratummauerung, die übrigen Ecken besetzten Rundtürme. Ein Graben umzog die ganze Anlage. Deutlich erkennbar ist dieser Typ noch in Corcelles-les-Arts, in Lichères-sur-Yonne und – ausnahmsweise ohne Rundtürme – in Montbellet. Auch Gevrey-Chambertin gehörte im ursprünglichen Zustand, d. h. vor dem Verfall der Rundtürme und der Verlegung des Torbaus, diesem Typ an. Immer noch war der Donjon fast fensterlos, und man muß sich separate Wohnbauten innerhalb der Mauern denken.

Ab etwa 1340 wandelte sich dieser Typ zum reinen Kastell mit Rundtürmen an allen vier Ecken. Er hielt sich in Burgund bis in die frühe Neuzeit. Frühe Beispiele dieses Kastelltyps sind Savigny-lès-Beaune und Bussy-Rabutin.

In den Städten haben sich romanische, vor allem aber gotische Stadthäuser in überraschend großer Zahl erhalten: in Vitteaux die Maison Bélime, in Beaune mehrere Häuser in der Rue Rousseau-Deslandes und am Kreuzgang von Notre-Dame, in Saint-Julien-du-Sault ein Haus des 13. Jahrhunderts am Chor der Kirche, in Bèze das sog. Château des Abbés, in Couches-les-Mines die Tour Bajol und viele mehr. Sie öffnen sich, soweit sie mit der Traufe zur Straße stehen, zumeist in schönen Säulengalerien oder großen Maßwerkfenstern. Die Giebelseiten gliedern, bereits annähernd

symmetrisch, große säulengeteilte Fenster mit Dreipässen in den Stürzen.
Plastik ist bis zur zweiten Hälfte des 14. Jahrhunderts fast ausschließlich Kirchen vorbehalten. Es entstanden große Portale mit umfangreichen Figurenprogrammen und Szenen, wie an den Kathedralen von Auxerre und Sens, in Semur-en-Auxois, in Rougemont und, seit etwa 1300, die großen Zyklen in den offenen Vorhallen an den Marienkirchen in Beaune, Dijon und Auxonne oder in Saint-Père-sous-Vézelay, wo sich die Figuren über den Giebel des Langhauses fortsetzen. Mehrfach sind Grabmäler oder Heiligenfiguren von Ausstattungen erhalten. Ausmalungen von Kirchen sind auch aus dieser Zeit nur spärlich bewahrt.
Das 15. Jahrhundert, die Zeit der großen Herzöge des Hauses Valois und der burgundischen Hofkunst, die schon mit dem letzten Drittel des 14. Jahrhunderts begann, gehörte dem Profanbau. Große Kirchenprojekte sind in dieser Zeit nicht begonnen worden, allenfalls Grabkapellen und Oratorien. Wachsende Größe und Bedeutung des Herzogtums und hochfliegende Pläne regten die Herzöge zu rastloser Bautätigkeit an, über die die Rechnungsbücher ausführlich berichten, und der Adel folgte diesem Beispiel mit großem Eifer, von dem kaum eine Anlage unberührt blieb. Neubauten gehören fast ausschließlich dem Typ des Kastells an. Der alte quadratische Donjon an einer Ecke des Mauergevierts wurde ganz aufgegeben. Doch gab es seit der Erbauung von Châtel-Gérard durch die Engländer und des königlichen Donjons von Vincennes/Val-de-Marne den Anlagetyp des Donjons, der, frei innerhalb einer einfach ummauerten Basse-cour stehend, eine Art von komprimiertem Kastell war: Graben, Rundtürme bzw. Echauguettes an den Ecken und umlaufende Wehrgänge sicherten ihn, seine Größe machte das Wohnen bequemer. Fenster allerdings waren immer noch auf das geringste Maß beschränkt. Sainte-Magnance gehört diesem Typ ebenso an wie Saint-Seine-sur-Vingeanne (Château de Rosières) und Thenissey.
Die schönsten Bauten der Zeit, die die Herzöge zunächst in Konkurrenz zu König Charles V und den Herzögen von Berry und Anjou errichten ließen, sind fast nur noch aus Quellen zu rekonstruieren. In erkennbarer Form erhalten sind das Hôtel des Ducs in Beaune, ein Teil des Palais des Ducs in Dijon und Reste von Germolles (Mellecey), der „villa rustica“ der Herzogin Margarete. Das ver-

lorene Relief von Claus Sluter über dem Hauptportal zu den herzoglichen Gemächern, das das Herzogspaar im Schäferkostüm unter Bäumen darstellte, verriet das Programm: Hier suchte Margarete den Traum vom stillen Leben auf dem Lande zu verwirklichen, der, angeregt durch die im fortgeschrittenen 14. Jahrhundert aufkommende Pastorale-Literatur, gerade die französische Hofgesellschaft zu begeistern begann. Die großen herzoglichen Residenzen in Rouvres-en-Plaine, Argilly, Aisey-sur-Seine und Villaines-en-Duesmois, über deren großartige und verschwenderische Ausstattung die Quellen berichten, sind ebenso verschwunden wie die herzogliche Grablege in Champmol, von der allein der sog. Moses-Brunnen (ohne das bekrönende Kruzifix) und das Portal der Kapelle mit den Stifterfiguren und deren Schutzpatronen und die bezaubernde Madonna am Trumeau und im Museum die Grabtumben mit den Liegefiguren erhalten sind. Auch diese Figuren stammen neben zahlreichen verlorenen, nur aus den Quellen bekannten Bildwerken von Claus Sluter aus Haarlem, der anscheinend ausschließlich herzogliche Aufträge ausführte. Seine lebensnahen und ausdrucksstarken Figuren, die bereits Züge der Kunst Michelangelos vorwegnehmen, wurden richtungweisend für die berühmte burgundische Hofkunst und regten eine reiche Nachfolge an, zu der die Madonnen in Notre-Dame in Auxonne und Mont-Saint-Jean und der Altar in der Grabkapelle der Machefoing in Rouvres-en-Plaine gehören. Letzterer könnte eine Wiederholung des von Sluter geschaffenen Altars in einem der Oratorien von Champmol sein.
Nicht weniger bedeutend für die Hofkunst war die Malerei, doch ist auch davon nur ein Bruchteil auf uns gekommen. Zunächst kamen die Maler noch vom Hof des Jean de Berry, große Teile von Germolles malte Jean de Beaumetz aus. Später gewannen auch hier die Niederländer, an ihrer Spitze Rogier van der Weyden und die Brüder van Eyck, großen Einfluß. Eines der Hauptwerke ist der große Weltgerichtsaltar im Hôtel-Dieu in Beaune. Tafel- und Altarbilder, Zeichnungen und illuminierte Handschriften befinden sich heute vielfach in Museen. Den wohl weitaus größeren Teil aber nahm die Wandmalerei ein, die zusammen mit den Bauten untergegangen ist. Jede Residenz des Herzogs besaß viele ausgemalte Räume, Kapellen und Oratorien waren grundsätzlich ausgemalt, sogar Fassaden waren nicht nur an Fenstern und Portalen farbig gefaßt. Für Argilly und Rouvres belegen die Quellen gemalte Heili-

genfiguren an den Tortürmen, in Germolles befand sich über dem alten Tor ein gemaltes herzogliches Allianzwappen. Auch die bescheideneren Anlagen des Adels werden wohl kaum auf diese – verglichen mit Steinplastik – billigere und schnellere, aber auch vergänglichere Möglichkeit der Dekoration verzichtet haben. Oft zeigt noch ein Wasserschlaggesims über einem glatten Putzquadrat am Torturm die Stelle des gemalten Wappens.
Bisher mag der Eindruck entstanden sein, burgundische Hofkunst habe ausschließlich aus Architektur, Malerei und Plastik bestanden. Einen wesentlichen Anteil an dieser Kunst hatten aber auch die Goldschmiedekunst, die Buchmalerei, die Musik und der Instrumentenbau, die Kunst der Darstellung und Inszenierung im allgemeinen, die die feierlichen Festzüge und Bankette, für die der burgundische Hof berühmt war, mit Kostümen und Dekorationen versorgte, die Wagen und Schiffe, Festarchitekturen und Tafelaufsätze schuf und Bühnen für die „entremets", jene Unterhaltungen bei Tisch. Überliefert sind diese vergänglichen Kunstwerke im wesentlichen durch die reiche burgundische Hofhistoriographie, die, selbst eine Kunst für sich, im wesentlichen der Selbstdarstellung der Herzöge diente.
Um die Herzogs- und Adelsbauten herum entwickelte sich seit dem 15. Jahrhundert auch in den Städten die Architektur des aufstrebenden Bürgertums. Vielerorts sind ganze Straßenzüge mit spätmittelalterlicher Bebauung erhalten. Herausragende Beispiele sind Noyers, das einen weitgehend kompletten Zusammenhang aus Fachwerkhäusern bewahrt hat, Flavigny-sur-Ozerain mit zahlreichen Steinhäusern, Cluny, Dijon oder Châteauneuf-en-Auxois. Eine eigene Gruppe bilden die „Maisons du Bois", ungewöhnlich aufwendig geschnitzte, große Stadthäuser in vollständiger Holz- oder Fachwerkkonstruktion, die wohl immer öffentlichen Charakter hatten: die Maisons du Bois in Joigny, in Mâcon oder in Bourbon-Lancy. Sie alle entstammen aber erst dem späten 15./frühen 16. Jahrhundert.
Während der wie die Gotik verspätet einsetzenden Renaissance spielte Burgund eine untergeordnete Rolle. Sie begann mit dem Bau des Rathauses in Paray-le-Monial und eines neuen Logis' in Chailly-sur-Armançon um 1525/30. Um die Jahrhundertmitte entstanden weitere Logis' innerhalb älterer Anlagen in Jours-lès-Baigneux, Vallery, Grury und Montigny-sur-Aube. Gleichzeitig wur-

den, wohl unter dem direkten Einfluß von Sebastiano Serlio, im Norden Burgunds zwei bedeutende Neubauten errichtet: Ancy-le-Franc und Maulnes (Cruzy-le-Châtel). Doch blieben beide ohne nennenswerte Nachfolge. Ebenfalls im Norden und Nordwesten Burgunds findet man eine Gruppe von Renaissance-Kirchen, die zwar z. T. noch spätgotisch konzipiert sind, aber eine vollständige Renaissancedekoration besitzen, nämlich Joigny, Saint-Bris-le-Vineux, Saint-Julien-du-Sault, Villeneuve-sur-Yonne, Cravant, Ligny-le-Châtel (Chor und Querhaus), Saint-Pierre in Auxerre. Vereinzelt sind auch schöne Stadtpalais erhalten.

Während der zweiten Jahrhunderthälfte bildet sich in Dijon im Umkreis von Hugues Sambin ein Manierismus heraus, dessen besonderes Kennzeichen üppige Fassadendekorationen sind.

Ein bevorzugtes Thema der Plastik des 16. Jahrhunderts war neben den Figuren einzelner Heiliger die Grablegung. Ungewöhnlich qualitätvolle Gruppen befinden sich in Châtillon-sur-Seine und Villeneuve-sur-Yonne. Ein Werk des Übergangs von der Spätgotik zur Renaissance ist das geschnitzte Chorgestühl in Montréal.

Einziges Beispiel eines ausgemalten Kirchenraumes des 16. Jahrhunderts ist das figurenreiche Totentanzfresko in La Ferté-Loupière. Profane Malerei aus dem letzten Jahrhundertdrittel in der Tradition von Fontainebleau hat sich in den Schlössern von Ancy-le-Franc und Tanlay erhalten. Wohl in beiden Fällen beinhalten die Fresken politische Anspielungen in mythologischem Gewand. Für die Ausführung ist hier wie dort die Primaticcio-Schule genannt worden.

Aus der Zeit des Barock und des Klassizismus sind nur vier Kirchen bzw. Kapellen erhalten: Saint-Pierre in Chalon-sur-Saône (1683 ff.), die Chapelle des Elus im Palais des Etats in Dijon (1736 ff.), die Kapelle im Hospice de la Charité in Mâcon (1750) und Saint-Pierre-et-Saint-Paul in Givry (1770). Hin und wieder trifft man auf Barockisierung der Ostteile oder wenigstens auf Barockaltäre. Unter den Schlössern dagegen gab es Erneuerungen und Neubauten in großer Zahl. Bis gegen Ende des 17. Jahrhunderts hielt man an der mehrflügeligen Anlage fest – der letzte Vertreter dieses Typs ist Pierre-de-Bresse (1680 ff.). Seit etwa 1700 entstanden in der Nachfolge von Versailles säulen- und pilastergeschmückte Gebäude mit Risaliten und Balustraden vor den flachen Dächern. Die zahllosen Stadthäuser unterscheiden sich im Stil kaum von den palaisähnlichen Schlössern.

Schließlich sind in Burgund zwei eindrucksvolle Anlagen der frühen Industrialisierung zu nennen, die Schmiede in Buffon und die Glasmanufaktur in Le Creusot.
Auch Maler und Bildhauer waren hauptsächlich mit den Ausstattungen profaner Gebäude befaßt, von denen bedeutende Beispiele erhalten sind. In den Kirchen wurden aufwendige Grabmäler und Epitaphien errichtet, so das Grabmal des Marquis de Louvois in Tonnerre und die Grabmäler der Legouz de la Berchère in Saint-Bénigne in Dijon. Die Kirchen von Appoigny und Saint-Florentin haben Lettner aus dem frühen 17. Jahrhundert bewahrt, der Lettner in Pontigny stammt aus dem 18. Jahrhundert.
Das 19. und frühe 20. Jahrhundert werden für Burgund eine Zeit der Rekonstruktionen und der Gotisierungen. Burgen werden im Stil der Neugotik wiederaufgebaut, z. B. La Rochepot, oder erneuert wie Saint-Bonnet-de-Joux, Château de Chaumont in Oyé oder La Clayette. In Dijon rekonstruierten mehrere Künstler nach Stichvorlagen das Hôtel Aubriot aus dem 13. Jahrhundert. In Fixin und Alesia errichtete man Denkmäler für Napoleon bzw. für Vercingetorix. Diese anhaltende Begeisterung für die Vergangenheit erklärt vielleicht das Fehlen nennenswerter Eigenleistungen des 20. Jahrhunderts, dessen Kunstzentren Burgund nicht mehr berühren.

BILDTEIL

1 Aignay-le-Duc. Saint-Pierre-et-Saint-Paul von Südwesten

2 Alise-Sainte-Reine. Alesia: Vercingetorix

3 Ancy-le-Franc. Schloß

4 Anzy-le-Duc. Ehem. Prioratskirche: Mittelschiff-Arkaden

5 Anzy-le-Duc. Ehem. Prioratskirche: Langhaus-Kapitell

6 Anzy-le-Duc. Ehem. Prioratskirche: Westportal

7 Appoigny. Saint-Pierre-et-Saint-Paul: Inneres nach Osten

8 Asnières-en-Montagne. Château de Rochefort:
Corps-de-logis mit Wendeltreppe

9 Autun. Kathedrale Saint-Lazare: Mittelschiff-Nordwand

10 AUTUN. Kathedrale Saint-Lazare: Westportal. Tympanon

11 Autun. Kathedrale Saint-Lazare:
Kapitell (Flucht nach Ägypten) im Kapitelsaal

12 Autun. Kathedrale Saint-Lazare:
Kapitell (Traum der Hll. Drei Könige) im Kapitelsaal

13 Autun. Kathedrale Saint-Lazare:
Figur vom Lazarus-Grab (Musée Rolin)

14 Autun. Sog. Janus-Tempel

15 Autun. Porte Saint-André

16 Auxerre. Kathedrale Saint-Etienne von Südwesten

17 Auxerre. Kathedrale Saint-Etienne: Inneres nach Osten

18 Auxerre. Kathedrale Saint-Etienne: rechtes Westportal

19 Auxerre. Kathedrale Saint-Etienne:
Fresko in der Krypta (Christus auf weißem Pferd)

20 AUXERRE. Saint-Germain: Scheitelkapelle des Chorumgangs

21 Auxerre. Saint-Germain von Südosten

22 Auxerre. Saint-Germain: Krypta

23 AUXERRE. Saint-Germain: Fresko in der Krypta

24 Auxerre. Saint-Pierre: Inneres nach Osten

25 Auxerre. Uhrturm

26 Auxonne. Notre-Dame: Inneres nach Osten

27 Auxonne. Notre-Dame von Südosten

28 Auxonne. Notre-Dame: Gewände der Westvorhalle

29 AUXONNE. Notre-Dame: Madonna mit der Weintraube

30 Auxonne. Burg: Rundturm und Tor

31 AUXONNE. Stadttor

32 Auxonne. Stadthaus

33 Avallon. Saint-Lazare: Inneres nach Osten

34 Avallon. Saint-Lazare: Gewände des mittleren Westportals

35 AVALLON. Saint-Lazare: Westportale

36 Bard-le-Régulier. Saint-Jean-l'Evangéliste: Chorgestühl-Wange

37 Beaumont-sur-Vingeanne. Château de Beaumont

38 Beaune. Notre-Dame mit Bouton-Kapelle, vom Kreuzgang

39 Beaune. Notre-Dame von Osten

40 Beaune. Notre-Dame: Kreuzgang

41 Beaune. Notre-Dame: Bildteppich

42 Beaune. Hôtel-Dieu: Krankensaal

43 Beaune. Hôtel-Dieu: Hofansicht

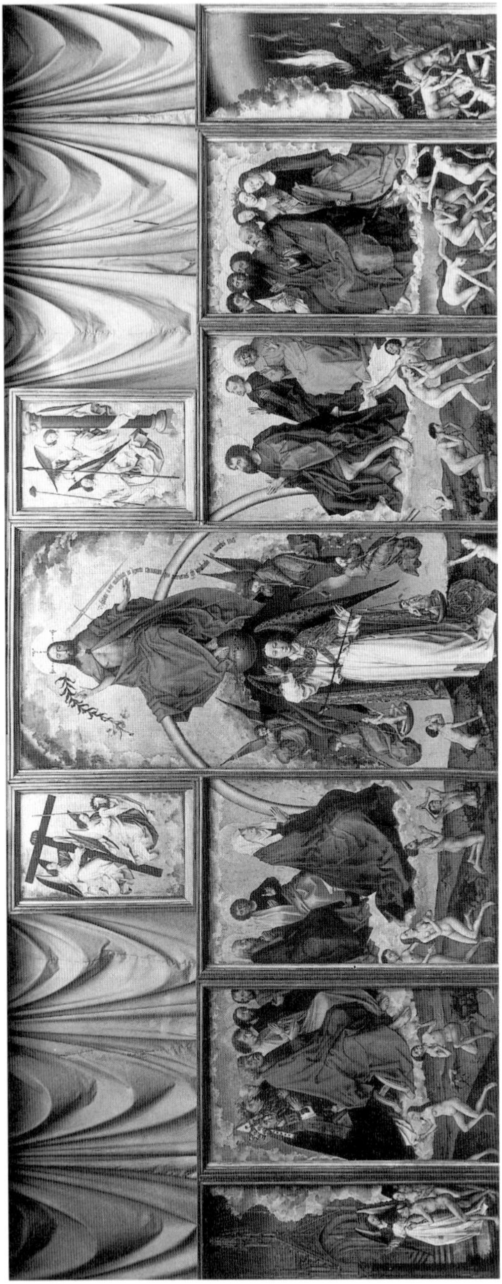

44 Beaune. Hôtel-Dieu: Flügelaltar
des Rogier van der Weyden, geöffneter Zustand

45 Beaune. Hôtel-Dieu: Flügelaltar, Stiftertafel (Kanzler Rolin)

46 Beaune. Gotisches Haus hinter dem Kreuzgang von Notre-Dame

47 BEAUNE. Haus in der Rue Rousseau-Deslandes

48 Beaune. Hôtel de la Mare

49 Berzé-la-Ville. Château des Moines: Chorfresko der Kapelle

50 Bèze. Sog. Château des Abbés

51 Bissy-sur-Fley. Château de Thyard: Logis

52 Blanot. Saint-Martin von Südosten

53 Bois-Sainte-Marie. Notre-Dame: Inneres nach Nordwesten

54 Bois-Sainte-Marie. Notre-Dame: Kapitell

55 Bonnay. Saint-Hippolyte nach Osten

56 Bonnay. Château de Besanceuil

57 Bourbon-Lancy. Beffroi und Maison du Bois

58 Bourbon-Lancy. Saint-Nazaire: Inneres nach Osten

59 Bourbon-Lancy. Saint-Nazaire von Südosten

60 Bourgvilain. Château de Corcelles

61 BUFFON. Forge de Buffon (Schmiede)

62 Bussy-le-Grand. Château de Bussy-Rabutin:
Decken-Detail

63 Chalon-sur-Saône. Saint-Vincent: Kapitell

64 Chalon-sur-Saône. Saint-Vincent: Inneres nach Osten

65 Chalon-sur-Saône. Saint-Pierre: Inneres nach Osten

66 Chapaize. Saint-Martin von Nordosten

67 Chapaize. Saint-Martin: Inneres nach Osten

68 Charmoy. Saint-Martin: Vierungsturm

69 Charolles. Burg: Tour Charles le Téméraire

70 Charolles. Ehem. Klarissenkloster: Hofansicht

71 Chastellux-sur-Cure. Burg

72 Châteauneuf-en-Auxois. Burg: Hofansicht

73 Châteauneuf-en-Brionnais. Saint-Paul von Osten

74 Châtel-Gérard. Donjon

75 Châtillon-sur-Seine. Saint-Vorles: Inneres

76 Châtillon-sur-Seine. Saint-Vorles: Detail der Grablegung

77 Châtillon-sur-Seine. Saint-Vorles von Osten

78 Châtillon-sur-Seine. Maison Philandrier: Hoffassade

79 CHISSEY-LÈS-MÂCON. Saint-Pierre: Kapitell

80 Cîteaux. Kloster: ehem. Bibliotheksbau

81 La Clayette. Château de La Clayette

82 Cluny. Ehem. Klosterkirche:
südlicher Querschiffarm mit Turm von Osten

83 CLUNY. Ehem. Klosterkirche: südliches Querschiff, Inneres

84 Cluny. Ehem. Klosterkirche:
Kapitell (Der Frühling) im Musée du Farinier

85 Cluny. Ehem. Kloster: Abtspalais des Jacques d'Amboise (Rathaus)

86 CLUNY. Ehem. Kloster: sog. Fassade des Papstes Gelasius II.

87 CLUNY. Notre-Dame: Inneres nach Osten

88 CLUNY. Saint-Marcel von Südosten

89 COMMARIN. Château de Commarin: Hofansicht

90 Corcelles-les-Arts. Château de Corcelles

91 Cormatin. Château de Cormatin

92 Couches-les-Mines. Tour Bajol

93 Couches-les-Mines. Maison des Templiers

94 Couches-les-Mines. Château de Couches

95 CRAVANT. Saint-Pierre-et-Saint-Paul: Chor und Turm von Norden

96 LE CREUSOT. Château de la Verrerie

97 Cruzy-le-Châtel. Château de Maulnes

98 Curbigny. Château de Drée: Hofansicht

99 Curgy. Saint-Ferréol: Inneres nach Osten

100 Dijon. Stadtansicht mit Palais des Ducs (vorn), ehem. Kirche St-Etienne (Börse) (rechts) und St-Michel (hinten)

101 Dijon. Kathedrale Saint-Bénigne: Blick in die Rotunde

102 Dijon. Kathedrale Saint-Bénigne: Dormitorium (Musée archéologique)

103 DIJON. Kathedrale Saint-Bénigne: Inneres nach Osten

104 Dijon. Notre-Dame: Vierungskuppel

105 Dijon. Notre-Dame: nördliche Mittelschiffwand

106 Dijon. Saint-Michel: Westfassade

107 Dijon. Saint-Philibert: Südportal

108 DIJON. Chartreuse de Champmol: Kirchenportal, linkes Gewände

109 Dijon. Chartreuse de Champmol: Kirchenportal, Trumeau-Madonna

110 Dijon. Chartreuse de Champmol: Moses-Brunnen

111 Dijon. Palais des Ducs: Saal (Museum)
mit den Gräbern der Herzöge von Burgund (ehem. Kartause)

112 DIJON. Palais des Ducs: Donjon (Tour de Bar) und Treppe

113 DIJON. Palais des Ducs: Logis des Philippe le Bon

114 Dijon. Palais des Etats: Südfassade des barocken Ostflügels

115 Dijon. Hôtel de Voguë

116 Dijon. Rue des Forges mit Hôtel Morel-Sauvegrain

117 DIJON. Rue des Forges mit Tour Philippe le Bon

118 Dijon. Theater

119 Dijon. Hôtel Bazard

120 DIJON. Hôtel Chambellan: Ende der Treppenspindel

121 Dijon. Hôtel Chambellan: Hof mit Treppenturm

122 Dijon. Maison des Caryatides

123 Dijon. Maison Maillard

124 DIJON. Maison Milsand

125 Dijon. Hôtel Le Compasseur: Erker

126 Dijon. Hôtel Aubriot

127 Dijon. Maison Millière

128 DIXMONT. Saint-Gervais-et-Saint-Protais: Inneres nach Osten

129 Donzy-le-Pertuis. Dorfkirche von Südosten

130 Druyes-les-Belles-Fontaines. Burg: Torturm

131 Druyes-les-Belles-Fontaines. Saint-Romain von Südosten

132 Epoisses. Château d'Epoisses: Hofseite

133 Farges-lès-Mâcon. Saint-Barthélemy: Inneres nach Osten

134 La Ferté-Loupière. Saint-Germain: Detail aus dem Totentanz

135 Fixey. Saint-Antoine: Inneres nach Osten

136 Fixin. Napoleon-Denkmal im Parc Noisot

137 Flavigny-sur-Ozerain. Saint-Pierre: Umgangskrypta

138 Flavigny-sur-Ozerain. Saint-Genès: Inneres nach Osten

139 Flavigny-sur-Ozerain. Saint-Genès: Verkündigungsengel

140 Flavigny-sur-Ozerain. Porte du Bourg

141 Flavigny-sur-Ozerain. Haus in der Rue du Centre

142 Foissy. Antigny-le-Château

143 Fontaine-Française. Schloß: Hofseite

144 Gevrey-Chambertin. Burg: Nordseite

145 Givry-près-l'Orbize. Saint-Pierre-et-Saint-Paul: Inneres

146 Gourdon. Notre-Dame. Apsis-Fresko

147 Gourdon. Notre-Dame von Nordwesten

148 Grosbois-en-Montagne. Château rose

149 GRURY. Château de Montperroux: Logis

150 IGUERANDE. Saint-André von Osten

151 Issy-l'Évêque. Saint-Jacques-le-Majeur: Inneres nach Osten

152 Joigny. Saint-Jean: Grabmal Gräfin Adélaïs de Joigny, Schmalseite

153 Joigny. Saint-Thibault: Madonna

154 Joigny. Saint-Thibault: Mittelschiffgewölbe

155 JOIGNY. Maison du Bois

156 Jours-lès-Baigneux. Schloß: Gartenseite

157 Laives. Saint-Martin von Nordosten

158 Laroche-Saint-Cydroine. Saint-Cydroine: Blick auf den Ostturm

159 Lichères-sur-Yonne. Manoir de Faulin

160 Ligny-le-Châtel. Saint-Pierre-et-Saint-Paul: Blick in den Chor

161 LONGECOURT-EN-PLAINE. Schloß: Südseite

162 Mâcon. Vieux Saint-Vincent: Narthex-Arkaden

163 Mâcon. Saint-Pierre: Westfassade

164 Mâcon. Hospice de la Charité: Kapelle Saint-Vincent-de-Paul

165 MÂCON. Maison du Bois

166 Malay. Notre-Dame von Nordosten

167 Marcigny. Tour du Vieux Moulin

168 Marcigny. Saint-Nicolas: Westfassade

169 MARMAGNE. Ehem. Abtei Fontenay. Kirche: Inneres nach Westen

170 Marmagne. Ehem. Abtei Fontenay:
Blick auf Kirche und Kreuzgang von Südosten

171 MARMAGNE. Ehem. Abtei Fontenay: Kreuzgang

172 Marmagne. Ehem. Abtei Fontenay: Madonna

173 Marmagne. Ehem. Abtei Fontenay: Kapitelsaal

174 MARTAILLY-LÈS-BRANCION. Saint-Pierre: Fresko-Detail

175 Martailly-lès-Brancion. Saint-Pierre von Südosten

176 Martailly-lès-Brancion. Château de Brancion: Hof

177 Mellecey. Château de Germolles

178 Messigny-et-Vantoux. Château de Vantoux

179 Montbellet. Château de Buffières: Donjon

180 Montceaux-l'Etoile. Saint-Pierre-et-Saint-Paul: Westportal

181 MONTIGNY-SUR-AUBE. Schloß: ehem. Hoffassade

182 Montréal. Notre-Dame de l'Assomption: Chorgestühl-Detail

183 Montréal. Notre-Dame de l'Assomption: Alabasteraltar, Anbetung der Könige

184 MONT-SAINT-JEAN. Burg von Süden

185 Mont-Saint-Vincent. Saint-Vincent: Inneres nach Westen

186 Morlet. Schloß: Torbau

187 Noyers. Notre-Dame: Portal

188 Noyers. Stadthaus

189 Nuits-sur-Armançon. Schloß: Hofseite

190 Oyé. Donjon

191 Oyé. Château de Chaumont

192 Palinges. Château de Digoine

193 Paray-le-Monial. Sacré-Cœur,
ehem. Klosterkirche Notre-Dame von Nordwesten

194 Paray-le-Monial. Sacré-Cœur, ehem. Klosterkirche Notre-Dame von Nordosten

195 Paray-le-Monial. Sacré-Cœur,
ehem. Klosterkirche Notre-Dame: Inneres nach Osten

196 Paray-le-Monial. Rathaus

197 Perrecy-les-Forges. Saint-Pierre-et-Saint-Paul: Hauptportal

198 Pierre-de-Bresse. Château de Pierre

199 Pierre-de-Bresse. Château de Terrans

200 Pontaubert. Ehem. Johanniterkirche: Inneres nach Osten

201 PONTAUBERT. Ehem. Johanniterkirche: Westportal-Tympanon

202 Pontigny. Ehem. Klosterkirche von Süden

203 Pontigny. Ehem. Klosterkirche: Inneres nach Osten

204 Posanges. Schloß: Torbau

205 La Rochepot. Burg: Südflügel, Hofansicht

206 Rougemont. Notre-Dame: Westportal

207 ROUVRES-EN-PLAINE. Saint-Jean-Baptiste: Inneres nach Norden

208 Rouvres-en-Plaine. Saint-Jean-Baptiste:
Steinaltar in der nördlichen Kapelle

209 Rully. Schloß

210 Saint-Albain. Saint-Albain: Portal-Tympanon

211 SAINT-AMBREUIL. Château de la Ferté: Westseite

212 Saint-Bonnet-de-Joux. Château de Chaumont-La-Guiche: Wohnflügel

213 Saint-Bonnet-de-Joux. Château de Chaumont-La-Guiche: Ecurie

214 Saint-Emiland. Château d'Epiry

215 Saint-Fargeau. Schloß: Außenansicht

216 Saint-Fargeau. Schloß: Hof, Freitreppe zum Vestibül

217 Saint-Germain-en-Brionnais. Saint-Germain von Westen

218 Saint-Florentin. Saint-Florentin: Querschiff-Fassade

219 SAINT-FLORENTIN. Saint-Florentin: Chorschranke

220 Saint-Julien-de-Jonzy. Saint-Julien: Portal-Detail

221 Saint-Julien-du-Sault. Gotisches Steinhaus

222 Saint-Père-sous-Vézelay. Notre-Dame: Inneres nach Osten

223 Saint-Père-sous-Vézelay. Notre-Dame: Westteil

224 SAINT-POINT. Kirche von Südosten

225 Saint-Seine-l'Abbaye. Notre-Dame: Inneres nach Osten

226 SAINT-SEINE-SUR-VINGEANNE. Saint-Seine: Inneres nach Nordosten

227 Saint-Seine-sur-Vingeanne. Château de Rosières: Donjon von Westen

228 Saint-Thibault-en-Auxois. Saint-Thibault von Süden

229 Saint-Thibault-en-Auxois. Saint-Thibault: Blick in den Chor

230 Saint-Thibault-en-Auxois. Saint-Thibault: Nordportal

231 Saint-Thibault-en-Auxois. Saint-Thibault: Nordportal-Detail

232 Saint-Thibault-en-Auxois. Saint-Thibault: Rittergrabmal

233 Saint-Thibault-en-Auxois. Saint-Thibault: Detail des Altarretabels

234 Sainte-Magnance. Saint-Magnance: Sarkophag der hl. Magnencia

235 Sainte-Magnance. Manoir du Château-Jacquot: Donjon

236 Saulieu. Saint-Andoche: Schrägblick durch das Innere

237 SAULIEU. Saint-Andoche: Kapitell (Selbstmord des Judas)

238 SAULIEU. Saint-Andoche: Andochius-Sarkophag, Stirnseite

239 Sauvigny-le-Bois. Ehem. Priorat Saint-Jean-les-Bonshommes:
Kapelle und Reste des Kreuzgangs

240 Savigny-lès-Beaune. Schloß von Südwesten

241 Savigny-lès-Beaune. Petit Château

242 Savigny-lès-Beaune. Maison Theureau

243 Semur-en-Auxois. Stadttor

244 SEMUR-EN-AUXOIS. Notre-Dame: Inneres nach Osten

245 SEMUR-EN-AUXOIS. Notre-Dame: Porte des Bleds

246 Semur-en-Auxois. Notre-Dame: Detail der Grablegung

247 SEMUR-EN-BRIONNAIS. Saint-Hilaire: Westportal

248 Semur-en-Brionnais. Saint-Hilaire: Inneres nach Westen

249 Semur-en-Brionnais. Saint-Hilaire von Osten

250 Semur-en-Brionnais. Château Saint-Hugues: Westecke mit Donjon

251 Sennecey-le-Grand. Saint-Julien: Vierungsturm

252 Sens. Kathedrale Saint-Etienne:
Hl. Stephanus am mittleren Westportal

253 Sens. Kathedrale Saint-Etienne: Chor-Nordwand

254 Sens. Kathedrale Saint-Etienne: südliche Querschiff-Fassade

255 SENS. Palais Archiépiscopal

256 SENS. Saint-Savinien: Doppelarkade, im Chor

257 Sens. Saint-Jean: Chor von Südosten

258 Sercy. Schloß: Eingangseite von Nordosten

259 Sully. Schloß: Eingangseite im Westen

260 SULLY. Schloß: Schrägansicht von Südosten

261 Talant. Notre-Dame: Inneres nach Westen

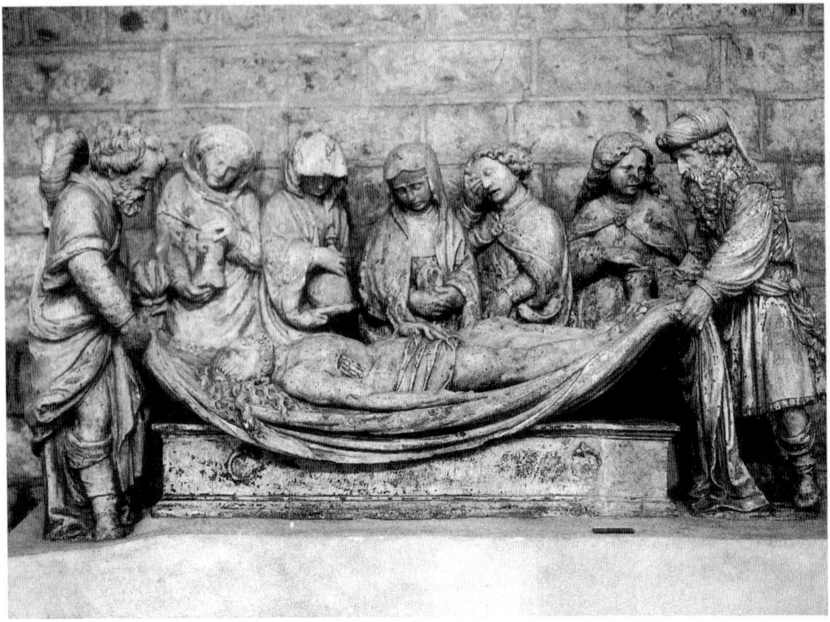

262 Talant. Notre-Dame: Grablegung

263 Talmay. Schloß und Donjon

264 Tanlay. Schloß: Hofseite

265 Tanlay. Schloß: Torbau

266 Tanlay. Schloß: Deckenfresko im Turm der Liga

267 Thenissey. Schloß und Donjon

268 Til-Châtel. Saint-Florent-et-Saint-Honoré: Inneres – nach Westen

269 TIL-CHÂTEL. Saint-Florent-et-Saint-Honoré: Hauptportal

270 TONNERRE. Hospital Notre-Dame-des-Fontenilles:
Krankensaal von Südosten

271 Tonnerre. Saint-Pierre von Südwesten

272 Tonnerre. Hospital:
Grabmal des Marquis de Louvois und seiner Gemahlin

273 Tonnerre. Hospital: Grablegung

274 Tonnerre. Hospital: Krankensaal nach Osten

275 Tournus. Saint-Philibert von Südosten

276 Tournus. Saint-Philibert:
Kirche mit Narthex und Kreuzgang von Südosten

277 Tournus. Saint-Philibert: Inneres nach Osten

278 TOURNUS. Saint-Philibert: Kreuzgang

279 Tournus. Saint-Philibert: Detail des Gerlannus-Bogens

280 Tournus. Palais abbatial. Portal

281 Treigny. Château de Ratilly

282 Uchizy. Saint-Pierre von Osten

283 Vallery. Schloß: Neubau

284 Vallery. Schloß: Mittelalterlicher Torbau

285 Varenne-l'Arconce. Saint-Pierre-ès-liens: Fassade

286 Vermenton. Notre-Dame: Westportal

287 Vermenton. Notre-Dame: Nordturm

288 Vézelay. Sainte-Madeleine von Osten

289 Vézelay. Sainte-Madeleine: mittleres Westportal

290 Vézelay. Sainte-Madeleine: rechtes Westportal

291 Vézelay. Sainte-Madeleine: Inneres nach Osten

292 Vézelay. Sainte-Madeleine:
Tympanon-Detail des mittleren Westportals

293 Vézelay. Sainte-Madeleine: Blick in das Querschiff

294 Vézelay. Sainte-Madeleine: Kapitell (Dämonenkampf)

295 Vézelay. Sainte-Madeleine: Kapitell (Mystische Mühle)

296 Villeneuve-sur-Yonne. Porte de Joigny

297 VILLENEUVE-SUR-YONNE. Donjon

298 Villeneuve-sur-Yonne. Notre-Dame: Westfassade

299 VILLENEUVE-SUR-YONNE. Notre-Dame von Osten

300 Villeneuve-sur-Yonne. Notre-Dame: Inneres nach Osten

301 VILLENEUVE-SUR-YONNE. Notre-Dame: Grablegung

302 Vitteaux. Stadtbefestigung

303 VITTEAUX. Maison Bélime

304 Vougeot. Château du Clos de Vougeot

ERLÄUTERUNGEN ZU DEN BILDERN

1 AIGNAY-LE-DUC (Côte-d'Or). SAINT-PIERRE-ET-SAINT-PAUL [E 4]. Die kleine Kirche aus sorgfältig bearbeitetem Stein entstand vermutlich kurz nach Mitte 13. Jh. in einem Zug. Dreischiffiges, basilikales Langhaus von drei Jochen mit spitzbogigen Arkaden, Obergaden und durchgehenden Gewölbediensten, vierteiliges Rippengewölbe, Querhaus und polygonale Apsis mit zwei gerade geschlossenen Nebenkapellen, quadratischer Vierungsturm. Das nachträglich veränderte S-Portal besitzt ein dreipaßförmiges Tympanon mit der Sitzfigur eines Heiligen. – Das figurenreiche Retabel mit der Darstellung der Passion stammt aus dem 16. Jh.

2 ALISE-SAINTE-REINE (Côte-d'Or). ALESIA [D 4]. Alesia nannten die Römer das Oppidum des keltischen Stammes der Mandubier am Mont-Auxois. 52 v. Chr. besiegte Caesar an dieser Stelle die aufständischen gallischen Stämme unter Vercingetorix. 1861–65 fand man bei Grabungen, die Napoleon III. förderte, Reste der römischen Stadt und des keltischen Oppidums mit einem Quellheiligtum. Nachweisen ließen sich ein Theater (∅ 80 m), ein Monument mit drei Apsiden, das man als Gerichts- oder Marktbasilika deutet, ein Tempel, Kolonnaden, die möglicherweise mit Thermen in Verbindung zu bringen sind, und die Fundamente mehrerer Häuserviertel und Einzelhäuser, schließlich das „Monument à Crypte", ein keltisches Heiligtum, ein Tempel des keltischen Gottes Movitasgus und weitere kleine Tempel in diesem Bezirk. Zudem fand man einige Ex votos, die Sitzfigur einer Muttergöttin und ein Relief mit der kapitolinischen Göttertrias, heute alles im Museum. Zwar sind sämtliche Gebäude nur in Fundamenten oder Kellern erkennbar, doch ließ sich der von Caesar im Gallischen Krieg detailliert beschriebene Einschließungsring, den er während der Belagerung errichten ließ, unzweideutig nachweisen.

In Anspielung auf das Schicksal Frankreichs ließ Napoleon III. zeitgleich mit den Grabungen auf dem Mont-Auxois ein 7 m hohes, weithin sichtbares **Kupferstandbild des Vercingetorix* von Aimée Millet aufrichten. Der ebenfalls 7 m hohe Sockel stammt von Eugène Viollet-le-Duc.

3 ANCY-LE-FRANC (Yonne). SCHLOSS [D 3]. Im Jahre 1537 erhielt Antoine III de Clermont von seiner Mutter Anne de Husson die Domäne von Ancy-le-Franc, auf der seit dem 12. Jh. eine Burg bestanden hatte; und Antoine, Generalwasser- und Forstmeister Frankreichs und in enger Verbindung mit François Ier stehend, begann um 1543/44 mit dem Bau eines ausgedehnten Renaissanceschlosses. 1578 Ausmalung wahrscheinlich durch Niccolò dell'Abbate und seine Schule, vielleicht auch unter Beteiligung von Francesco Primaticcio. Im selben Jahr Tod von Antoine, der Besitz ging an seinen Enkel Charles-Henri de Clermont-Tonnerre, der das Schloß veränderte. Er entfernte die Terrasse, die das Schloß umgab, ersetzte die Zugbrücke durch eine feststehende und fügte im O und W zwei weitere Eingänge mit Brükken zu. Die geschlossenen Wandfelder zwischen den Fenstern ließ er öffnen. 1683 Verkauf der Anlage an den Kriegs-

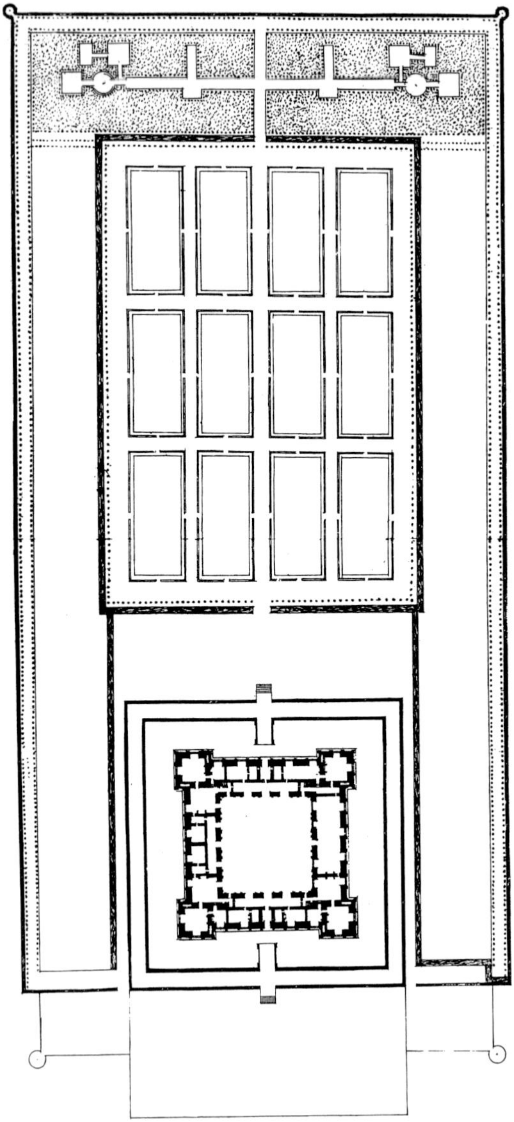

Ancy-le-Franc, Schloß (nach Ducerceau)

minister von Louis XIV, François Michel Le Tellier Marquis de Louvois, der die verfallenden Nebengebäude erneuern und den Park durch André Le Nôtre anlegen ließ. 1747 Veränderung des Innenausbaus und der Aufteilung, während der Revolution Plünderung. 1836 Verschüttung des Grabens.

Quadratische Vierflügelanlage, zweigeschossig mit überhöhten Eckpavillons und Treppen in den Hofecken. **Außenfassaden* weitgehend identisch mit neun von dorischen Pilastern gerahmten Rechteckfenstern und zentralem Portal. Pavillons mit Eckpilastern und einer pilastergerahmten Fensterachse. Hoffassade in rhythmischen Travéen, d. h., auf eine breite Achse mit Rundbogen folgt eine schmale mit von korinthischen Pilastern gerahmter Rechtecktafel. Im Obergeschoß entsprechen ein Rechteckfenster und eine Nische mit halbrunder Kalotte der Erdgeschoßgliederung. Die Innenausstattung, die beim Umbau 1578 – also gleich nach ihrer Fertigstellung – bereits gelitten hat, ist ohne das Vorbild von Fontainebleau nicht denkbar. Sie entstand wohl erst, nachdem Antoine III bei Hof in Ungnade gefallen war und sich nach Ancy-le-Franc zurückgezogen hatte. Ihr Programm ist sehr verschlüsselt, und man darf vermuten, daß es zumindest teilweise auf den Auftraggeber selbst zurückgeht und seine Rechtfertigung zum Inhalt hat. Dafür sprechen auch die zahlreichen lateinischen und griechischen Beischriften (z. B. in der Chambre de Diane). Im Obergeschoß sind erhalten: der Saal der Kultopfer, der Judith-und-Holofernes-Saal (Holofernes und Judith tragen die Züge von François Ier und Diane de Poitiers, die übrigens eine Schwägerin des Bauherrn war), das Kabinett des „Pastor Fido", die Salle des Gardes (ausgestattet 1580, zeitweilig als Theater verwendet), die Pharsalus-Galerie, das Blumenzimmer, das Zimmer der Künste, die Medea-Galerie und die Kapelle.

Die traditionelle Zuschreibung des Entwurfs an Sebastiano Serlio aus Bologna ist heute durch die Auffindung zweier Manuskripte (in der Universitätsbibliothek von Columbia und in der Staatsbibliothek München) zum unveröffentlichten 6. Buch seines Architekturtraktats – zumindest für den Grundriß – gesichert. Das ursprüngliche Aussehen des Baus, das durch die Pläne von Jacques Androuet Ducerceau aus dem Jahre 1570 überliefert ist, stimmt indessen nicht mit Serlios Entwürfen von 1545 und 1552 überein, obwohl er in Beischriften Angaben zum Baufortschritt macht: 1545 sagt er, der Bau sei im Erdgeschoß bis zur Höhe des Bogenansatzes fertig, 1552 soll bereits der Außenbau vollendet, das Innere bewohnbar gewesen sein. Zudem lobt Serlio den Kunstverstand seines Auftraggebers ausdrücklich. Wenn man voraussetzt, daß diese Angaben von Serlio richtig sind, so folgt daraus zum einen, daß er im Traktat wohl nicht den ausgeführten Plan, sondern seinen Idealplan veröffentlichen wollte (ein Plan von Ancy-le-Franc in der Albertina in Wien zeigt eine dem ausgeführten Bau nähere Variante Serlios), zum anderen, daß er das Eingreifen eines französischen Architekten in die Planung verschwieg. Von diesem Franzosen – man hat mehrfach von Pierre Lescot gesprochen – ist eine Zeichnung (im Cabinet des Estampes der Bibl. Nat.) erhalten, die allerdings mit den ausgeführten Fassaden in Ancy-le-Franc weniger zu tun hat als die Serlio-Blätter. Französisch sind nur die steilen Dächer, die Lukarnen, die Laternen auf den Pavillons u. ä. Dagegen lassen sich für den von Ducerceau gezeigten Bau sehr viel eher italienische als französische Vorbilder namhaft machen.

XII, 4–6 ANZY-LE-DUC (Saône-et-Loire). Ehem. Prioratskirche Sainte-Trinité, Sainte-Croix et Sainte-Marie [D 9]. 847 Gründung als Niederlassung von St-Martin in Autun. Zum Grab des 1. Abtes Hugo von Poitiers († 930), der mit Berno, dem 1. Abt des 910 gegründeten Cluny, zusammenarbeitete, entstand im 11. Jh. eine Wallfahrt. Aufhebung des Klosters in der Revolution; Verkauf der Kirche, die seit 1818 Pfarrkirche ist. 1852 restauriert. Die gut erhaltene Kirche, die eine Schwester in Charlieu hat, ist ein bemerkenswertes Beispiel des burgundischen Wölbungsbaus der 2. Hälfte des 11. und des frühen 12. Jh.: An einen ehemals ausgemalten fünfteiligen Staffelchor – die Mittelapsis besitzt wie die Mutterkirche in Autun eine Scheitelkapelle – setzt ein ausladendes Querhaus mit **Vierungsturm* und überquadratischen Flügeln an. An diese O-Teile, die sich über einer Krypta erheben, schließt ein dreischiffiges **Pfeilerlanghaus* von 5 Jochen an. Die gestuften Stützen, deren Vorlagen Gurtbogen tragen, trennen die querrechteckigen Mittelschiffjoche voneinander, die wie die Seitenschiffe gratgewölbt sind. Offenkundig sollte das Mittelschiff wie die O-Teile zunächst tonnengewölbt werden. In die ungegliederte Wand über den Arkaden sind rundbogige Fenster eingeschnitten. Bemerkenswert ist die Folge von 40 skulptierten **Kapitellen*, die älter sind als die in Autun oder Vézelay. Die meisten tragen antikisierenden Blattschmuck. Die Figurenkapitelle, die sich nicht als Zyklus lesen lassen, bringen Themen aus dem AT und dem NT sowie moralische Unterweisungen. Die Körperbildung ist noch schwerfällig. Am **westl. Stufenportal* ein archivoltengerahmtes Tympanon von 1130/40 (vgl. Perrecy und Montceaux): Christus thront in einer von Engeln gehaltenen Mandorla, am Sturz Maria und die Apostel einer Himmelfahrt, in den Archivolten die 24 Ältesten. In der südl. Klostermauer ein zweites, wohl gleichzeitiges Tympanon in verwittertem Zustand: Versuchung Adams und Evas (vgl. Neuilly) und Anbetung der Könige; am Sturz die Hölle als Schlangenrachen und der Himmel als Burg.

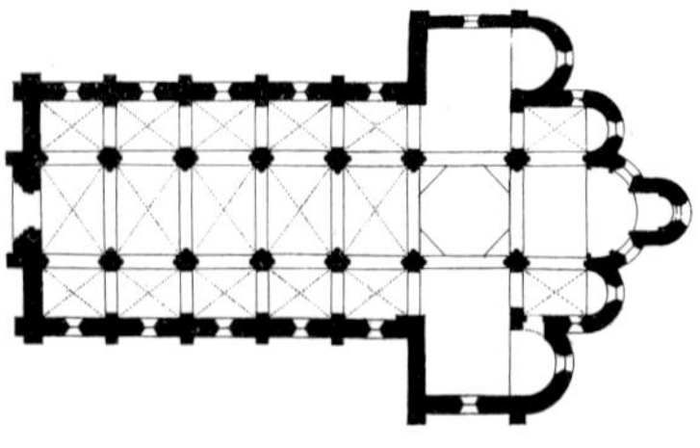

Anzy-le-Duc, Prioratskirche

7 APPOIGNY (Yonne). Saint-Pierre-et-Saint-Paul [B 3]. Die ehem. Stiftskirche ist ein gedrungen breiter, geräumiger (38 m lang) und heller Bau der Gotik. Angeblich ist er eine Stiftung von Guillaume de Seignelay, 1207–20 Bischof von Auxerre. Die O-

Teile (Rechteckchor und nicht ausladendes Querhaus) um 1210/20, das vierjochige Langhaus 1230/40. Über stämmigen kantonierten Rundpfeilern ein Triforium mit Doppelbögen und schmalen Fenstern, Kreuzrippengewölbe. Turmaufsatz auf dem W-Joch der N-Seite. Das W-Portal hat Sturz und Tympanon verloren. – Bemerkenswert der Lettner: 1606/10, eine Stiftung des Bischofs François de Donadieu in der Form eines dreibogigen Triumphbogens mit flachen Reliefs (Leben Jesu und Petrus-Szenen).

8 ASNIÈRES-EN-MONTAGNE (Côte-d'Or). Château de Rochefort [D 4]. Eine erste Befestigung des Felssporns bestand seit dem 12. Jh., wurde jedoch von Jean sans Peur aufgegeben. Jacques Coictier, Kammerherr von Louis XI und Vizepräsident des Rechnungshofes in Paris, ließ gegen Ende 15. Jh. jene Anlage erbauen, die heute als malerische Ruine erhalten ist. 1659 Verkauf durch Louis de Pernes an Denis Languet, der die Gebäude hinter dem Zugang als Basse-cour nutzte und auf der Terrasse Gärten anlegen ließ. Kurz vor der Revolution auf Abbruch verkauft, der aber erst 1806 begann und nur die Dächer betraf.
Auf der künstlich auf einem Sporn angelegten Terrasse, die nur über einen Halsgraben von O zugänglich ist, erhebt sich die zweiteilige Anlage. Hinter der geraden Front mit doppelter Zugbrücke und den Konsolen einer breiten Bretèche, die sich im N und S turmartig rundet, zwei große, annähernd identische Bauten an den Kanten der Terrasse. Im SW der Terrasse das **Corps-de-logis*, ein rechteckiger, dreigeschossiger Block mit drei (heute abgetragenen) Rundtürmen an der S- und drei oktogonalen Türmen an der N-Seite, ehem. steilem Satteldach (von dem noch die Giebelwände stehen) und Wehrgang auf Mâchicoulis. Im mittleren Turm der N-Seite schöne spätgotische Wendeltreppe, im Innern noch mehrere Kamine. An der O-Seite des Logis' Reste einer Kapelle mit dreiseitiger Apsis und Flamboyantfenstern.

9–13 AUTUN (Saône-et-Loire). Kathedrale Saint-Lazare [D 6]. Durch Grabinschriften sind schon für das späte 2. Jh. Christen in Autun belegt. Die Gründung einer Gemeinde durch Symphorianus schon in der Apostelzeit ist legendär, Bischofssitz seit 3. Jh. (?). 420 burgundisch, seit 534 Teil des Fränkischen Reiches, 731 Zerstörungen durch Sarazenen, 852 durch Normannen. 858 Einrichtung eines Kanonikerstiftes bei der Kathedrale. 875 übertrug Karl der Kahle die Stadtherrschaft an den Bischof, seit etwa 956 gehörte Autun zum Herzogtum Burgund. Die großartige Domkirche begann Bischof Etienne de Bâgé (1112–36) um 1120, den Bauplatz hatte der Herzog gestiftet. Die alte Kathedrale Saint-Nazaire lag südl. des Neubaus. 1130 Weihe der unvollendeten Kirche beim Besuch von Papst Innozenz II. Bei der Übertragung der Reliquien des hl. Lazarus im Jahre 1146 (Bruder von Maria und Martha bzw. der „Arme Lazarus" des Gleichnisses, dessen Gebeine aus Marseille gekommen waren) war die Vorhalle noch im Bau. 1379 Zerstörungen durch die Engländer, Wiederherstellung durch Kardinal Jean Rolin (Bischof 1436–83), Beschädigungen im

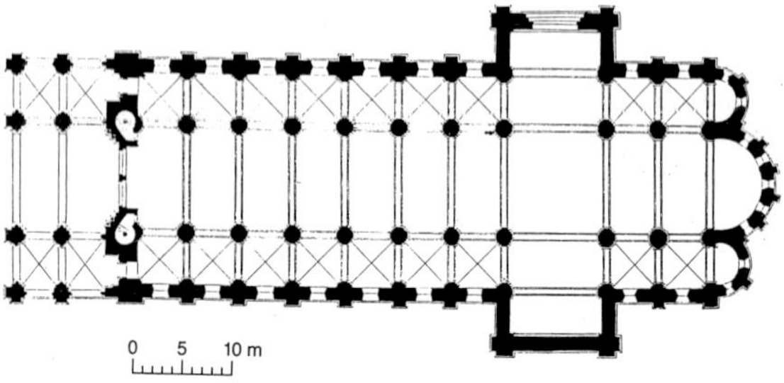

Autun, Kathedrale

Religionskrieg, Restaurierungen im 19. Jh.
Die außen durch spätgotische Kapellenreihen und den überdimensionierten Vierungsturm entstellte, im *Innern ungemein eindrucksvolle Kirche ließ der Bauherr, der ein begeisterter Anhänger der Reform von Cluny war, wesentlich nach dem Vorbild des dort 1088 begonnenen Neubaus errichten. Sie ist eine dreischiffige Pfeilerbasilika (67 m lang) mit Querhaus und nur dreischiffigem Chor. Steiler dreiteiliger Aufriß (kannelierte Pfeiler mit Spitzbogen, Blendtriforium nach dem Vorbild der röm. Stadttore, je 1 Hochfenster pro Joch statt 3 wie in Cluny), Spitztonnen in Langhaus und Querhaus, Gratgewölbe in den Seitenschiffen. Bezeichnend für die Antikennähe des frühen 12. Jh. die Details: Perlstab, Rosettenfries, Pilaster etc.
Von höchster Bedeutung ist die unter Führung des Meisters Gislebertus geschaffene *Bauplastik*. Von den gut 100 **Kapitellen* sind 49 figürlich (AT, NT, Mythologie und Fabel). Die im Kapitelsaal deponierten Originale aus der Vierung lassen die Vézelay übertreffende Qualität der Komposition, der Figurenbildung und des Ausdrucks erkennen. Das ehem. Hauptportal (N-Portal) wurde 1766 zerstört, nur die zierlichen Gewändekapitelle sind noch original. Über dem Türsturz mit den liegenden Aktfiguren Adams und Evas (diese im Museum) zeigte das Bogenfeld die Erweckung des Lazarus. Im von Doppeltürmen flankierten, offenen Narthex das seit 1766 vermauerte, 1836 freigelegte berühmte **Tympanon* mit dem Jüngsten Gericht auf 29 Platten. Es ist Teil eines stark restaurierten Stufenportals mit Mittelpfosten (erneuert: Lazarus und seine Schwestern), um 1150. In der äußeren Archivolte Tierkreiszeichen und Monatsbilder in Medaillons, in der mittleren Blattranken, in der inneren 18 der 24 Ältesten der Apokalypse. In der Mitte des Bogenfeldes Christus, in der Mandorla thronend (über 3 m hoch), die lateinische Inschrift erläutert seine Gebärde (Belohnung der guten, Bestrafung der bösen Taten). Zu seiner Rechten das Paradies mit einer sitzenden Maria, die Apostel, Petrus an der Paradiesespforte und – außen – Seelen, die ins Paradies eingehen. Zur Linken der seelenwägende Michael, Teufel, Verdammte und

die Pforten der Hölle. Auf dem Sturz Auserwählte und Verurteilte. Die Signatur des Hauptmeisters (GISLEBERTUS HOC FECIT) zu Füßen Christi. Für Burgund typisch ist die Mischung verschiedener Themen: Majestas Domini, apokalyptischer Christus, Gericht. Ungewöhnlich ist die Aufgabe der reinen Streifenkomposition, die Kontrastierung von Ruhe (Christus) und dramatischen Einzelszenen, die übermäßige Längung der Figuren, die feinteilige Zeichnung der Gewänder.

Hôtel Rolin (Musée Rolin)

Das Hôtel war ein Nebengebäude der Maison Lacomme, der Stadtwohnung eines Bruders des Kardinals Rolin, aus dem späten 15. Jh. Rundturm zur Straße, polygonaler Treppenturm im Hof. In der bedeutenden Sammlung u. a. die Reste des **Lazarus-Grabes* von etwa 1170, das als begehbarer Marmorschrein mit freistehenden, höchst qualitätvollen Figuren hinter dem Hochaltar der Kathedrale stand.

II, 15 AUTUN (Saône-et-Loire). Römerstadt [D 6]. Von der bedeutenden Römerstadt Augustodunum (200 ha, 6 km lange Mauer) in der Provinz Gallia Lugdunensis, die Augustus um 10 v. Chr. im Gebiet der gallokeltischen Aeduer gründete, sind ansehnliche Reste erhalten. Erkennbar sind der Reißbrettplan mit Achsenkreuz, die Mauer und 54 Wehrtürme. Von den vier Haupttoren der 1. Hälfte des 1. Jh. stehen noch die Porte d'Arroux im NW (Doppelportal mit tonnengewölbten Durchgängen zwischen Türmen, Obergeschoß als Pfeilerarkade mit vorgesetzten kannelierten Pilastern) und die **Porte Saint-André* im NO: hohe und niedrige Durchgänge wie am ersten Tor, wie dieses mit Sandsteinquadern verkleidet; das Obergeschoß von Viollet-le-Duc mit römischen Resten erneuert, Ansätze einer Hofanlage auf der Stadtseite. Vom römischen Theater (Durchmesser 148 m, ca. 15 000 Plätze) sind die Orchestra und einige Stufenreihen freigelegt. Der **sog. Janus-Tempel* ist die mächtige Ruine des Tempels eines unbekannten Gottes (Mars?) auf einer Wiese westl. der Porte d'Arroux. Quadrat mit 2,20 m dicken Mauern, 24 m hoch, Außengliederung mit Nischen und Fenstern, der umlaufende Säulengang wie die Wandverkleidung verloren.

III, 16–19 AUXERRE (Yonne). Kathedrale Saint-Etienne [B 3]. Unter Caesar wurde 54/52 v. Chr. aus dem keltischen Autricum der Senonen das römische Autissiodorum. Aus dieser Zeit fast nichts erhalten, bekannt ist die Stadtmauer des 3. Jh. und einige Türme. Vom frühen 4. Jh. bis 1802 Bischofssitz, seit 502 fränkisch. Zerstörungen durch Sarazenen (8. Jh.) und Normannen (bes. 887). Bis 1005 war die Grafschaft Auxerrois Lehen der Herzöge von Burgund, später ging sie an die Grafen von Nevers. Neue Stadtmauer im 12./13. Jh. Nach der Eroberung durch die Engländer (1358) kam sie durch Kauf (1371) an die französische Krone. Seit 1435 burgundisch, 1477 endgültig französisch. 1567 Beschädigung der Kirchen durch die Hugenotten.

Verlegung der Bischofskirche durch Bischof Amator († 418) an die heutige Stelle. Ältester Teil ist die geräumige,

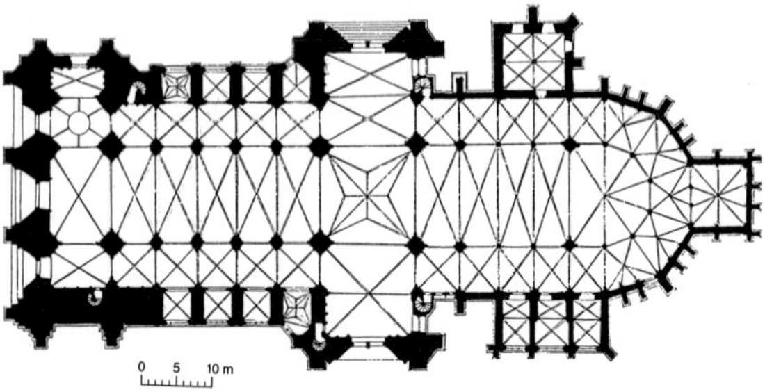

Auxerre, Kathedrale

nach Stadtbrand von 1023 entstandene Hallenkrypta mit ihrem Chorumgang. Von Bedeutung die **Ausmalung der Scheitelkapelle:* an der Tonne Christus auf weißem Pferd vor großem Kreuz, umgeben von 4 reitenden Engeln, um 1100/20, in der Kalotte der Apsis ein thronender Christus zwischen Leuchtern und Evangelistensymbolen, 13. Jh. Den hochgotischen Großbau (110 m lang, Mittelschiff 11,50 m breit und 29,50 m hoch) ließ Bischof Guillaume de Seignelay (1207–20) um 1215 beginnen. An einen dreischiffigen Langchor mit 4 geraden Jochen schließt ein polygonales Chorhaupt mit Umgang, aber – wegen des romanischen Unterbaus – nur einer rechteckigen Scheitelkapelle an. 1234 war der Chor vollendet. Sein Aufriß ist dreigeschossig (spitzbogige Arkaden, schlankes Laufgangtriforium, Gruppenfenster aus 2 Lanzetten und Okulus noch ohne Maßwerk), typisch für die Zeit die zunächst geplante sechsteilige Rippenwölbung. Nach Fertigstellung des Chores Beginn der **W-Fassade*, wohl einige Meter vor dem romanischen Langhaus. Das ausspringende Querhaus wurde erst um 1309 mit dem Langhaus zusammen begonnen. Seine Wölbung sehr unterschiedlich: im S-Arm ein sechsteiliges Gewölbe, in der Vierung ein Stern, im N-Arm 2 vierteilige Rippengewölbe des 15. Jh. 1334 Hochaltarweihe. Das im späten 14. Jh. nach dem Vorbild der O-Teile vollendete und im 15. Jh. gewölbte **Langhaus* ist von der zeittypischen Trockenheit. Die doppeltürmige **W-Front* hat 3 verschieden alte Figurenportale, nur der N-Turm wurde bis 1543 weitgehend ausgebaut. Das **rechte Portal (Taufportal)* um 1260 mit Szenen aus dem Leben Jesu und Johannes' des T. an Tympanon und Archivolten; am Mittelportal sind nur die unteren Partien noch aus dem 13. Jh., die (zerstörten) Apostel des Gewändes und das Weltgericht im Tympanon sind 14. Jh.; links das Marienportal des 14. Jh. mit Szenen aus dem Leben der Gottesmutter in den Archivolten, Krönung am Sturz, Genesis-Szenen am Sockel. Auch am Querhaus Figurenportale: im S das reizvolle Stephanus-Tor aus der 2. Hälfte des 14. Jh. mit der Vita des Heiligen in 3 Streifen am Tympanon, im N das Germanus-Tor aus dem 15. Jh. – Bedeutendster Schmuck des Inneren sind die Glasmalereien,

eine umfangreiche (teils beschädigte, teils falsch versetzte) Folge von der Mitte des 13. (Chorfenster) bis zum 16. Jh.
Nordöstl. unterhalb der Kathedrale der ehem. **Bischofspalast* (Präfektur). Ältester Teil der Galerieflügel des Bischofs Hugues de Montaigu (1115–36) mit 18 romanischen Fensterarkaden auf der O-Mauer eines Vorgängerbaus; die „Salle Synodale" erbaute Bischof Guillaume de Mello über einem Weinkeller; der N-Flügel erst 1825.

20–23 AUXERRE (Yonne). EHEM. BENEDIKTINERKLOSTER SAINT-GERMAIN [B 3]. Die O-Teile der in ein Museum umgewandelten **hochgotischen Klosterkirche* von 1277 ff. (kurzes Langhaus, Querhaus, Umgangschor mit **Scheitelkapelle*) überbauen eines der wichtigsten Denkmäler der vorromanischen Architektur Frankreichs. Zwischen 493 und 545 ersetzte hierKönigin Clothilde ein kleines Oratorium des hl. Mauritius, in dem der Leichnam des hl. Germanus (um 378–448, Bischof von Auxerre) auf Familienbesitz ruhte, durch einen größeren Bau für eine Mönchsgemeinschaft. Nach Gregor von Tours waren die in ein Goldreliquiar eingeschlossenen Gebeine des volkstümlichen Heiligen in seiner Zeit (und noch bis ins 9. Jh.) zugänglich. Bischof Optatus (530–32) baute im O nahe an die Germanus-Basilika seine dem hl. Christophorus geweihte Grabkapelle. Von einem karolingischen Neubau (Bau III) der Anlage, von dem die erhaltene umfangreiche Krypta stammt, durch den Grafen Konrad, den Laienabt und Onkel des Kaisers, berichtet der Mönch Hericus in seinen vor 876 geschriebenen ›De Miraculis sancti Germani‹. Konrad war um 840 nach einer bei den Reliquien verbrachten Nacht von einer Augenkrankheit geheilt worden. 841 wurde Germanus

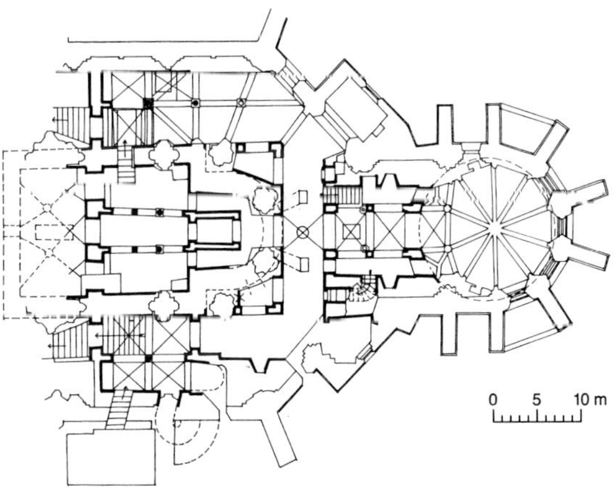

Auxerre, Saint-Germain

provisorisch umgebettet, 857 konnte Bischof Heribald im Oratorium des hl. Stephanus beigesetzt werden, 860 wurde Germanus in die neue Konfessio überführt. 863 wurden die Reste von Märtyrern und Bischöfen aus Auxerre in die Gänge vor das Heiligengrab gebettet. 865 erfolgte zunächst die Weihe der „cryptae inferiores", später im Jahr die des Westbaus und der „cryptae superiores" (Hochchor) der nun gut 100 m langen Kirche. Vor den Normannenangriffen von 887 verbargen die Mönche das Germanus-Grab in einem Versteck tief unter dem heutigen Sarkophag. Nach Bränden 1064, 1075 und im 12. Jh. kam es zu Erneuerungen am Langhaus der Kirche. 1398 Einstellung der Arbeit am gotischen Neubau, 1567 Zerstörungen durch Hugenotten, 1810 Übergabe der Klosterbauten an das städt. Hospital und Abbruch der noch karolingischen bzw. frühromanischen Langhausteile bis auf den südwestl. Fassadenturm des späten 12. Jh.; 1817 erhielt das gekürzte Langhaus eine neugot. Fassade.

Die karolingische **Krypta* ist eine komplexe Kombination aus einer Hallenkrypta und einer Stollenkrypta. Im Zentrum 3 Gänge, deren flache Tonnen von Eichenarchitraven über 2 Säulenpaaren (z. T. Spolien) getragen werden. In der Mitte des trapezförmigen W-Raumes stand urspr. der Sarkophag des Heiligen. Die Aufstellung eines Steinsarkophags im östl. ehem. Altarstollen stammt erst von 1634, unter ihm sind mehrere Aufstellungsniveaus erkennbar, u. a. das unterste, spätkarolingische, das entstand, als man die Gebeine unter einem Scheinsarkophag versteckte. Rechtwinklig gebrochene Stollen, z. T. sind sie gratgewölbt, umschließen die zentrale Halle. Karolingisch ist auch der dreischiffige Durchgang der nach O in eine (gotisch erneuerte) Scheitelkapelle führt. Die Anlage ist u. a. neben Flavigny als Vorstufe für den in Romanik und Gotik verbreiteten Chorumgang mit Kapellenkranz hochbedeutend. Im N-Arm des Umgangs wurden 1927 **Fresken* freigelegt, die zu den wichtigsten Resten frühmittelalterlicher Wandmalerei zählen: Säulendekor und Pflanzenmotive, in den Schildbögen der Gratgewölbe Stephanus-Szenen: Verhandlung, Steinigung.

24 AUXERRE (Yonne). Ehem. Klosterkirche Saint-Pierre [B 3]. Im 6. Jh. erwähnt, seit etwa 1170 Mönchskirche, nach Brand (1277) erneuert, seit unbestimmter Zeit auch als Pfarrkirche genutzt. Die Gemeinde errichtete 1536–57 den 45 m hohen Turm auf der S-Seite in Formen verspäteter Gotik. 1557 beschloß man den Neubau der Kirche, 1567 wurde der Altbau im Religionskrieg schwer beschädigt. Um 1575–1656 Bau einer neuen Kirche in einer kuriosen Mischung aus Gotik und Spätrenaissance, zahlreiche Daten an Innen- und Außenbau. 1635 Übernahme der Anlage durch Kanoniker aus Sainte-Geneviève in Paris. Reich dekorierte Giebelfront (vgl. St-Etienne-du-Mont in Paris) mit kräftig auf Doppelsäulen vortretendem Mittelrisalit. Dreischiffige querhauslose Basilika von 7 Jochen vom Typ Notre-Dame in Paris mit Umgang und Kapellenreihen an Langhaus und Chor. Gleichförmig gereihte rundbogige Arkaden über Rundpfeilern, Maßwerkfenster, Sterngewölbe im Mittelschiff, offenes Strebewerk.

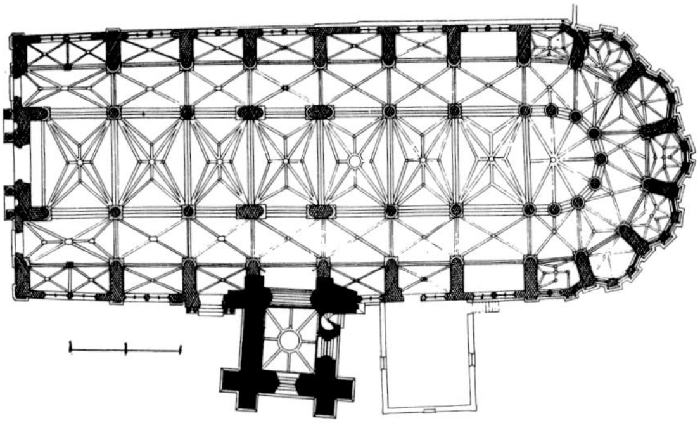

Auxerre, Saint-Pierre

25 AUXERRE (Yonne). UHRTURM [B 3]. 1483 ließ die Bürgerschaft von Auxerre über einem der gallorömischen Wehrtürme die Tour de l'Horloge oder Tour Gaillarde mit spätgotischem Schmuckreichtum errichten. Der Turmhelm wurde 1891 erneuert.

26–29 AUXONNE (Côte-d'Or). NOTRE-DAME [G 5]. Ein Vorgängerbau der heutigen Kirche entstand kurz nach 1189, Reste davon könnten im *S-*Querhaus* erhalten sein. Um 1235/37 Beginn eines Neubaus mit dem **Chor*, der wegen der noch stehenden älteren Vierung verhältnismäßig gedrungen wirkt und insgesamt noch von romanischen Baugedanken beeinflußt scheint. Um die Mitte des 13. Jh. Bau des **Langhauses* mit geringfügigem Planwechsel in den westlichen Jochen. Dreischiffige Basilika mit nicht ausladendem Querhaus, Vorchorjoch und fünfseitiger Apsis, zwei Nebenapsiden. Aufriß dreigeschossig, Langhaus höher als Vierung, mit dem burgundischen Laufgang vor dem Obergaden, dieser Laufgang fehlt im Chor. Die Details erinnern an die Marienkirchen von Dijon und Semur-en-Auxois. Im 14. und 15. Jh. Anbau der Seitenkapellen, Restaurierungen im 19. Jh. Die ursprüngliche schlichte Zweiturmfassade erhielt 1516 ff. von Antoine Le Rupt eine dreischiffige **Vorhalle*, deren reiche Dekoration noch ganz spätgotisch ist. Die drei Zugänge im Westen gleichen Stufenportalen (alle Figuren erneuert), die durch hohe Figurennischen getrennt sind. Die älteren Portale des 13. und 14. Jh. wurden im 16. Jh. erneuert.

In der südlichen Nebenapsis befindet sich die **Madonna mit der Weintraube*, eine wunderschöne, anmutige Figur aus der Sluter-Nachfolge, vielleicht aus dem Umkreis von Jean de la Huerta aus der Mitte 15. Jh. Daneben eine überlebensgroße Madonna mit Kind, ebenfalls Mitte 15. Jh., die an der Fassade über dem Portal gestanden haben soll. Zur weiteren Ausstattung gehören u. a. ein hl. Antonius, spätes 15. Jh., eine der Frauen von einer Grablegung, Ende 15. Jh., ein Christus im Elend, frühes 16. Jh., und mehrere Grabplatten.

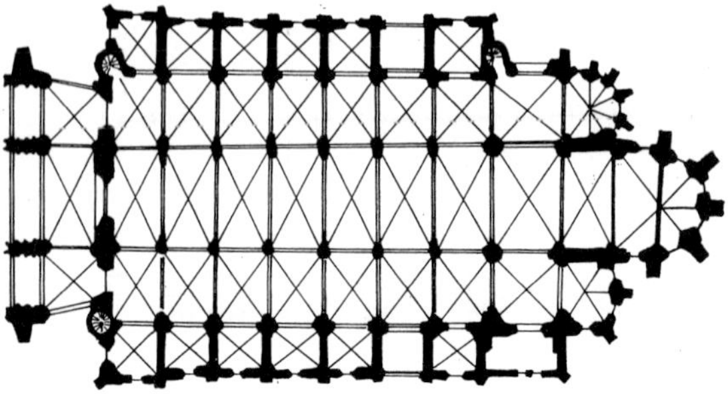

Auxonne, Notre-Dame

30 AUXONNE (Côte-d'Or). BURG [G 5]. 1414 ließ Jean sans Peur an der Saône über den Resten einer Burg der Sires d'Auxonne eine Grenzbefestigung errichten. Umbauten durch Louis XII und François Ier, Ausbau zur Kanonenfestung im 17. Jh. durch Vauban. Von den ehemals 5 Türmen steht nur noch ein ungewöhnlich dicker Rundturm neben dem Tor mit Zugbrücken. Im Hof Gebäude des 16. und 17. Jh.

31 AUXONNE (Côte-d'Or). STADTTOR [G 5]. Südöstl. von Notre-Dame ein Stadttor aus der 2. Hälfte 15. Jh. mit doppelter Zugbrücke und Wachkammer im Obergeschoß. An den Seiten Reste der abgetragenen Stadtmauer, die seit 1350 angelegt worden war. Sie besaß 33 Türme und 4 Tore, 1675 baute Vauban 8 Bastionen.

32 AUXONNE (Côte-d'Or). STADTHAUS [G 5]. Ein gut erhaltenes Beispiel für burgundische Stadtarchitektur des 16. Jh. ist ein typisches Stadthaus in der Nähe der W-Fassade von Notre-Dame. Es entstand um die Mitte 16. Jh. und zeigt, mit welcher Zähigkeit man in Burgund an den spätmittelalterlichen Formen festhielt. Die **Fassade* ist nicht symmetrisch, im Erdgeschoß rahmen ein großer Rundbogen und ein Flachbogen den niedrigeren Zugang. Die Schlußsteine der großen Bögen sind skulptiert, darüber liegen ein Architrav und ein auskragendes Gesims. Kannelierte Pilaster fassen die Bögen des Erdgeschosses ein und tragen den Architrav. Kreuzstockfenster, deren Rundstabrahmung über hohen Basen beginnt und viertelrund um die Ecken geführt ist, belichten das Obergeschoß. Sie sind unterschiedlich breit und ebenfalls nicht symmetrisch angeordnet. Über dem Portal, aber nicht in dessen Achse, eine Madonnennische mit Giebel. Es folgen ein Halbgeschoß und das von Lukarnen mit Pilastergliederung belichtete Dach. Anscheinend wurde das Haus nachträglich um ein kurzes Stück verlängert, denn Pilastergliederung und Architrav beziehen das kleine übergiebelte Portal ganz links nicht ein.

33–35 AVALLON (Yonne). EHEM. STIFTSKIRCHE SAINT-LAZARE [C 4]. Aus der keltischen Siedlung Aballo

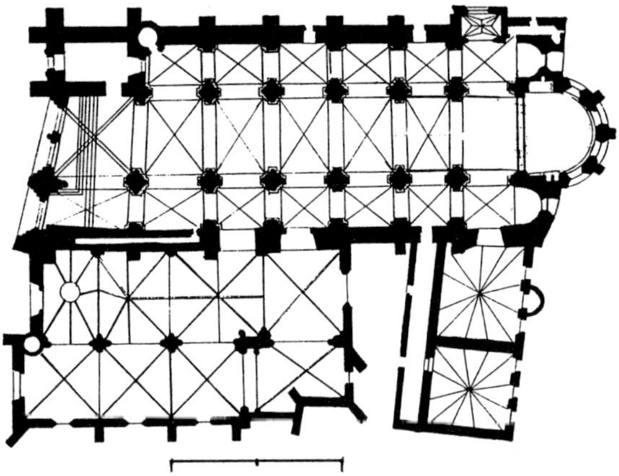

Avallon, Saint-Lazare

wurde bis zum 6. Jh. die Hauptstadt des „pagus Avallensis oder Avalisio“, die bereits gut befestigt gewesen sein soll. 731 wurde sie von Sarazenen erobert, die zuvor Tournus, Chalon und Saulieu verwüstet hatten. Für das 10. Jh. ist eine Burg überliefert, in der die Grafen von Avallon residierten. Diese wurde 1005 im Erbstreit zwischen König Robert und Graf Ott-Heinrich von Burgund vom König erobert und zerstört. Später ist Avallon auch in die Kämpfe zwischen Bourguignons und Armagnacs und in die Religionskriege hineingezogen worden, doch eine Burg ist nicht mehr erwähnt.

Die Ursprünge von Saint-Lazare sind nicht bekannt, dürften aber wie die Burg wenigstens in das 10. Jh. zurückreichen. Im Jahr 1000 schenkte Herzog Heinrich der damaligen Marienkirche eine Reliquie des hl. Lazarus, der künftig neben Maria Kirchenpatron wurde. (Eine Inschrift am Portal soll dieses Datum genannt haben.) 1077 gab Herzog Hugues Ier diese Kirche an Cluny, unter dessen Oberherrschaft ein Neubau begonnen wurde. Papst Paschalis I. nahm 1106 eine Weihe vor und gab die Kirche 1116 an den Bischof von Autun zurück. Die stehende Kirche ist eine dreischiffige Basilika, die im **Langhaus* um fast 3 m zum Chor hin abfällt. Sie besitzt ein eingebundenes Querhaus und drei Apsiden, die Nebenapsiden sind rechteckig ummantelt. Der Aufriß ist zweigeschossig: Kreuzpfeiler mit halbrunden Vorlagen tragen die spitzbogigen Arkaden, darüber folgt ein Gesims, das wegen des Geländeabfalls mehrfach rechtwinklig gebrochen ist und das sich über die halbrunden Vorlagen und die rechteckigen Rücklagen verkröpft; auf diesem Gesims stehen Säulchen, die die Schildbögen tragen. Darüber ein Gratgewölbe. Die Krypta unter dem Chor dürfte zumindest noch in Teilen dem 10. Jh. angehören. Der Oberbau ist Sainte-Madeleine in Vézelay augenscheinlich eng verwandt. Beide unterstanden im 11. Jh. nicht ganz freiwillig Cluny, in beiden gab es 1104 bzw. 1106 eine Weihe, die sich wahrscheinlich in beiden auf die O-Teile bezog. In Vézelay sind diese O-Teile verloren. Auch die beiden Langhäuser gleichen sich auffallend in Pfeilerform, Aufriß und Details, ohne daß Avallon die Qualität von Vézelay erreichte. Man darf also annehmen, daß das Langhaus von Saint-Lazare in Avallon in unmittelbarer Nachfolge von Sainte-Madeleine entstand. Dort hatte um 1120 das karolingische Langhaus gebrannt und wurde ohne Verzögerung neu aufgebaut. Es ist wenig wahrscheinlich, daß man in den zwanziger Jahren des 12. Jh. ein eben fertiggestelltes Langhaus in Avallon zugunsten einer Erneuerung wieder abriß; von einer Zerstörung ist andererseits nichts bekannt. Aus diesem Grund darf man annehmen, daß bei der Weihe 1106 nicht die ganze Kirche, sondern nur der Chor vollendet war, während das Langhaus nach dem Vorbild Vézelay ab etwa 1130 – mit spitzbogigen Arkaden – vollendet wurde. 1633 stürzte der nördliche Fassadenturm ein und wurde repariert, 1859 restaurierte man v. a. die Apsis. Eindrucksvoll, aber offenbar nicht zur stehenden Kirche geplant ist die W-Front mit der ursprünglich dreiteiligen **Portalanlage.* Sie entstand wohl nach Mitte 12. Jh. Davor lag wie in Vézelay eine Vorhalle. Das nördliche Stufenportal ist verloren, ebenso Tympanon und Sturz des Mittelportals, auf dem anscheinend Christus in der Mandorla, umgeben von Engeln und Evangelistensymbolen, dargestellt war. Am Sturz das Gastmahl von Bethanien mit Lazarus und Kreuzigung, in den Archivolten Engel und die 24 Ältesten der Apokalypse, Monatsdarstellungen und Tierkreiszeichen, im **Gewände* schließlich Propheten, von denen einer erhalten ist, eine hohe, schmale Figur, deren Gewand in engen, geraden Falten angeordnet ist und die steife Wirkung dieser Gestalt unterstreicht. Besonders schön sind die virtuos gearbeiteten antikisierenden Muster, die die gesamten Gewände überziehen, die an jeder freien Stelle auftreten und sich kaum irgendwo wiederholen. Am südlichen Portal ist das Tympanon mit den drei Königen zum Teil erhalten. Am Sturz Auferstehung und Abstieg zur Vorhölle, außerdem weitere Christus- und v. a. Lazarus-Szenen.

36 BARD-LE-REGULIER (Côte-d'Or). EHEM. STIFTSKIRCHE SAINT-JEAN-L'EVANGÉLISTE [D 6]. Um 1100 Einrichtung eines Augustinerchorherrenstiftes durch einen Grafen von Nevers. Kahle dreischiffige Pfeileranlage des späten 12. Jh. mit Querhaus und dreiteiligem Rechteckchor. Rundtonne in O-Teilen, Spitztonnen im fensterlosen Mittelschiff, Gratgewölbe in den Seitenschiffen, Querschnittfassade. – Wertvollster Teil der Ausstattung ist das prachtvolle **Chorgestühl* des fortgeschrittenen 14. Jh.: 34 Sitze in 4 Reihen, auf den Wangen unter Maßwerkarkaden Marien-(Verkündigung, Heimsuchung, Geburt) und Johannes-Szenen (Abendmahl, Giftbecher, Ölmarter).

37 BEAUMONT-SUR-VINGEANNE (Côte-d'Or). CHÂTEAU DE BEAUMONT [G 4]. Claude Jolyot, Prior

von Til-Châtel, später Kaplan des Königs und Kommendaturabt von Bournet (Angoulême), ließ sich 1724 eine „Folie“ erbauen, eine der wenigen in Burgund. Der Architekt ist nicht bekannt. Eingeschossiger Rechteckbau von 5 Achsen mit Seitenrisaliten und halbrundem Treppenaufgang in der Mitte. Einziger Schmuck sind die flachplastischen Rustikabänder seitlich des Portals und an den Ecken der Risalite, die Schlußsteine und die Rahmung der Fenster und das Tympanonfeld des Dreiecksgiebels, der von Konsolen getragen zu werden scheint. Am Dachansatz eine Balustrade mit Figuren und Vasen. An der Rückseite ist das Sockelgeschoß zur Terrasse erweitert, die man über die drei rundbogigen Fenstertüren des Mittelrisalits betritt.

38–41 BEAUNE (Côte-d'Or). EHEM. KOLLEGIATSKIRCHE NOTRE-DAME [F 6]. Um 1125/30 begonnene Kanonikerstiftskirche, bis um die Jahrhundertmitte Fertigstellung von Chor, Vierung und Querhaus und 4 Langhausjochen; die beiden letzten Langhausjoche folgten nach demselben Plan im frühen 13. Jh. Danach Erneuerung des Obergadens und der Wölbung im Hochchor und Anbau des Strebewerks am Chorhaupt, Bau des Kapitelsaals und des **Kreuzgangs*, von dem zwei Joche erhalten sind und den man über ein romanisches Stufenportal des fortgeschrittenen 12. Jh. betritt. Um 1300 Baubeginn der an drei Seiten offenen luftigen Vorhalle. Ab dem späten 14. Jh. entstanden die Seitenkapellen, von denen im N die Rolin-Kapelle (2. v. W) hervorzuheben ist, die der Kardinal Jean Rolin nach 1470 stiftete und mit dem Lazarus-Wunder und der Steinigung des Stephanus ausmalen ließ, im S die **Bouton-Kapelle* (1. v. W), die der Kanoniker Bouton 1525–33 errichten und ausstatten ließ. Diese Kapelle besitzt eine prachtvolle Kassettendecke und Figurennischen (Figuren seit der Revolution verschwunden) und außen wie innen eine reiche Renaissance-Dekoration.

Die Kirche selbst ist eine dreischiffige Basilika mit sechs Jochen, quadratischer Vierung und Trompenkuppel,

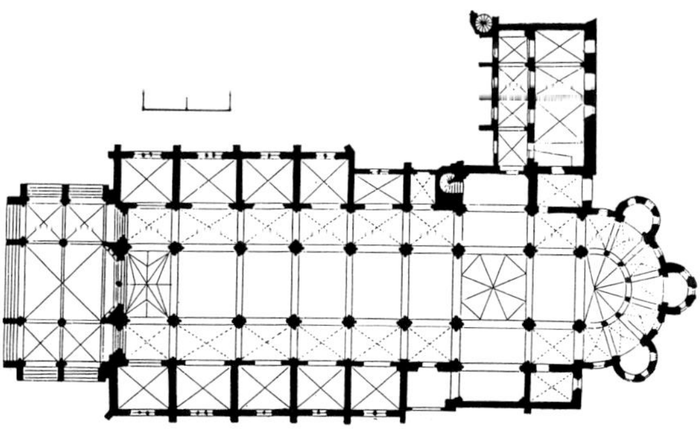

Beaune, Notre-Dame

Querhaus (urspr. um je ein Joch breiter) und einem **Umgangschor* mit drei Kranzkapellen. Der Aufriß ist dreigeschossig: spitzbogige Arkaden über Rechteckpfeilern mit gestuften bzw. halbrunden Vorlagen, Triforienzone mit Blendbogengalerie und dreiachsiger Obergaden, darüber eine Spitztonne mit gestuften Gurten. Die Ausführung wirkt herb und flüchtig. Im Chorhaupt wurde dieser Obergaden im 13. Jh. durch hohe Maßwerkfenster und ein Rippengewölbe ersetzt. Das **Äußere* ist wie der Innenraum wenig dekoriert. Von O wirkt v. a. die Stereometrie der einzelnen Baukörper – Kranzkapellen, Umgang, Apsis –, zwischen denen die Strebepfeiler und -bögen ein wenig stören. Erst die letzten beiden Geschosse des Vierungsturms sind dekoriert.

Notre-Dame in Beaune gehört wie Saint-Lazare in Autun zur Nachfolge der 3. Kirche von Cluny. Im Gegensatz zu diesen beiden ist Notre-Dame jedoch in allen Teilen weniger profiliert und skulptiert, was auch die Licht-Schatten-Wirkung bedeutend verringert. Zudem verfälschen die Fenster des Hochchors den ursprünglichen Eindruck stark. Nur wenige figürliche Kapitelle sind im südlichen Seitenschiff erhalten. Auch sie sind von Autun abhängig. – Von der Ausstattung des Spätmittelalters sind im Chor die **Bildteppiche* mit Szenen aus dem Marienleben erhalten. Der Kardinal Jean Rolin soll die in Tournai gefertigten Teppiche um 1474 in Auftrag gegeben haben.

XVI, 42–45 BEAUNE (Côte-d'Or). HÔTEL-DIEU [E 6]. Als Nicolas Rolin und seine dritte Gemahlin zur Rettung ihres Seelenheils 1443 in Beaune ein Hospital stifteten, bestanden bereits drei weitere Einrichtungen dieser Art in der Stadt (Saint-Pierre, gegründet im 12. Jh., die Leproserie, gegründet von Eudes III, und die Maison-Dieu du Bourgneuf, die Louis IX 1254 gestiftet haben soll), von denen zwei im 17. Jh. dem Hôtel-Dieu unterstellt wurden, die dritte wurde aufgelöst.

Um einen weiten **Rechteckhof* sind vier Flügel gelegt. Der mächtige Eingangsflügel im N ist, abgesehen von dem mit spätgotischer Dekorationsfülle gestalteten Portal mit den Schutzheiligen Maria, Johannes und dem hl. Nikolaus von Bari, beinahe nüchtern. Er beherbergt außer dem großen holztonnengewölbten Krankensaal mit 24 Betten in zwei Reihen und einer Kapelle im O den Speisesaal der Schwestern und das Zimmer der Oberin. S- und O-Flügel gleichen sich und sind durch einen großen polygonalen Treppenturm miteinander verbunden. Eine Fachwerkgalerie auf schlanken Säulchen umzieht beide Hoffassaden. Kielbogenfenster, mit Rundstäben ausgesetzt, belichten die Räume beider Geschosse. Die bunten Flächen der hohen Dächer sind von zwei Reihen versetzt angeordneter Fachwerklukarnen unterbrochen. Im O-Flügel befindet sich ein zweiter Krankensaal, unter dem ein Bach durchfließt, im S-Flügel liegen u. a. die Küche und die Apotheke. Erst 1659 entstand der W-Flügel. Die Pflegerinnen ließ Rolin aus Flandern kommen, als Vorbild für die Gebäude gilt das Hospital in Valenciennes.

Neben einer großen Anzahl von sorgfältig gepflegten Ausstattungs- und Gebrauchsgegenständen aus der 400-

jährigen Benutzungszeit sind aus dem großen Krankensaal eine knapp unterlebensgroße Holzfigur eines Christus im Elend und vor allem der **Flügelaltar* der Kapelle erhalten (heute leider im Museum des Hospitals), den Rogier van der Weyden kurz vor 1450 schuf. Dargestellt sind außen das knieende Stifterpaar mit Wappen und Fürbittern, innen ein Weltgericht, eine streng symmetrische, vielfigurige und hoheitsvolle Komposition, über der Christus als Weltenrichter thront. In charakteristisch niederländischer Weise, die jede Einzelheit ganz realistisch wiedergibt und alles mit derselben Genauigkeit behandelt, fügen sich viele kleine Bilder zu einem großartigen Ganzen. – Zudem besitzt das Hôtel-Dieu mehrere kostbare **Teppichfolgen,* die zu unterschiedlichen Anlässen aufgehängt wurden, z. B. die Tapisseries Roses (insges. 30 erhalten) noch aus dem 15. Jh., die beiden Eligius-Teppiche aus dem frühen 16. Jh. oder die Teppiche mit Szenen aus dem Leben des Patriarchen Jakob, ebenfalls aus dem 16. Jh.

46–49 BEAUNE (Côte-d'Or). STADT [E 6]. Neben großen Teilen der alten Stadtmauer mit Türmen und Bastionen besitzt Beaune auch eine Anzahl mittelalterlicher und frühneuzeitlicher Häuser, z. B. in der **Rue Rousseau-Deslandes* unmittelbar nebeneinander zwei Häuser aus der 2. Hälfte 13. Jh., die, ähnlich wie das rekonstruierte Hôtel Aubriot in Dijon, über einem fast geschlossenen Erdgeschoß regelmäßige Fensterreihen besitzen. Die von Rundstäben begleiteten Dreipaßbögen ruhen auf fein gearbeiteten Säulchen.

Die Straßenfassade des **Hôtel de la Mare* (od. Rochepot), das erst seit dem frühen 16. Jh. entstand, ist ein gutes Beispiel dafür, daß die Formen der Renaissance sich in Burgund nur sehr zögernd durchsetzen konnten. Wie das Palais abbatial in Tournus ist auch die Fassade des Hôtel de la Mare in ganz regelmäßigen Achsen gegliedert, doch die Kielbogenfenster gehören noch ganz dem 15. Jh. an. Zur Hofseite hin besitzt dieser Bau eine erstaunliche Galeriefassade mit vier übereinanderliegenden Reihen flachbogiger Arkaden. Die Bogenzwickel schmücken Medaillonreliefs.

Dem Hôtel de la Mare fast gegenüber erhebt sich der Beffroi aus dem 13. Jh. Er gehörte ursprünglich zu einer Klosterkirche und ging 1395 in den Besitz der Stadt über.

Ein besonders schönes **Haus* wohl noch der 1. Hälfte 13. Jh. findet man *hinter dem Kreuzgang von Notre-Dame.* Seine unveränderte Giebelseite besitzt mehrere regelmäßig angeordnete Fenster, deren Überfangbögen auf Kopfkonsolen ruhen. Im Obergeschoß ein Fenstersturz, an dem noch die begonnene Bearbeitung eines Dreipasses erkennbar ist.

Am bekanntesten vielleicht das Hôtel des Ducs in der Rue Paradis. Von hohen Mauern eingeschlossen, gruppieren sich mehrere Einzelhäuser um einen unregelmäßigen Hof. Neben sehr hübschen, wenngleich stark restaurierten Fachwerkbauten mit geschnitzten Balken und steinernen Erdgeschossen und Treppen und einer Kelter, der Hauptbau mit mehreren Achsen großer Kreuzstockfenster mit Kielbögen.

V, 49 BERZÉ-LA-VILLE (Saône-et-Loire). Château des Moines [E 8]. Der Tradition zufolge soll der hl. Hugo von Semur, Abt von Cluny (1049–1109), sich hier einen Gutshof als Ruhedomizil erbaut haben. Erhalten ist hauptsächlich die – wohl wegen des steil abfallenden Geländes – zweigeschossige Kapelle. Im Obergeschoß besitzt die halbrunde Apsis über hohem Sockel eine Blendbogenfolge auf Säulen, die sich nach beiden Seiten noch mit je einem Bogen an der geraden Wand fortsetzt. Diese Oberkapelle ist ganz ausgemalt gewesen, erhalten sind im wesentlichen die **Chorfresken,* die wegen des deutlich sichtbaren byzantinischen Einflusses um die Mitte 12. Jh. (d. h. in die Zeit von Petrus Venerabilis) datiert wurden. Dargestellt sind in Grün-, Blau-, Zinnober- und Ockertönen in der Apsiskalotte *Christus in einer mandelförmigen Mandorla,* der mit der Rechten die Apostel segnet, mit der Linken Petrus das „Berufungsschreiben" reicht. Darunter auf beiden Seiten je zwei Heilige, ein Bischof und möglicherweise ein Abt. Die Inschriften sind nicht mehr lesbar. Man hat vorgeschlagen, in diesen Figuren den 1. und den 6. Abt von Cluny (Berno und Hugo) und den Ordensgründer Benedikt mit Desiderius von Montecassino zu sehen und die gesamte Darstellung als Gleichsetzung der Gründung von Cluny und der Gründung des Benediktinerordens mit der Gründung der Kirche zu deuten. In den Bogenzwickeln die Klugen Jungfrauen, am Sockel über gemalten Vorhängen Heilige in Rechteckfeldern. In den Blendnischen erkennt man die *Martyrien der hll. Blasius* und *Laurentius* (oder Vinzentius). In zahllosen schmalen Falten legen sich die Gewänder um die sehr großen schlanken Gestalten, die in den Martyriumsszenen lebhaft bewegt sind.

XV BERZÉ-LE-CHÂTEL (Saône-et-Loire). Burg [E 8]. Auf einem nach allen Seiten steil abfallenden Felsplateau, das nur über einen engen Grat zugänglich ist, entstand seit dem späten 10. Jh. für Geoffroy de Berzé eine Burg, die zunächst aus einer riesigen, dem Gelände angepaßten Ringmauer, einem gesicherten Tor an der einzigen Zugangsstelle im N und wohl einem Donjon, dessen Reste im höheren der beiden quadratischen Türme enthalten sein könnten, bestand. Bereits im 12. Jh. müssen innerhalb der **großen Anlage* weitere Mauern ringförmig um den Donjon gelegt worden sein, die Höfe auf unterschiedlichen Niveaus umschlossen. Im S erbaute man die kleine tonnengewölbte Kapelle mit Vorjoch und halbrunder Apsis, vermutlich fügte man dem Donjon erste steinerne Wohnbauten an. Die Rundtürme, die v. a. die äußere Mauer schützen, kamen im 13. Jh. hinzu, ebenso das turmflankierte **Tor mit spitzbogiger Durchfahrt,* das durch die Verschüttung des tiefen Halsgrabens heute gedrungen wirkt. Seit 1320 befand sich die Burg nacheinander im Besitz von Jean de Frolois, Jean de Thil, dem Konnetabel von Burgund, Edouard de Beaujeu und Jacques de Savoie, Prince de Morée. Im Bürgerkrieg zwischen Armagnacs und Bourguignons war Berzé-le-Châtel mehrfach umkämpft, blieb aber seit 1424 in der Hand von Philippe le Bon, der die Anlage 1435 seinem Stallmeister Macé de Roche-

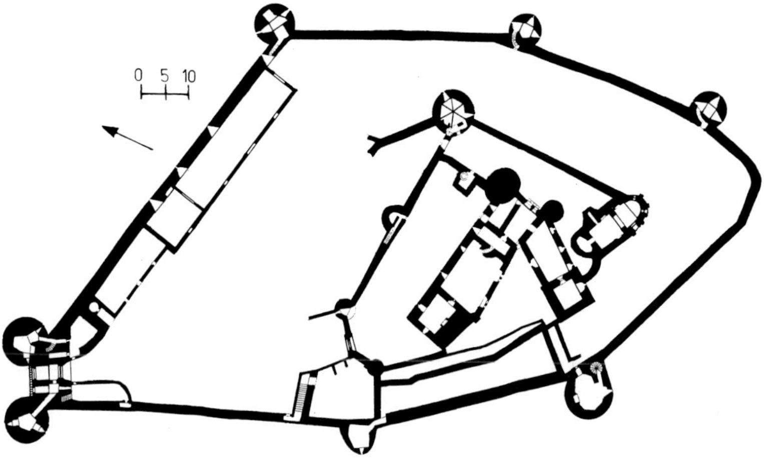

Berzé-le-Châtel, Burg

baron gab. Dieser ließ das alte doppeltürmige Tor mit Relief- und Wappentafeln schmücken und den Wehrgang über gestuften und profilierten Konsolen zufügen. In den zweiten Mauerring ließ er dem ersten Tor gegenüber ein kleineres Tor einbauen, das von einer kleinen Echauguette auf Encorbellement und einem Rundturm flankiert wird. Darüber lag ein Wehrgang, der sich über dem Tor zu einer Bretèche erweiterte. Dieses Tor, neben dem das Gelände unmittelbar steil abfällt, ist bedeutend weniger repräsentativ als das erste. Ein drittes, wieder von zwei (in den unteren Geschossen massiven) Rundtürmen begleitetes Tor befindet sich im O und führte ursprünglich wohl in den innersten Hof mit Donjon und Logis. Dieses Logis muß Macé de Rochebaron erneuert haben, doch hat die Gotisierung des 19. Jh. die Reste unkenntlich gemacht. Wohl im 16. Jh. kam der zweite Quadratturm mit dem kurzen Flügel hinzu.

50 BÈZE (Côte-d'Or). SOG. „CHÂTEAU DES ABBÉS" [F 4]. Von der Abtei Saint-Pierre-et-Saint-Paul, die Herzog Amalgarius von Burgund um 630 gründete (Auflösung 1731), steht noch das sog. „Château des Abbés", zwei Gebäude des späten 13./frühen 14. Jh., beide nicht vollständig erhalten. Das größere ist zweigeschossig, aus großen Quadern, mit zwei breiten, reich profilierten Arkaden (heute vermauert) und einem ebensolchen Fenster im Erdgeschoß sowie einer symmetrischen Gruppe aus Fenstern und Blendbögen im Obergeschoß. Das zweite Gebäude ist an das erste angebaut, schmaler und niedriger als jenes und aus weniger qualitätvollem Mauerwerk. Auch hier Fassadengliederung durch Fenster – hier mit älterem Plattenmaßwerk – und

großen Blendbogen auf Säulchen, die möglicherweise eine nachträgliche Zufügung sind. Die Asymmetrie wahrscheinlich durch das Fehlen des rechten Gebäudeteils. Dahinter im Park mehrere Rundtürme, die ebenfalls zur Klosteranlage gehört haben dürften.

51 BISSY-SUR-FLEY (Saône-et-Loire). Château de Thyard [E 8]. Thyard ist der Familiensitz und das Geburtshaus von Pontus de Thyard, einem der sieben Mitglieder der Plejade. Ein kleiner Adelssitz existierte in Bissy anscheinend bereits während der 1. Hälfte 14. Jh., doch erst gegen Ende 14. Jh. entstanden die ältesten erhaltenen Bauteile: die Umfassungsmauer, das zweigeschossige, rechteckige **Logis* mit den beiden Rundtürmen und dem runden Treppenturm an der Hofseite und einem gewölbten Keller, der wegen der Hanglage nach außen freisteht, ein wenig befestigter Zugang und eine – heute verschwundene – Basse-cour im S. Im frühen 16. Jh. wurde, vielleicht auf Veranlassung von Pontus de Thyard, der dreigeschossige Pavillon, der auf den ersten Blick wie ein älterer Donjon wirkt, an die SW-Ecke angefügt. Gleichzeitig wurde der südwestliche Eckturm zum Treppenturm, der die Geschosse von Logis und Pavillon verbindet. Auch die großen, einfach gekehlten Kreuzstockfenster, die in Burgund für das frühe 16. Jh. typisch sind, entstammen dieser Zeit. Die Gebäude an der S-Mauer und die Scheunen im O sind jünger.

52 BLANOT (Saône-et-Loire). Saint-Martin [E 8]. Seit 927 Besitz von Cluny, 1156 Priorat. Typische Saal-

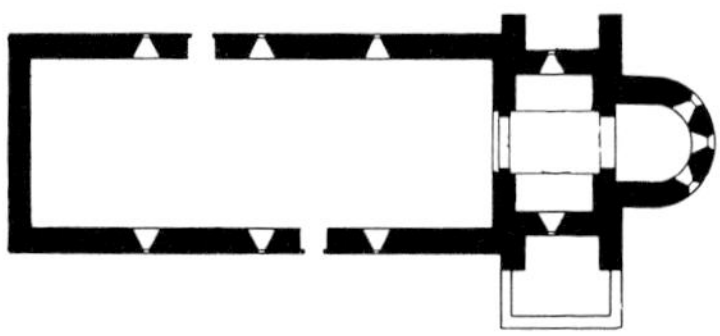

Blanot, Saint-Martin

kirche der Mitte 11. Jh. mit offenem Dachstuhl und Steindeckung, Vorchorjoch mit Trompenkuppel und sehr hohem Glockenturm, gestelzte halbrunde Apsis. – Spätgot. Prioratsgebäude über merowingischen Gräbern.

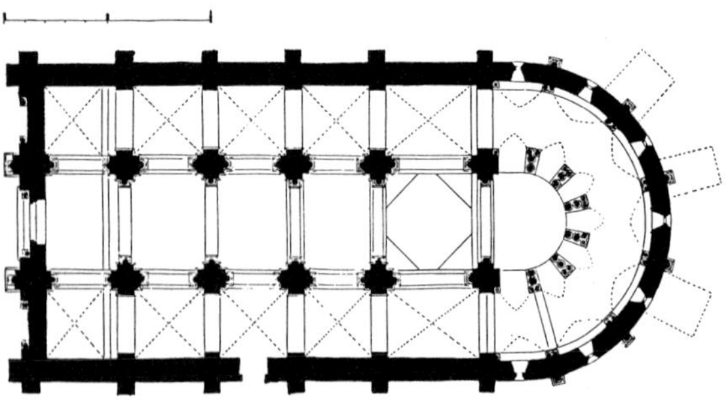

Bois-Sainte-Marie, Notre-Dame

53, 54 BOIS-SAINTE-MARIE (Saône-et-Loire). Notre-Dame [E 9]. Bemerkenswerte Großquaderbasilika – vermutlich eines Cluny-Priorates – von Anfang bis Mitte 12. Jh., 1849–54 übermäßig restauriert: schlankes Langhaus mit 3 Schiffen und 4 Jochen, nicht ausladendes Querhaus mit Vierungskuppel, erhöhter Chorumgang ohne Kapellen; auffallend die Vierersäulen des Chorhauptes. Im niedrigen Umgang Gratgewölbe ohne Gurte, fast eine Ringtonne mit Stichkappen, in den Querhausflügeln flache Tonnen, im **Mittelschiff* Spitztonnen und in den Seitenschiffen Gratgewölbe über Gurtbögen. Die z. T. figürlichen **Kapitelle* nicht alle alt, einige erinnern (Köpfe von Menschen und Tieren, Vögel) an Anzy-le-Duc. Die strengen Blattkapitelle des Umgangs wohl von einem Vorgängerbau. Der Tischaltar mit seinen 5 Stützen wohl noch 11. Jh.

55 BONNAY (Saône-et-Loire). Saint-Hippolyte [E 8]. Vermutlich stiftete Hugues de Semur (der hl. Hugo von Cluny, † 1109) noch im 11. Jh. die Kirche, die zu einem Priorat von Cluny gehörte. Dreischiffige Basilika von vier Jochen, Pfeiler mit Vorlagen, (ursprüngliche?) Spitztonne, Gratgewölbe in den Seitenschiffen, hohes ausladendes Querhaus, halbrunde Mittelapsis mit tiefem Vorjoch und zwei Nebenapsiden, mächtiger Vierungsturm mit Blendbogenfriesen. In der Apsis ist der ursprüngliche Altarblock erhalten. Die Dekoration ist sparsam. Schon im 13. Jh. überhöhte man das Querhaus und ummantelte den Vierungsturm, so daß eine Art Donjon entstand, dessen oberer Abschluß heute fehlt. Die Schallarkaden des Vierungsturms sind als Fenster stehengeblieben. Auch die Langhausmauern sind offenbar durch einen Wehrgang überhöht worden. Unter dem Druck des Turms stürzte das Langhaus ein. Seitdem steht die Kirche als eindrucksvolle Ruine.

56 BONNAY (Saône-et-Loire). Château de Besanceuil [E 8]. Wohl bereits seit dem 11. Jh. existierte in Besanceuil eine Burg, von der die Kapelle und einige Mauerzüge erhalten sind. Dieses einschiffige Kirchlein besitzt ein niedriges Querhaus, eine halbrunde Apsis mit Lisenen und Blendbogenfriesen und einen Vierungsturm. Im Innern sind Spuren eines „lit de mort“ erhalten, jener schwarzen Ausmalung, die zur Aufbahrung eines Toten aus der Familie des Grundherrn angebracht wurde. Im 13. Jh. Verstärkung der Anlage durch Rundtürme, von denen zwei stehen. 1466 (Inschrift an der Wendeltreppe: „En 1466 fut faite cette visse“) entstand innerhalb der älteren Mauern ein viergeschossiger Donjon mit außenliegendem polygonalen Treppenturm, beide leider durch nachträgliche Anbauten und Einfügung von Fenstern entstellt.

57 BOURBON-LANCY (Saône-et-Loire). Stadt [C 7/8]. Der wohl schon keltisch besiedelte und nach dem Gott Borvo benannte Ort (die Römer nannten ihn auch Borvoniae) wurde von den Römern wegen der heißen Quellen aufgesucht und ausgebaut und Aquae Nisineii genannt. Ein Grundherr von Bourbon ist seit 921 namentlich bekannt. Von einer Burg, die 1775 abgetragen wurde, blieben keine Reste. Erhaltene

Teile der alten Stadt sind der **Beffroi,* ein Torturm des 14. Jh., Teile der Stadtbefestigungen und die **Maison du Bois* (oder Maison de Madame de Sévigné) aus dem 1. Viertel 16. Jh. Dieses Fachwerkhaus besitzt Kielbogenfenster und -türen und über dem Portal eine kleine steinerne Sitzmadonna. In den Gefachen befinden sich drei Terrakottamedaillons (∅ ca. 30 cm), die François Ier, den Dauphin François und Madeleine de France darstellen. Vermutlich gehörten sie zu einer Serie.

58, 59 BOURBON-LANCY (Saône-et-Loire). Saint-Nazaire [C 7/8]. 1030 schenkte Anceau de Bourbon „Kirche und Altar" dem Kloster Cluny, das in Bourbon-Lancy ein Priorat einrichtete. Wohl unmittelbar nach dieser Schenkung wurde mit dem Bau der stehenden Kirche begonnen, die nach dem Vorbild der 981 geweihten 2. Kirche von Cluny einen **Staffelchor* erhielt. Die fünf gegeneinander geschlossenen Apsiden sind tonnengewölbt, halbrunde Pilaster mit (stark erneuerten) Kapitellen tragen die Unterzüge. Das hohe ausladende Querhaus ist flach gedeckt und besitzt je einen Schwibbogen in der Mitte der Arme. Flachgedeckt sind auch das schlichte kastenartige **Mittelschiff* und die Seitenschiffe. Die gestuften Arkaden ruhen auf einfachen Rechteckpfeilern mit seitlichen Vorlagen für die Unterzüge. Über hohen, leeren (wohl urspr. bemalten) Mauerflächen folgt ein großer Obergaden, der in dieser Zeit jede Wölbung ausschloß, die hier wie auch die Verwendung von Kapitellen den O-Teilen als Auszeichnung vorbehalten gewesen ist. Ähnlich muß man sich wohl die Langhäuser des späten 10./frühen 11. Jh. von Saint-Philibert in Tournus oder Saint-Bénigne in Dijon vorstellen. Der Außenbau ist in großen Teilen nicht mehr ursprünglich. Heute beherbergt die erst kürzlich sehr angenehm restaurierte Kirche ein Museum mit römischen und merowingischen Fundstücken sowie mehreren Stücken des 19./20. Jh.

60 BOURGVILAIN (Saône-et-Loire). Château de Corcelles [E 8]. Um 1370/80 scheint Jean de Veyriaco in Bourgvilain einen Familiensitz gegründet zu haben, eine quadratische Anlage mit vier runden Ecktürmen, Graben, einem Logis und einem befestigten Tor oder Torturm im Norden (nicht erhalten). Gut ein Jahrhundert später wurde die Anlage umorientiert, erhielt eine ummauerte, annähernd quadratische Basse-cour im Süden und ein neues Logis im Norden, das wegen der Enge des Innenhofs von außen an die Kurtine angebaut wurde und zu dem der Treppenturm in der Hofecke gehörte. Die Zufahrt lag nun im Süden. Im späten 16./frühen 17. Jh. entstand unter der Familie de Busseul de Saint-Sernin das Gebäude an der O-Seite und die in Resten erhaltene Quadraturamalerei, die den Gesamteindruck des Hofes vereinheitlichen sollte. Gutes Beispiel für die Familiensitze des niederen Adels und seine Versuche, seine Anlagen den wechselnden Moden anzupassen.

61 BUFFON (Côte-d'Or). Forge des Buffon [D 4]. Eine der wenigen erhaltenen Produktionsstätten aus dem 18. Jh. ist die von dem Naturforscher und Schriftsteller Georges-Louis Buf-

fon (1707–1788) 1768ff. erbaute große Schmiede. Die Anlage ist zweigeschossig: Im Erdgeschoß liegen alle Werkstätten (Hochofen, Spalt- und Walzwerk, Schmiede) an einem Kanal des Armançon, im Obergeschoß gruppieren sich Büros, Arbeiterwohnungen und das Haus des Meisters um einen großen Innenhof. Die Anlage ist geprägt vom rationalistischen Geist der Epoche und diente ihrem Gründer auch für theoretische Versuche.

I, 62 BUSSY-LE-GRAND (Côte-d'Or). CHÂTEAU DE BUSSY-RABUTIN [E 4]. Die annähernd quadratische Anlage mit vier runden Ecktürmen und Graben wird 1348 zum ersten Mal erwähnt, und zwar als Besitz der Marguerite de Châtillon. Wie die in der Form sehr vergleichbare Anlage in Savigny-lès-Beaune (s. d.) dürfte sie ab etwa 1340 entstanden sein. Ende 14. Jh. im Besitz der Familie de Rochefort. Antoine de Rochefort-Chandio begann 1520 mit der Modernisierung der alten Burg: Abbruch der S-Mauer, Bau der beiden Galerieflügel mit Pilastergliederung an die beiden seitlichen Kurtinen. Erst 1620 Abbruch der alten Wohngebäude und Bau des stehenden Logis' durch François de Rabutin, Fertigstellung durch seinen Sohn Roger bis 1649, dieses Datum an der eleganten **Hoffassade,* die von ionischen und korinthischen Pilastern in 7 rhythmische Travéen gegliedert wird. Die Gartenseite ist schlicht. – Im Innern zentrales Treppenhaus. Die Ausstattung, die Roger de Rabutin erst nach seiner Verbannung vom Hofe 1666 begann, besteht in der Hauptsache aus Portraitserien (Feldherren, Könige, Frauenbildnisse), die der Bauherr mit Zitaten oder selbstgedich-

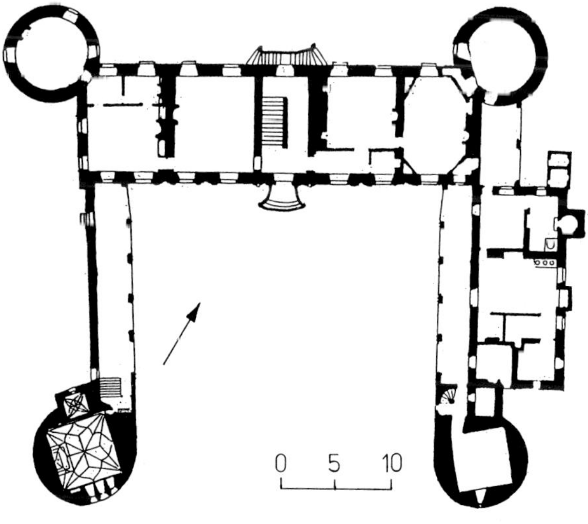

Bussy-le-Grand, Schloß

teten Devisen kommentierte, sowie schönen **Kassettendecken* mit reichen Verzierungen.

VI CHABLIS (Yonne). SAINT-MARTIN [C 3]. Gründung der Kirche in karolingischer Zeit durch Saint-Martin in Tours. Um 1212 (Ankauf eines Steinbruchs) Neubau. Beginn im Osten mit dem hellen, reich dekorierten dreigeschossigen **Umgangschor,* der durch die engstehenden Säulenarkaden, die hohe Triforienzone mit zwei schlanken Lanzetten und profiliertem Überfang-

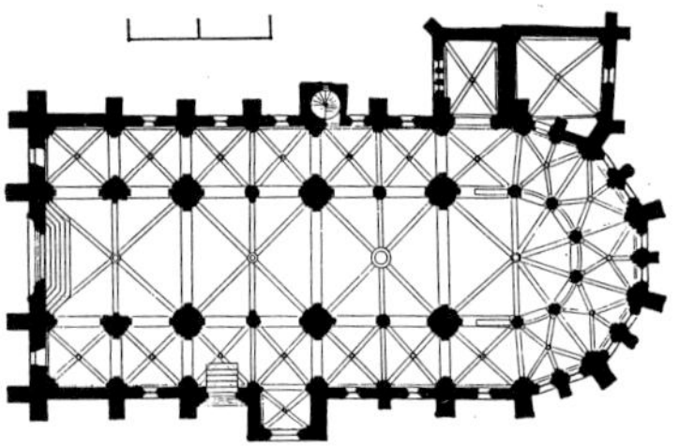

Chablis, Saint-Martin

bogen und dem maßwerklosen Obergaden frühgotisch wirkt. Die Einzelformen erinnern an Pontigny und Vézelay. Kein Querhaus, **Langhaus* ebenfalls dreigeschossig. Im zweiten Joch von O Bauunterbrechung, Fortführung erst 1279, jedoch ohne große Planänderung. Planung einer Doppelturmfassade. Heutige Fassade 17. Jh. mit Restaurierungen im 19. Jh., die auch das Innere betrafen. – Zur (vielleicht ursprünglichen) Ausstattung gehören ein hl. Petrus mit Buch und Schlüssel, 2. Hälfte 13. Jh., und die Figur eines nicht benennbaren Papstes, um 1300.

63, 64 CHALON-SUR-SAÔNE (Saône-et-Loire). EHEM. KATHEDRALE SAINT-VINCENT [F 7]. Seit dem späten 5. Jh. war Chalon Bischofssitz. Gregor von Tours spricht von einer prächtigen Kathedrale, die 731 durch Sarazenen zerstört und karolingisch erneuert wurde. Im frühen 12. Jh. Neubau einer dreischiffigen Basilika mit Querhaus und drei Apsiden, von der das Erdgeschoß von Lang- und Querhaus und die Nebenapsiden erhalten sind, die südl. Nebenapsis ist von der gotischen Katharinenkapelle ummantelt. Ab 1230/35 Bau der gotischen Apsis, der **Hochwände des Vorchors* mit Triforium, maßwerklosem Obergaden und dem „burgundischen Laufgang“ und Erneuerung des Vierungsgewölbes für einen geplanten Turm. Ende dieser Baukampagne um 1241. Das möglicherweise unvollendet gebliebene romanische **Langhaus* erhielt ab 1310 im Auftrag von Bischof Robert de Decize wie der Chor ein Triforium und einen Maßwerkobergaden mit Laufgang über den kreuzförmigen Pfeilern und den spitzbogigen Arkaden des 12. Jh. Wölbung des Langhausmittelschiffs 1374 ff., während die Seitenschiffe ihre Gratgewölbe behielten. Schlußweihe 1403. Im 15. und 16. Jh. Anbau der Seitenkapellen als Stiftungen mit z. T. sehr schöner Ausstattung. 1844 Bau der etwas unglücklichen neugotischen Doppelturmfassade. Die Kanneluren der Wandvorlagen im Langhaus, die Eierstableisten sowie auch Kapitelle und Basen gehen ebenfalls auf das 19. Jh. zurück, auf eine Restaurierung, die auch die **figürlichen Kapitelle* des Langhauses betraf, zu denen u. a. (im N) die Himmelfahrt von Alexander d. Gr., Opfer von Kain und Abel, Christus erscheint Maria Magdalena, Emmaus-Mahl und (im S) Lebensbaum, Schlange, Tierkapitelle und Sündenfall gehören. Im Chor sind der Baldachin eines spätgotischen Wandnischengrabes, der eine Kreuzigungsgruppe trug, und die sog. „Krümme des hl. Lupus", ein Reliquiar mit Elfenbeinkreuz aus dem 12. Jh., erhalten. – Der Kreuzgang ist eine elegante und zierliche Anlage des späten 14. Jh., dessen Wirkung allerdings durch die schweren Strebebögen an der Außenseite beeinträchtigt wird.

65 CHALON-SUR-SAÔNE (Saône-et-Loire). SAINT-PIERRE [F 7]. Die Abtei Saint-Pierre soll 584 durch Bischof Flavius auf der Anhöhe über der Stadt nahe bei einem Friedhof und dem Oratorium eines Einsiedlers gegründet worden sein. 887 nach dem Sarazenensturm durch Bischof Gilbod erneuert und unter die Regel des hl. Benedikt gestellt, 965 durch Blitzschlag beschädigt. Im 12. und 13. Jh. wurde das Kloster wie eine Burg mit Mauern und Gräben befestigt und besaß sogar einen Donjon. Die Anlage wurde auf Befehl von François Ier weiter ausgebaut, 1562 aber von den Calvinisten erobert und von den Mönchen verlassen. 1563 Ausbau zur Zitadelle. Nach mehreren vergeblichen Versuchen, in anderen Klöstern der Stadt unterzukommen, errichteten die Mönche von Saint-Pierre eine Kirche, die Pontus de Thyard 1580 weihte. Die **stehende Kirche* Saint-Pierre entstand seit 1693 (das Kloster seit 1684 im Bau) und wurde 1713 von François Mandot geweiht. Sie ist eine der wenigen Barockanlagen der Gegend, kreuzförmig mit Monumentalpilastern und umlaufendem, hohen Gebälk und Kranzgesims. Darüber folgen Fenster und Kreuzgratgewölbe. Über der Vierung eine achtseitige Tambourkuppel auf Pendentifs. Zu Beginn des 20. Jh. ist bei einer Restaurierung der nördliche Kreuzarm verbreitert und die Fassade erneuert worden.

CHAMPMOL – s. u. Dijon.

66, 67 CHAPAIZE (Saône-et-Loire). SAINT-MARTIN [E 8]. Baudaten sind nicht überliefert, doch hängt dieser Bau eng mit Saint-Philibert in Tournus zusammen (s. d.). Grundriß- und Pfeilerform und Maße (wie auch die rekonstruierten Maße von Cluny II und Romainmôtier) stimmen mit denen des Narthex-Untergeschosses von Saint-Philibert nahezu überein, während die Jochbildung in Chapaize zugunsten besserer Wölbungsmöglichkeiten der Jochbildung des Langhauses von Tournus entspricht, d. h. rechteckige Joche im **Mittelschiff*, quadratische Joche in den Seitenschiffen. Demnach muß Chapaize zwischen dem Narthexuntergeschoß und dem Langhaus Tournus V (Tonne mit Fenstern im Tonnenfuß und Gratgewölben) entstanden sein, um 1030. Die ursprüngliche Rundtonne, in die die Fenster des Obergadens leicht einschnitten, stürzte im 12. Jh. ein und wurde spitzbogig erneuert. Im Unterschied zu Saint-Philibert besitzt Chapaize jedoch ein niedriges Querhaus und drei Apsiden.

68 CHARMOY (Saône-et-Loire). SAINT-MARTIN [D 7]. Typische kleine Landkirche der 1. Hälfte 12. Jh., von der nur O-Teile und **Vierungsturm*

zum urspr. Bestand gehören. Charakteristisch sind das niedrige Querhaus und v. a. die Blendarkatur in der Apsis. Der schwere Vierungsturm mit Schallarkaden wurde nachträglich durch hölzerne Aufbauten zum Wehrturm ausgebaut.

69 CHAROLLES (Saône-et-Loire). Ehem. Burg/Rathaus [D 8]. In karolingischer Zeit Sitz einer Vizegrafschaft, wechselte Charolles im Lauf der Zeit mehrfach die Abhängigkeit, seit 1237 gehörte es zum Besitz des Herzogs von Burgund, der es 1277 für seine Nichte Beatrix de Bourbon zur Grafschaft erhob. Ihr Sohn Jean de Clermont gilt als Erbauer der zwischen 1310 und 1317 entstandenen neuntürmigen Burg. 1387 kaufte Philippe le Hardi Charolles zurück. Jeweils der künftige Herzog trug von nun an den Titel Comte de Charolais. 1471 Zerstörung der Burg durch königliche Truppen, 1477 Annexion durch Frankreich, 1493 Rückgabe an Marie de Bourgogne, die Erbin Burgunds, bzw. an Maximilian I. 1684 durch Verkauf an Henri-Jules de Bourbon-Condé, 1761 endgültig an Frankreich. Von der Burg ist nur die sog. **Tour des Archives* oder *Tour Charles le Téméraire* aus dem 15. Jh. erhalten.

70 CHAROLLES (Saône-et-Loire). Ehem. Klarissenkloster [D 8]. Direkt unterhalb der Burg entstand in der 1. Hälfte 16. Jh. ein Klarissenkloster (heute Syndicat d'Initiative). Die Gebäude gruppieren sich um einen unregelmäßigen Hof. Besonders hübsch ein zweigeschossiger offener **Galeriebau* und die weiträumige Wendeltreppe im Innern.

71 CHASTELLUX-SUR-CURE (Yonne). Burg [C 5]. Die Ursprünge der Spornburg, die das Tal des Cure beherrscht, gehen in das 11. Jh. zurück (Tour Saint-Jean). Im Laufe der Jahrhunderte Aus- und Umbau der annähernd dreieckigen Anlage: 1240 Wiederaufbau der Burg durch Artaud III, im 1. Viertel 15. Jh. Bau der Tour des Archives und eines Logis', 1551 Bau eines Tores mit Zugbrücke an der Cour d'honneur (nicht erhalten), Ende 16. Jh. Errichtung der Tour d'Amboise an der N-Ecke, eines Logis', das an das ältere anschließt, und der Wälle, im frühen 17. Jh. Bau des Kreuzgangs im Innenhof, 1749–71 erste durchgreifende Erneuerung, die wenig Rücksicht auf den Bestand nahm, im frühen 19. Jh. Plünderung der Burg und ab 1820 Restaurierung im romantischen Geschmack der Zeit.

72 CHÂTEAUNEUF-EN-AUXOIS (Côte-d'Or). Burg [E 5]. Um 1175 wurde für Jean Ier de Châteauneuf, einen jüngeren Sohn von Jean de Chaudenay, die Grundherrschaft Châteauneuf gegründet. Aus dieser Zeit stammt der quadratische Donjon der Burg, zu dem eine unregelmäßige Umfassungsmauer gehörte. Regularisierung der Anlage im späten 13. Jh. durch Jean II de Châteauneuf: Quadrat mit Rundtürmen an den Ecken, Halsgraben, Tor mit Zugbrücke und Ummauerung einer unregelmäßigen Basse-cour. 1457 ging der Besitz an Philippe Pot, den Kanzler von Philippe le Bon, der im **inneren Hof* zwei prächtige spätgotische Logis' (das obere erhalten, das untere Ruine), ein doppeltürmiges Tor und eine Kapelle Notre-Dame mit (erhaltenen) Ma-

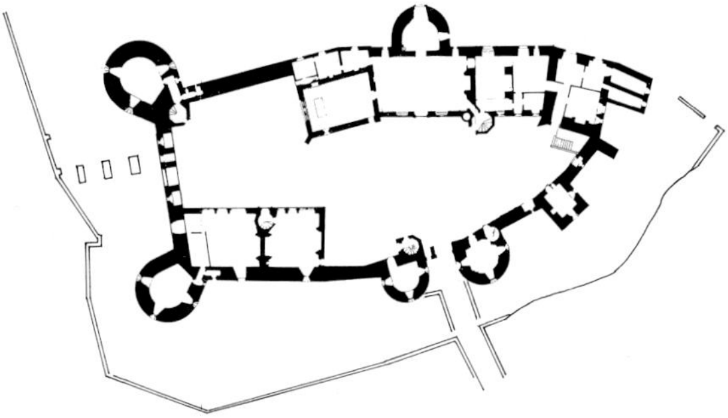

Châteauneuf-en-Auxois, Burg

lereien errichten ließ. Auch der Bau des nach wenigen Metern aufgegebenen Wehrgangs über Mâchicoulis an der O-Seite gehört in diese Zeit. Vorbild dürfte u. a. das nur in geringen Resten erhaltene, wenig ältere Palais des Ducs in Dijon gewesen sein.

73 CHÂTEAUNEUF-EN-BRIONNAIS (Saône-et-Loire). SAINT-PAUL [D 9]. Innerhalb einer mittelalterlichen Burg, möglicherweise als deren Kirche, entstand im 2. Viertel 12. Jh. Saint-Paul. Das überaus steil angelegte Mittelschiff mit hohen, breiten Arkaden auf quadratischen Pfeilern, denen schlanke Halbrundvorlagen für die Gewölbeunterzüge aufgelegt sind, wird von schmalen Seitenschiffen begleitet. Der reich dekorierte, große Obergaden und die Gesamthöhe des Mittelschiffs könnten Hinweise darauf sein, daß ursprünglich für das Langhaus keine Wölbung beabsichtigt war. Heute tragen alle drei Schiffe Tonnen mit Stichkappen, eine Lösung, die um die Mitte 11. Jh. in Romainmôtier als Zwischenstufe zum Gratgewölbe gewertet wird. Im O ein nicht ausladendes niedriges Querhaus und drei Apsiden, die mittlere mit den typischen Blendarkaden, über der Vierung eine achtseitige Trompenkuppel. Die Instabilität der Wölbung machte erste Restaurierungen bereits im 15. Jh. und noch einmal im 19. Jh. notwendig. Im W besitzt Saint-Paul ein Stufenportal mit einem (wohl ursprünglich bemalten) Tympanon, im S ein Portal mit wiederverwendetem Sturz, auf dem die zwölf Apostel in archaischer Wiedergabe unter Arkaden aufgereiht sind.

74 CHÂTEL-GÉRARD (Yonne). DONJON [D 4]. Ein „castrum girardi" ist seit dem 12. Jh. bekannt, im 12. und 13. Jh. gehörte es den Sires de Montréal, von deren letztem Vertreter, Ansèric X, Hugues IV 1255 alle Güter konfiszierte. Bis 1346 diente Châtel-Gérard als Jagdsitz, danach wurde dort eine Garnison stationiert, die die Grenzen Burgunds gegen England verteidigen sollte. 1359 Eroberung und Zerstörung durch Edward IIIrd und in nur zwei Jahren Bau eines viergeschossigen **Donjons* aus perfektem Haustein mit oktogonalen Ecktürmen, Graben und

Umfassungsmauer. 1420 (nach dem Vertrag von Troyes) zurück an Burgund, 1477 an die Krone. 1501 Eroberung durch Guillaume Dupont, Baron de Vitteaux, dabei Zerstörung eines Turmes, der erst 1631 als Rundturm wieder aufgebaut wurde. Im frühen 17. Jh. Entfestigung durch Henri IV, am Ende des 18. Jh. Einsturz der Dächer, am Beginn der Revolution Abbruch der beiden oberen Geschosse, die unteren dienten als Gefängnis. Die Fenster alle 19. Jh.

75–77 CHÂTILLON-SUR-SEINE (Côte-d'Or). SAINT-VORLES [E 3]. An der Stelle der heutigen Kirche stand seit dem 5. Jh. ein wahrscheinlich von Saint-Didier gegründetes Oratorium. Die Priester der Kathedrale von Langres, die im 6. Jh. diese Kapelle betreuten, gründeten das Kolleg Notre-Dame, eine Schule, die bereits im 1. Jt. große Bedeutung erlangte. So kann man wohl davon ausgehen, daß spätestens in karolingischer Zeit hier eine neue Kirche errichtet wurde, in die dann unter Isaac le Bon, Bischof von Langres, 868 die Reliquien von Saint-Vorles überführt wurden. Spuren dieses Vorgängerbaus sind durch Grabungen belegt und vielleicht an der NO-Seite der Krypta erhalten. Unter Bischof Bruno de Roucy entstand um 1000 der vorromanische Bau, der bis heute das architektonische Gefüge in weiten Bereichen bestimmt. Sieht man von den späteren Anbauten ab, so setzt sich der Grundriß aus einem dreischiffigen Langhaus mit querrechteckigen Mittelschiff- und quadratischen Seitenschiffjochen, einem an ein Westwerk erinnernden Vorbau, einer nahezu quadratischen Vierung mit ausladenden Querhausarmen und einem Chorjoch mit halbrunder Apsis zusammen. Für die **östlichen Abschlüsse* des Querhauses sind anstelle der heutigen Kapellenanbauten ebenfalls je zwei Apsiden anzunehmen, so daß hier ein Staffelchor zu ergänzen ist (vgl. Cluny II). Erhalten ist auch ein großer Teil des urspr. Aufrisses, so Chor und Querhaus einschließlich der Tonnengewölbe (Fen-

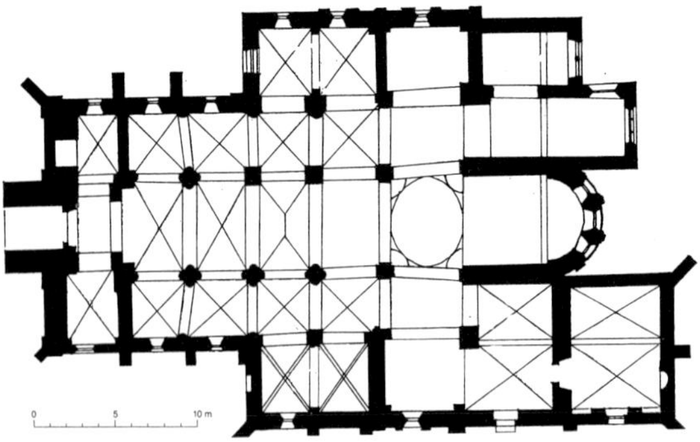

Châtillon-sur-Seine, Saint-Vorles

ster jünger). Das basilikale Langhaus ohne Fenster besaß wohl ebenfalls eine Tonne (heutige Wölbung frühes 17. Jh.), möglicherweise mit kleinen Fenstern im Tonnenfuß (vgl. Tournus V und Chapaize). Neben den hohen Mittelschiffwänden über Rundpfeilern bestehen auch die kreuzgratgewölbten ***Seitenschiffe* und der dreischiffige Vorbau mit Emporenkapelle (Vorhalle 17. Jh.). Den ursprünglichen Raumeindruck prägte wohl eine vollständige Ausmalung des Raumes einschließlich der farbigen Fassung der Pfeiler.

Zur Ausstattung gehören zwei bemalte Holztafeln des 16. Jh., wahrscheinlich von einem Flügelaltar, im N-Querhausarm, mit der Darstellung der Überführung von Saint-Vorles aus Marcenay nach Châtillon. Mit dem hier festgehaltenen Aussehen der Burg von Châtillon besitzt die linke Bildtafel auch als Bildquelle architekturgeschichtliche Bedeutung. Besonders eindrucksvoll ist die aus dem frühen 16. Jh. stammende ***Grablegung*. Die lebensgroßen Figuren sind in detailgetreu wiedergegebene Kostüme der Zeit gekleidet. Ihre weitausholenden Gesten sind wie in einer Momentaufnahme dramatisch bewegt.

78 CHÂTILLON-SUR-SEINE (Côte-d'Or). Maison Philandrier [E 3]. Die Maison Philandrier (Hugues Philandrier war Prior von Notre-Dame seit 1531) wurde wohl im 2. Drittel 16. Jh. errichtet. Sie ist eines der wenigen Beispiele profaner städtischer Renaissance-Architektur. Die Straßenfassade ist überreich und stark plastisch gegliedert, kannelierte Pilaster trennen die Fensterachsen. Die ***Hoffassade* ist weniger aufwendig, doch beherrscht ein runder viergeschossiger Treppenturm mit Superposition die ganze Seite. An den Ecken sind Abbruchspuren sichtbar, die darauf hinweisen, daß dieser Hof ursprünglich geschlossen gewesen sein könnte. Von der ursprünglichen Ausstattung sind u. a. Holzbalkendecken und ein Kamin erhalten. Die Wandmalereien mit den Allegorien der Erdteile kamen im 17. Jh. hinzu.

79 CHISSEY-LÈS-MÂCON (Saône-et-Loire). Saint-Pierre [E 8]. Romanischer Saalbau des frühen 12. Jh. mit Spitztonne auf Halbsäulengliederung; einige schlichte figürliche ***Kapitelle* (Geburt, Hirtenverkündigung, Anbetung), Stufenportal im N. O-Chor 1850 abgerissen, Bau eines neuen Chores und Querhauses im W.

80 CÎTEAUX (Côte-d'Or). Kloster [F 6]. Von dem neben Cluny bedeutendsten Reformkloster Burgunds, dem Mutter- und Normkloster von rund 740 Zisterzienserklöstern, blieben nur traurige Reste. 1075 Gründung eines Reformklosters durch den Mönch Robert aus Tonnerre (1029–1111) in Molesme. 1098 Neugründung in Cîteaux als „novum monasterium" auf Land, das Raynard de Beaune, ein Verwandter, gestiftet hatte. Ausbau durch Alberich (1099–1109), den 2. Abt. Der 3. Abt, der Engländer Stephan Harding (1109–34), schuf die C. von Cluny unterscheidende Organisation des Klosterverbandes (selbständige Töchter) und setzte das ab 1119 jährlich stattfindende Generalkapitel ein. In der Zeit Bernhards von Clairvaux (1090/1–1153) Gründung der 4 ältesten Töchter: 1113 La Ferté, 1114 Pontigny, 1115 Clairvaux

und Morimond. Von den Kirchen in Cîteaux nichts erhalten: Weihen für 1099, 1106 und 1193 überliefert. Die Klostergebäude verschwanden bis auf eine romanische Kapelle und die spätgot. **Bibliothek* nach der Revolution. Seit 1898 Wiederbelebung durch Trappisten.

81 LA CLAYETTE (Saône-et-Loire). Château de La Clayette [D 9]. Um 1380 modernisierte Philibert de Lespinasse ein älteres Manoir, durch das die langgestreckte, regelmäßige Form der Anlage, der Wassergraben und die Lage des Tores bereits vorgegeben gewesen sein könnten, indem er die Mauern erneuerte und mit Rundtürmen besetzte. Vermutlich entstand – ähnlich wie in Lichères-sur-Yonne/Y. – eine fast doppelquadratische, zweihöfige Anlage, deren Tor in einer der Langseiten und nicht, wie später an anderen Anlagen, in der Mitte einer Schmalseite lag. 1435 ging La Clayette an die Familie de Chantemerle, die zur engeren Umgebung des herzoglichen Hofes gehörte. In der Folge errichtete man den Wehrgang auf Mâchicoulis am Torturm und die Echauguettes über gestuften Encorbellements im W, die wahrscheinlich ältere Rundtürme ersetzen. Über die Wohngebäude im O ist nichts bekannt. Sie wurden bereits im 18. Jh. erneuert, in der Basse-cour entstanden zwei symmetrische Wirtschaftsflügel. Eine durchgreifende Restaurierung, die praktisch einem Neubau gleichkam, veränderte und ergänzte nach 1830 die ehemaligen Wohngebäude im neugotischen Geschmack.

82–86 CLUNY (Saône-et-Loire). Ehem. Kloster [E 8]. 910 Gründung eines direkt dem Papst unterstellten Klosters durch Wilhelm, Herzog von Aquitanien und Graf der Auvergne, das zum Mittelpunkt der Erneuerung des abendländischen Klosterlebens (Cluniazensische Reform), zum Sitz eines patriarchalisch organisierten Mönchsimperiums, des Statthalters des Papstes und damit der antikaiserlichen Partei werden sollte. Erster Abt in einer Reihe tatkräftiger Persönlichkeiten war Berno (910–926/7). 1790 Aufhebung, ab 1811 weitgehender Abbruch.

Man unterscheidet drei Kirchen: Cluny I war ein 915 geweihter Saalbau auf einem karolingischen Gutshof. Cluny II wurde als Hauptbau der Reform um 948 begonnen und 981 unter Abt Majolus (963–994) geweiht. Grabungen ergaben ein westl. Atrium mit einer Galiläa (Vorhalle), ein dreischiffiges Langhaus von 7 Jochen, ein ausladendes Querhaus und einen siebenteiligen Staffelchor (die 2. und 5. „Apsis" dienten als rechteckige, unterteilte „cryptae", als Bußräume der Mönche) mit zahlreichen Altären. Der Aufriß unsicher; vermutlich um 1000/10 Einbau einer Gurtentonne mit Fenstern im Tonnenfuß. Die für befreundete Klöster aufgezeichneten ›Consuetudines‹ (Gewohnheiten) überliefern u. a. den Ablauf der Liturgie dieser Kirche. Mit Cluny III entstand (nördl. von Cluny II) ab 1088 (Planungen sicher schon seit um 1070) einer der Hauptbauten der abendländischen Romanik, das mönchische Gegenstück zum Kaiserdom von Speyer. Mit gewaltigen Ausmaßen (Länge 187 m, Schiffshöhe 29,5 m) und überreicher Bauzier veranschaulichte Abt Hugo (1049–1109) den Anspruch seines Hauses als wichtigstes geistliches Zentrum nach Rom und seinen Reichtum. Baufolge – entgegen der geläufigen Meinung – in vertikalen Abschnitten: 1095 Weihe des Hauptaltares durch Papst Urban II., 1125 Einsturz der ersten Gewölbe des 12 m breiten Mittelschiffs, die durch konstruktiv günstigere Spitztonnen ersetzt wurden; um 1131/32 Schlußweihe, Abschluß der Arbeiten mit der Vorhalle um 1225. Der Grund- und Aufriß sind bekannt: Doppelturmfassade mit Stufenportal, figürliche Darstellungen an Sturz und Tympanon (Christus in Mandorla), dreischiffiger rippengewölbter Narthex, 5 Schiffe und 11 Joche im Langhaus, großes **Querhaus* mit 3 Türmen, kleines Querhaus und Chorumgang mit Kapellenkranz; dreizoniger Aufriß mit spitzbogigen Arkaden (im Chor noch Rundbogen), Triforium aus 3 Blendbogen, im Obergaden 3 Fenster pro Joch, Spitztonne. Dieser Aufriß und weitere Merkmale (querrechteckige Joche im Mittelschiff, kreuzförmige Pfeiler mit Vorlagen, antikischer Schmuck des kräftig horizontal und vertikal gegliederten Aufgehenden) prägen auch die Nachfolgebauten wie Autun, Paray-le-Monial, La Charité-sur-Loire. Erhalten von Cluny III sind nur die gewölbten S-Arme der beiden Querschiffe, in denen die Proportionen und die gewaltigen Raumfolgen der Kirche spürbar werden, die berühmten korinthischen **Kapitelle des Chorumgangs* mit figürlichen Darstellungen von Elementen, Tugenden, Jahreszeiten, Paradies, Tönen, Sündenfall etc. sowie freigelegte Reste des Langhauses und des W-Portals.

Neben den schloßartigen Klostergebäuden, die der Großprior Dathoze um 1750 begann (Ecole Nat. d'Arts et Métiers), blieben einige Türme, Teile der Klostermauer und mehrere Wohnbauten erhalten: das Logis des Abtes Jean de Bourbon von etwa 1460 (Musée Ochier), das **Abtspalais des Jacques d'Amboise* (Rathaus) von etwa 1500 und die *„*Fassade des Papstes Gelasius II.*", eine breite Fensterfront von 1310/20, deren heutige Form als Fassade des Eingangsbaus ins Klosterareal weitgehend um 1873 entstand. Der zweigeschossige Kornspeicher (Le Farinier) aus der 2. Hälfte 13. Jh. ist seit 1949 Museum (Chorkapitelle von Cluny III; Altarplatte, wohl des 1095 geweihten Hochaltares; 2 Kirchenmodelle).

87 CLUNY (Saône-et-Loire). NOTRE-DAME [E 8]. Schöne hochgotische Kirche: schlanke dreischiffige rippengewölbte Pfeilerbasilika von 7 Jochen, nicht ausladendes Querhaus mit Turm, niedriger Chor; zweizoniger Aufriß mit Spitzarkaden und schmalen Fenstern. Für die Entstehungszeit – wohl nach Brand 1233 begonnen – typisch die kantonierten Rundpfeiler, die Blattkapitelle, die „burgundischen" Laufgänge vor den Fenstern. Die W-Vorhalle wie die Portalskulpturen (bis auf 2 Konsolen mit Moses und Aaron) zerstört.

88 CLUNY (Saône-et-Loire). SAINT-MARCEL [E 8]. Von einer 1159 erwähnten romanischen Kirche blieben der achtseitige Quaderturm mit Innenkuppel und das anschließende tonnengewölbte Chorjoch original erhalten; der Langhaussaal flachgedeckt erneuert.

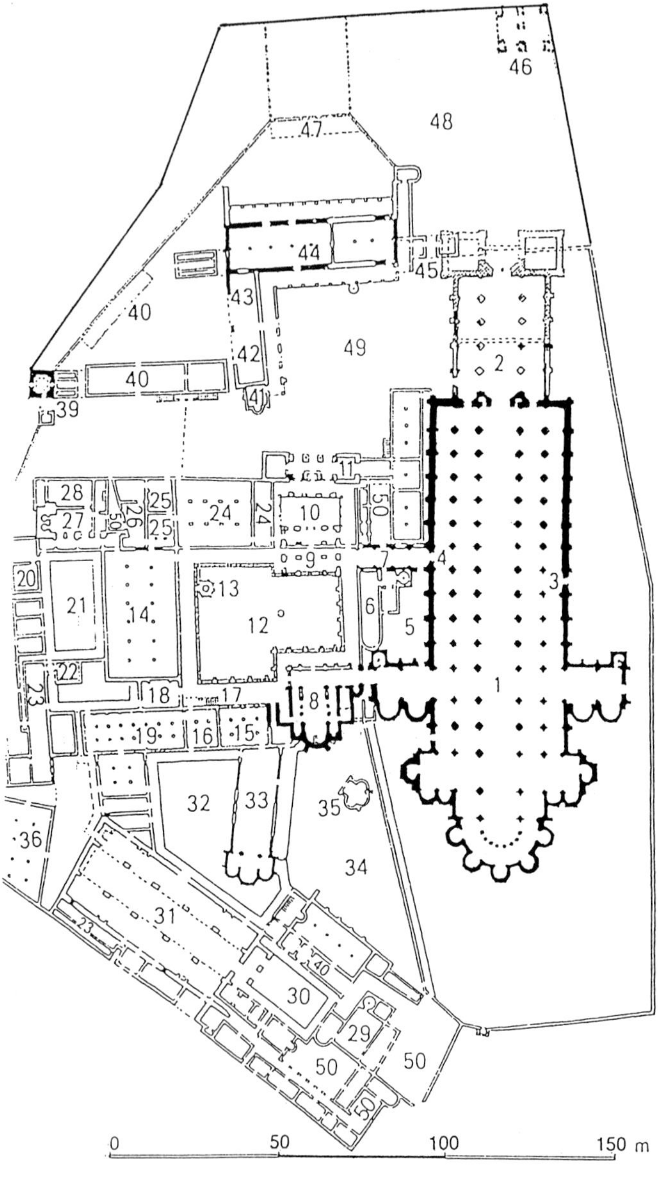

46
48
47
44
45
43
40
42
49
2
40
41
39
11
28
25
24
24
10
50
27
26
50
25
9
7
4
3
20
13
21
14
12
6
5
1
22
23
18
17
8
19
16
15
32
33
35
36
34
31
23
40
30
29
50
50
50
0
50
100
150 m

Cluny, Ehem. Benediktinerkloster: Grundriß und Rekonstruktionsansicht

Zu nebenstehendem Plan:

1 Kirche Cluny III
2 Narthex
3 Porta Germanorum
4 Porta Galilaea
5 Sakristei
6 Abtskapelle
7 Durchgang
8 Kirche Cluny II, Chor
9 Galiläa
10 Atrium
11 Palais (später „Gelasius-Fassade")
12 Kreuzgang
13 Lavabo
14 Mönchsrefektorium
15 Kapitelsaal
16 Parlatorium
17 Aufgang zum Dormitorium
18 Calefactorium
19 Camera
20 Noviziat
21 Novizenkreuzgang
22 Bad
23 Latrinen
24 Vorratsräume
25 Küchen
26 Brotkammer
27 Bäckerei
28 Turm
29 Prioreigebäude
30 Prioreikreuzgang
31 Großer Krankensaal des Abtes Petrus Venerabilis
32 Krankenhof
33 Kirche Ste-Marie
34 Mönchsfriedhof
35 Friedhofskapelle Notre-Dame
36 Speicher (?)
39 Porta Meridiana
40 Stallungen
41 Kapelle
42 Schuppen
43 Hospiz des Abtes Petrus Venerabilis
44 Hospitz des Abtes Hugo
45 Pforte des Abtes Hugo
46 Doppelportal
47 Heuschober (?)
48 Vorhof
49 Großer Innenhof
50 Weitere Höfe

89 COMMARIN (Côte-d'Or). CHÂTEAU DE COMMARIN [E 5]. Befestigte Anlage seit dem 12. Jh., seit 1346 im Besitz der Familie de Cortiambles. Um 1400 Bau einer doppelquadratischen Anlage mit sechs runden Ecktürmen, Torbauten und Gräben (vgl. Chailly/C.) im Auftrag von Jacques de Cortiambles, dem Kammerherrn von Philippe le Hardi und Bannerträger von Jean sans Peur. Von dieser spätmittelalterlichen Anlage stehen das Plateau, zwei Rundtürme (in einem davon die ursprüngliche Kapelle) und Keller und Erdgeschoß eines Logis'. Charles de Vienne ließ 1620 die innere N-Kurtine, die beide Höfe trennte, die beiden N-Türme und die äußere N-Kurtine entfernen, um eine repräsentative **Cour d'honneur* zu schaffen. 1699 folgten die S-Türme, die alte S-Kurtine (Gartenseite) wurde beim Bau des neuen Hauptbaus ab 1702 etwa um 1 m nach S verlegt. Der Graben zwischen den beiden ursprünglichen Höfen wurde verschüttet. Aus dem 18. Jh. stammen auch die Gebäude im nördlichen Teil des Ehrenhofes, die etwas unvollendet wirkende Fassade des Hauptbaus und die Versetzung der vier ursprünglichen Kreuzstockfenster von ihrem alten Platz an einem der Logis' an die stehengebliebenen mittleren Türme.

90 CORCELLES-LES-ARTS (Côte-d'Or). CHÂTEAU DE CORCELLES [E 6]. Typische Befestigung aus dem 2. Drittel 13. Jh., bestehend aus Mauerquadrat mit Wehrgängen, quadratischem Donjon an einer Ecke, drei runden Ecktürmen, Torturm mit anschließender Kapelle und Graben. Um 1460/65 entstand an der O-Seite des Hofes, der einzigen freien Seite, ein Logis, von dessen ursprünglichen Kreuzstockfenstern die Stürze mit Kielbogen und Rundstabrahmung erhalten sind. Auch der Donjon erhielt Kreuzstockfenster und einen halb vor die Umfassungsmauer ragenden polygonalen Treppenturm mit spätgotischen Öffnungen und geschoßtrennenden Profilen. Möglicherweise besaßen Donjon und Logis einen Wehrgang über Mâchicoulis, jedenfalls aber sitzen die Dächer heute zu tief. Im 16. Jh. erhielt der Torturm seine glatte Hausteinfassade, die Obergeschoßräume des Logis' wurden mit Boiserien ausgestattet. Die Basse-cour im S ist auf 1580 datiert. Ein weiterer Umbau gestaltete im 18. Jh. die O-Fassade des Logis'.

91 CORMATIN (Saône-et-Loire). CHÂTEAU DE CORMATIN [E 8]. Von der weitläufigen Dreiflügelanlage, die Antoine du Blé d'Uxelles im frühen 17. Jh. anstelle einer mittelalterlichen Befestigung erbauen ließ, sind zwei Flügel in restaurierungsbedürftigem Zustand erhalten. Die außen wie innen gleichen **Fassaden* mit Eckquaderungen, regelmäßig an allen Pavillons wiederkehrenden „spätmittelalterlichen" Rundtürmchen, riesigen schmucklosen Fenstern und geschoßtrennenden Bändern sind eintönig und ohne Erfindung. Häufiger Besitzerwechsel, 1809 Einrichtung einer Baumwollweberei im S-Flügel. Im Innern zahlreiche Gemälde, hauptsächlich von französischen Barockmalern.

92 COUCHES-LES-MINES (Saône-et-Loire). TOUR BAJOL [E 7]. Die Tour Bajol oder Tour du Bailli verdankt ihre

Existenz dem Streit zwischen dem König und dem Herzog von Burgund um die Herrschaft von Couches. Da Hugues de Couches dem Herzog für die Burg seit wenigstens 1264 lehenspflichtig war, ließ sich der König seit dem späten 13./frühen 14. Jh. in Couches durch einen Landvogt, einen Bailli, vertreten, der in der Tour Bajol residiert haben soll. Die schönen gotischen Biforen des viergeschossigen Turmhauses mit Arkaden im Erdgeschoß stammen aus dieser Zeit und könnten diese Vermutung bestätigen. Zudem ließ der König am der Burg entgegengesetzten Ortsende eine zweite Burg errichten, die Tour Guérin, die zum Teil erhalten ist.

93 COUCHES-LES-MINES (Saône-et-Loire). Maison des Templiers [E 7]. Der schlichte ländliche Bau der Barockzeit (erbaut 1610 auf älteren Fundamenten) mit den beiden quadratischen Türmen, die eine ehemals offene Galerie einschließen, und den drei noch ein wenig an Manierismus erinnernden Portalen entspricht einem in Burgund weitverbreiteten Bautyp. Ihren Namen verdankt die Maison des Templiers nicht etwa dem Templerorden, sondern den Calvinisten, jenen, die in den Tempel gingen und die nach der Aufhebung des Ediktes von Nantes in diesem Haus Zuflucht fanden.

94 COUCHES-LES-MINES (Saône-et-Loire). Château de Couches [E 7]. Unregelmäßige Befestigungsanlage mit Donjon aus dem 12. Jh., davon das Plateau und die Unterteile des Donjons erhalten. Vor 1264 Erweiterung des „Castro Colcharum" zu einer trapezförmigen Anlage mit runden Ecktürmen, einem neuen, mehrfach gesicherten Zugang im W (davon Teile erhalten) und einer tieferliegenden annähernd quadratischen Basse-cour, ebenfalls im W. Zwischen 1440 und 1470 ließ Claude de Montaigu, ein Kammerherr des Herzogs, den quadratischen **Donjon* des 12. Jh. bis zum Niveau des Innenhofes abtragen und mit einem polygonalen Treppenturm an einer Ecke und einem Wehrgang über Mâchicoulis neu aufmauern und eine durch Graben getrennte, tieferliegende Basse-cour im S anlegen. Zudem errichtete er eine neue Kapelle, die die romanische, z. T. in die N-Kurtine eingetiefte Kapelle miteinschloß, und ein neues Logis in der NW-Ecke des inneren Hofes. Dieses Logis wurde im 19. Jh. auf den alten Fundamenten erneuert. 1590 eroberte und plünderte Antoine du Prat die Burg, die zu einem Stützpunkt der katholischen Liga geworden war. Ab dem 17. Jh. Auffüllung der sudlichen Basse-cour und Verschüttung der Gräben.

95 CRAVANT (Yonne). Saint-Pierre-et-Saint-Paul [C 4]. An ein dreischiffiges Pfeilerlanghaus des

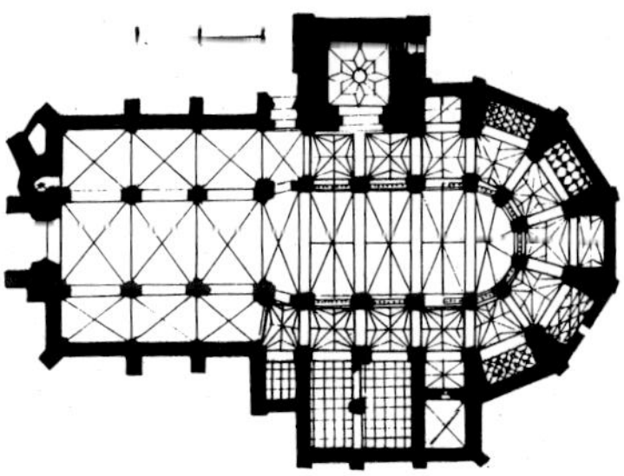

Cravant, Saint-Pierre-et-Saint-Paul

13. Jh., dessen Außenwände im 15. Jh. (Maßwerk) erneuert wurden, wurde 1551–98 ein übergroßer **Chorneubau* (vgl. St-Pierre in Auxerre oder Ligny-le-Châtel) angeschlossen. Ein sterngewölbter polygonaler Umgang umfaßt einen achtteilig gewölbten Langchor von 3 Jochen. Die rechteckigen Kranzkapellen haben kassettierte Quertonnen. Die Struktur noch durchgehend gotisch, das Raumbild und Details (Kapitelle, Pilaster, Apostel-Baldachine) Renaissance. Der mächtige **Turm* auf der N-Seite unten gotisch, oben verweisen Pilaster in die Zeit des Chorbaus. Ein Langhausneubau unterblieb, es erhielt 1611 Rippengewölbe.

96 LE CREUSOT (Saône-et-Loire). CHÂTEAU DE LA VERRERIE [D/E 7]. Auf Veranlassung von Louis XVI wurde 1784 die Glasmanufaktur von Sèvres nach Le Creusot verlegt, weil hier die für die Glasverhüttung notwendige Kohle abgebaut wurde. Erbaut zwischen 1784 und 1788, erlangte die „manufacture des Cristaux de la Reine" bald Berühmtheit und produzierte bis zu ihren Verkauf 1833. 1837 Kauf durch die Gebrüder Schneider und seit 1847 Umbau zu Wohnzwecken. Zu Beginn des 20. Jh. ließ man die Anlage durch den Architekten Sanson zu einer riesigen, schmucklosen Dreiflügelanlage mit Mittelrisaliten und leicht überhöhter Mitte des Hauptgebäudes umbauen. Einzige Reste der ehem. Fabrikation sind die beiden konischen Schmelzöfen (der eine später Theater, der andere Kapelle, heute Ausstellungsraum), die symmetrisch zwischen den Flügeln und dem breiten eingeschossigen Torbau stehen.

XIV, 97 CRUZY-LE-CHÂTEL (Yonne). CHÂTEAU DE MAULNES [D 3]. An der Stelle eines Jagdschlosses der Grafen von Tonnerre, das wohl zu Beginn des 15. Jh. zerstört worden war, ließ ab 1556 Antoine de Crussol eine riesige Anlage erbauen, die urspr. aus einem **pentagonalen Wohnbau* mit überhalbkreisförmigem Graben und Basse-cour von gleicher Form, einer Bogengalerie und einem kleinen ovalen Vorhof im N und einem Nymphäum mit umgebendem Gartenparterre im S bestand. Ein langgestrecktes Mauerrechteck mit Bastionen sicherte diese Anlage. Der erhaltene Hauptbau ist fünfgeschossig, vier seiner **Ecken* sind durch ebenfalls pentagonale flache Pavillons betont, an der fünften erhebt sich ein quadratischer **Torbau* mit Zugbrücke. Im Innern befindet sich unter einem fünfeckigen Opaion ein Wasserbecken mit Quelle, um das eine wieder fünfeckige Wendeltreppe durch alle Geschosse steigt. Um dieses Zentrum sind achsensymmetrisch Säle angelegt. Drei Achsen großer, schlichter Fenster durchbrechen jede der fünf Fassaden, die Eckpavillons, die ursprünglich an zwei Seiten flache Dreieckgiebel trugen, besitzen kleine rechteckige oder ovale Öffnungen. Sonst ist die Fassade nahezu gliederungslos.
Der Architekt von Maulnes ist unbekannt, doch weist vieles darauf hin, den Entwerfer unter jenen nach Fontainebleau berufenen Italienern zu suchen. In Italien ist in dieser Zeit nicht nur in Traktaten mit streng stereometrischen und geometrischen Formen gespielt worden, man denke an Giacomo Vignolas gebautes Pentagon in Caprarola. Zudem war Antoine de Crussol der

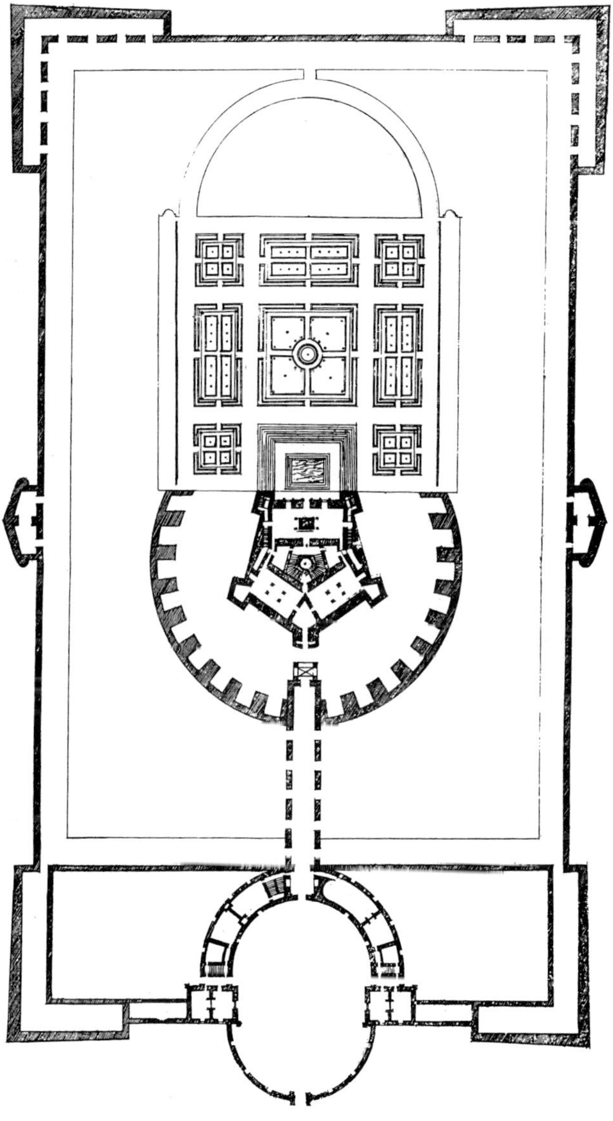

Cruzy-le-Châtel, Château de Maulnes (nach Ducerceau)

Schwager von Antoine de Clermont, der wenige Jahre zuvor Sebastiano Serlio mit dem Entwurf für Ancy-le-Franc beauftragt hatte. Schließlich verweisen auch Motive wie das Nymphäum, das Brunnenbecken im Zentrum oder auch die Dreieckgiebel auf den Pavillons nach Italien. Der ausführende Baumeister wird wohl ein Franzose gewesen sein, der das einsam gelegene Schloß mit den Elementen des französischen Wehrbaus sicherte. So ist Maulnes wohl – wie viele Schlösser dieser Zeit – ein Experiment, eine Demonstration der Bildung des Bauherrn, für das dasselbe gilt wie für die Rotonda und andere Bauten der italienischen oder italienisch beeinflußten Renaissance: „bewohnbar, aber nicht wohnlich".

98 CURBIGNY (Saône-et-Loire). Château de Drée [D 9]. Repräsentative, kulissenhaft in die Tiefe gestaffelte Dreiflügelanlage mit Pavillons und zum **Innenhof* hin ausgerundeten Ecken. Die Fenster – im Erdgeschoß übergiebelt, im Obergeschoß mit segmentförmigen Stürzen – sind durch flachplastische horizontale und vertikale Bänder untereinander verbunden. Die Mitte des Hauptbaus betont ein dreiachsiger Risalit mit Vollsäulen und stark hervortretendem Gesims, das zwei Löwen und eine Wappenkartusche (von 1838) trägt. 1620 für Charles de Blanchefort de Crécquy begonnen, wurde dieser Bau in der 2. Hälfte 17. Jh. von dessen Erben vollendet, die Innenausstattung folgte erst nach 1748 für Etienne oder Gilbert de Drée im Stil des französischen Rokoko.

99 CURGY (Saône-et-Loire). Saint-Ferréol [D 6]. Eine der Abtei Saint-Martin in Autun gehörende Kapelle, seit Ende 9. Jh. genannt. Die gut restaurierte dreischiffige Kirche von 4 Jochen entstand nach Mitte 11. Jh. Einfache Kreuzpfeiler tragen eine fensterlose Gurtentonne im **Mittelschiff*, die von Viertelkreistonnen in den Seitenschiffen (vgl. Tournus, Narthex) gestützt wird. Die 3 halbrunden Apsiden umschließt ein rechteckiges Mauermassiv. Über dem ersten Langhausjoch ein Turmaufsatz. Ausmalungsreste (Maiestas Domini) in der Apsis.

101–103 DIJON (Côte-d'Or). Kathedrale Saint-Bénigne [F 5]. 535 wurde über dem Grab des hl. Benignus († ~ 274), des ersten Märtyrers in Burgund, eine große Basilika geweiht, die später Klosterkirche wurde. 989 von Cluny reformiert und seit 1001 durch den Abt Wilhelm von Volpiano vollständig erneuert. Beim Stadtbrand 1137 beschädigt, danach repariert und um eine Vorhalle erweitert. 1271 stürzte der Vierungsturm ein, danach entstand erneut ein kompletter Kirchenneubau, von dem Chor und Teile des Querhauses 1287, das Langhaus 1325 vollendet waren. Weihe 1394. In der Revolution Aufhebung und Plünderung des Klosters, Zerstörung des W-Portals, 1795 erneute Zulassung zum Gottesdienst, seit 1805 Bischofskirche. Die oberen Rotundengeschosse wurden 1794 abgebrochen, das untere verschüttet. Ab 1845 begann man, die Reste freizulegen und erhaltene Teile zu vervollständigen. Obwohl Prosper Mérimée bei seinem Besuch in Dijon, entsetzt über diesen Rekonstruktionseifer, unverzüglich

alle Mittel streichen ließ, wurde der Wiederaufbau doch vollendet.
An eine kleine quadratische Kapelle, die als Bau des 6. Jh. galt und ursprünglich auf dem gallorömischen Friedhof stand, schloß seit 1001 durch eine der Gottesmutter geweihte Scheitelkapelle eine riesige dreischiffige und dreigeschossige *Rotunde* an. Acht Säulen umstanden den durchgehenden Mittelschacht, der sich nach oben in einem Opaion öffnete, 16 Säulen trennten den ersten vom zweiten Umgang, ihnen entsprachen 24 Halbsäulen an der Außenmauer. Das letzte Geschoß besaß nur einen einzigen weiten Umgang mit einer Viertelkreistonne. Die heute z. T. wieder versetzten Kapitelle gehören zur ältesten bekannten Plastik in Burgund. Im N und S war dieser Rotunde je ein runder Treppenturm angefügt. Eine

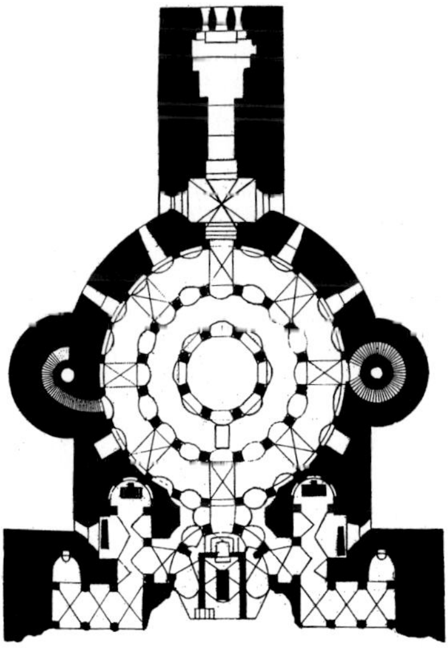

Dijon, Saint-Bénigne, Rotunde

doppelgeschossige halbrunde Arkadenreihe, die die unmittelbar an das Querhaus anschließende Hauptapsis bildete und im Kryptengeschoß das Benignusgrab aufnahm, verband Basilika und Rotunde. Die beiden inneren Apsiden des Staffelchores reichten im N und S bis dicht hinter die Innenkante der Rotunde; sie waren – anders als die beiden äußeren Apsiden ohne Vorjoch – von außen nicht erkennbar. Es folgten Querhaus und ein fünfschiffiges Langhaus. Das Querhaus war ganz, das Langhaus im Mittelschiff etwa zur Hälfte seiner Gesamtlänge von einer mehrschiffigen Krypta unterfangen, die nur halb unter der Erde lag. Man betrat sie vom Langhaus her durch drei rundbogige Zugänge am Fuß einer mittelschiffbreiten Treppe. Ihr Niveau entsprach wohl nicht ganz dem des unteren Rotundengeschosses. Wahrscheinlich nahm der Mönchschor den hochgelegenen Teil des Mittelschiffs, der ja von W nicht zugänglich war, ein. Der Aufriß ist möglicherweise dreigeschossig gewesen: Arkaden über Quadratpfeilern, Emporen, Obergaden, Flachdecke. Eine Wölbung war – erstaunlich genug um das Jahr 1000 – wohl nie beabsichtigt, vermutlich war der Bau zu groß. Im W schloß er mit einer mittelschiffbreiten Apsis, die eine Blendgliederung gehabt haben könnte, und vielleicht mit zwei Türmen vor den Seitenschiffen. Ein weiteres Turmpaar vermutet man im Winkel zwischen westlicher Querhausmauer und Langhaus. Dieser Bau war 1018 vollendet.
Er ist kein entwicklungsgeschichtlicher Schlüsselbau – die Rotunde hat keine Nachfolge gefunden, und die fünfschiffige ungewölbte Basilika war künftig in

Burgund, wo man energisch die Lösung der Wölbungsprobleme verfolgte, kein Thema mehr. Doch während große drei- oder fünfschiffige Basiliken nach dem Vorbild frühchristlicher Querhausbasiliken immerhin einem geläufigen Bautyp angehörten (z. B. Tournus II oder die Alte Kathedrale in Orléans), steht die Rotunde als Unikat. Zwar hatte es Rotunden, die man über dreischiffige Gänge vom Kryptenumgang her erreichte, schon im 9. Jh. in Saint-Germain in Auxerre und Flavigny-sur-Ozerain, Saint-Pierre, gegeben, in letzterem sogar mit einem Säulenumgang, doch stand die Rotunde in Saint-Bénigne für die Mittelapsis eines Staffelchores. Zudem übertrifft sie in jeder Hinsicht alle früheren Rotunden bei weitem. Man hat lange versucht, die Grabeskirche in Jerusalem als Vorbild heranzuziehen. In jüngster Zeit ist dies mit dem Argument der zu geringen Ähnlichkeit abgelehnt worden. Allerdings ist der Begriff der Ähnlichkeit im Mittelalter nicht mit unserem heutigen zu verwechseln. Daneben besteht heute die These, die Rotunde sei ein Bau aus sehr unterschiedlichen Traditionen, der aus den besonderen Gegebenheiten der Heiligengräber, der Patrozinien und der Liturgie des Klosters entstand. Als bedeutendstes Vorbild wird Santa Maria ad Martyres genannt, das 609 zur christlichen Kirche umgeweihte Pantheon in Rom. Dies hauptsächlich wegen motivischer Verwandtschaft (Rotunde, Opaion) und wegen des gemeinsamen liturgischen Programms.

Das Langhaus des 12. Jh. ist nicht erhalten, doch läßt es sich nach den Langhäusern von Bar-sur-Aube und Langres rekonstruieren; die Pfeilergrundrisse sind ergraben: Regelmäßigen Kreuzpfeilern waren in den Diagonalen schlanke Runddienste aufgelegt. Die Weihe von 1147 dürfte sich auf die Wölbung des Chores beziehen, danach erst entstanden bis etwa 1160/70 das (rippengewölbte?) Langhaus und das Portal. Beim Bau der gotischen Kirche blieb das große Portal des 12. Jh. erhalten, wurde jedoch 1794 gründlich abgearbeitet. Erhalten ist im Museum der Kopf des Benignus vom Mittelpfosten. Das Programm ist überliefert: im Tympanon thronender Christus mit Evangelistensymbolen, Cherubim, Ecclesia und Synagoge, auf dem Sturz thronende Madonna und Kindheit-Jesu-Szenen, in den Archivolten Engel und die Ältesten der Apokalypse, Propheten sowie Petrus und Paulus in den Gewänden. Das heutige Tympanon ist ein Werk von Jean-Baptiste Bouchardon (1667–1742) und kam 1805 aus der ehemaligen Kathedrale Saint-Etienne.

Die **gotische Kirche* ist dreischiffig mit kleiner Vorhalle, eingebundenem Querhaus und drei polygonalen Apsiden hinter einem Vorjoch. Der Aufriß ist dreigeschossig: Arkaden auf Rundpfeilern mit nur einem dünnen Dienst nach jeder Richtung, Triforium und Obergaden mit Laufgang. Die ein wenig harte

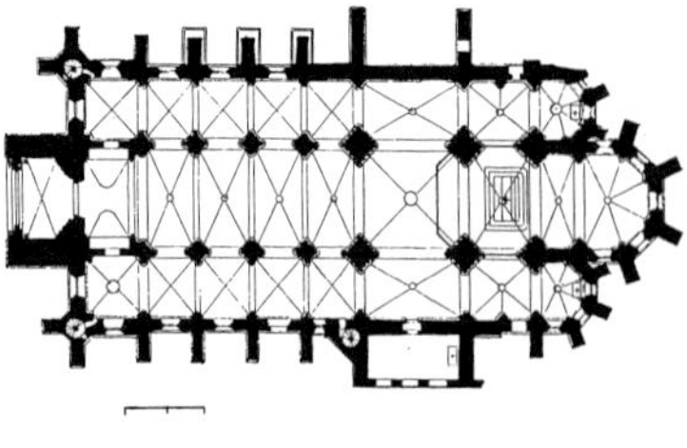

Dijon, Saint-Bénigne

und eintönige Wirkung beruht zum einen auf dem Fehlen aller horizontalen Gliederungen an den Diensten und dem weitgehenden Verzicht auf Kapitelle und Dekoration. Zum anderen liegt es aber auch an der auffallenden dunklen Verfugung des Mauerwerks, das die Kirche stumpf und grau wirken läßt. Von der Ausstattung, die z. T. nach 1794 aus anderen Kirchen der Stadt, besonders aus der Sainte-Chapelle, hierher kam, sind v. a. die Kenotaphe von Jean-Baptiste Legoux de La Berchère und seiner Gemahlin aus den dreißiger Jahren des 17. Jh. bemerkenswert, zwei Sarkophage, auf denen die lebensgroßen Marmorfiguren in ewiger Anbetung knien, des weiteren Grabmäler und Epitaphien entlang der Seitenschiffwände, das Chorgestühl des 18. Jh. aus der Abtei La Charité-lès-Vesoul und mehrere Heiligenfiguren aus der Sainte-Chapelle.

Von den mittelalterlichen Klostergebäuden ist nur der O-Flügel des Kreuzgangs, in dem Kapitelsaal und **Dormitorium* liegen, erhalten. Der ursprünglich ebenerdige Kapitelsaal ist durch nachträgliche Geländeanhebung heute ein Keller. Darüber liegt das Dormitorium aus der zweiten Hälfte 13. Jh., ein dreischiffiger, rippengewölbter Raum, der durch die verhältnismäßig schlanken Unterzüge sehr weiträumig und feingliedrig wirkt. Er beherbergt zusammen mit dem Kapitelsaal das Archäologische Museum der Stadt.

XIII, 104, 105 DIJON (Côte-d'Or). Notre-Dame [F 5]. An der Stelle einer älteren Kirche (bei Grabungen fand man Teile eines Portals aus der Mitte 12. Jh.) entstand seit etwa 1220 Notre-Dame. In zwei unmittelbar aufeinanderfolgenden Baukampagnen errichtete man zunächst Chor und östliche Querhauswände, dann, seit etwa 1230ff., das übrige Querhaus und die östlichen Langhausjoche. Denkbar ist auch, daß man seit etwa 1230 auch von W zu bauen begann. Um 1240 wurden bereits Wasserspeier angebracht, 1251 stiftete Barthélémy de Saumaize einen Magdalenenaltar und erhielt die Erlaubnis, sich und seine Gemahlin in Notre-Dame beisetzen zu lassen, „postquam ecclesia predicta consecrata fuerit". Eine weitere Weihe erfolgte am 8. Mai 1334. 1611 öffnete man die großen Rundfenster im Triforium des Chores. Im 19. Jh. Restaurierungen am Vierungsturm.

Auf eine zwei Joche tiefe dreischiffige Vorhalle mit sechsteiligem Gewölbe im Mittelschiff folgen ein dreischiffiges Langhaus von drei – ebenfalls sechsteilig gewölbten Doppeljochen, eine quadratische **Vierung* mit Turm, ein Querhaus, ein abermals quadratisches und sechsteilig gewölbtes Vorjoch und eine tiefe siebenseitig polygonale Apsis. Der **Aufriß des Langhauses* ist dreigeschossig: Arkaden über Rundpfeilern mit schönen Knospenkapitellen (keine kantonierten Rundpfeiler oder Bündel-

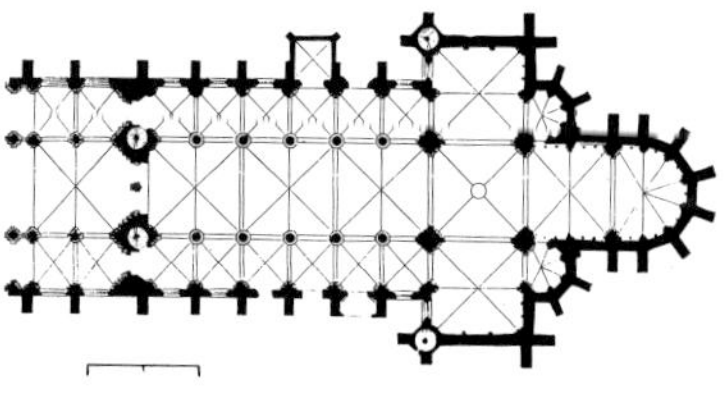

Dijon, Notre-Dame

pfeiler), dreiachsiges Triforium und Obergaden mit dem burgundischen Laufgang. Der Choraufriß ist viergeschossig. Hier liegt unter der Fensterzone des Erdgeschosses noch eine Blendarkatur. Obwohl verschiedentlich „altmodische“, d. h. in der Frühgotik übliche Motive auftreten – die sechsteilige Wölbung, die Rundpfeiler oder die Viergeschossigkeit des Aufrisses –, wirkt der Raum schon fast spätgotisch. Alle Dienste und Stützen sind enorm schlank und zierlich proportioniert, die Deckplatten der Säulchen im Triforium zieren Köpfe, und, obschon noch verhältnismäßig viel geschlossene Mauer sichtbar bleibt, scheint der Aufriß beinahe ohne Schwere zu sein. Ungewöhnlich ist die Lösung der Vorhalle, deren Obergeschoß das Langhaus als Empore fortsetzt. Auch im Erdgeschoß der Vorhalle bemerkt man jene Zierlichkeit und Schlankheit aller Bauglieder, die offensichtlich ein wesentliches Prinzip des Gestaltungskonzeptes gewesen ist.

Eine geplante Doppelturmfassade, die im Ansatz erhalten ist, wurde zugunsten der ausgeführten **Fassade* aufgegeben. Diese einzigartige Schauwand besteht über den hohen, reich profilierten Öffnungen der Vorhalle aus einem der fast geschlossenen Wand aufgelegten zweigeschossigen Gitterwerk aus Blendarkaden auf hohen, überschlanken Säulchen mit reichen Kapitellen. Die Trennung der Geschosse übernehmen Reliefplatten mit Ranken und dicht an dicht gesetzte Wasserspeier (nach 1881 erneuert), die die starke Vertikalbewegung der Fassade harmonisieren. Die vier Figuren unter Baldachinen, die ehemals die Bogenzwickel des Erdgeschosses schmückten, sind wie die gesamte Portalskulptur verschwunden. Allerdings konnte das Programm des wohl bald nach 1230 begonnenen Portals rekonstruiert werden: An Gewänden und Pfeilern standen Patriarchen, Propheten und Könige des Alten Testamentes, im Tympanon des Mittelportals befand sich eine Marienkrönung, auf dem Sturz Marientod und Grablegung. Über dem linken Portal war die Anbetung der Könige, auf dem Sturz Verkündigung oder Heimsuchung und Verkündigung an die Hirten dargestellt, über dem rechten Portal Passion und Kreuzigung.

Die Ausstattung ist seit der Revolution weitgehend verloren. Erhalten blieb indessen eine farbig gefaßte (erneuert) Holzmadonna der Zeit um 1100 – Notre-Dame de Bon Espoir. Außerdem sind im Querhaus und in den Seitenschiffen Reste alter Wandmalerei erkennbar.

100, 106 DIJON (Côte-d’Or). SAINT-MICHEL [F 5]. Als Pfarrkirche besteht Saint-Michel seit dem 9. Jh. Zwischen 1497 und 1667 entstand die heutige Kirche, die geprägt ist durch ein spätgotisches Grund- und Aufrißkonzept, das jedoch wegen der langen Bauzeit von

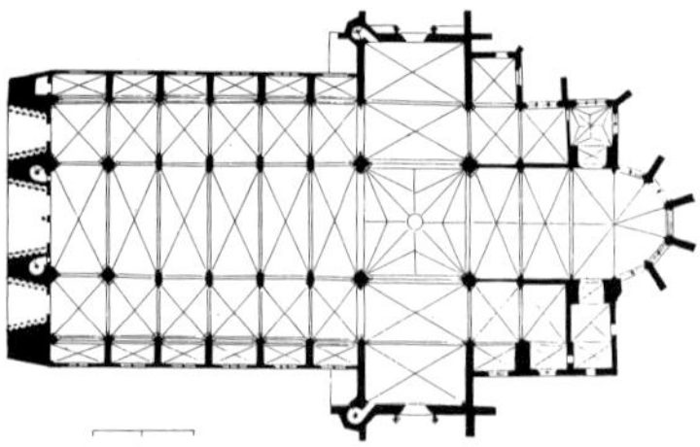

Dijon, Saint-Michel

der Architektur- und Gestaltungsauffassung der Renaissance überlagert wird. Die unterschiedliche Behandlung von Architekturgliedern, der Wechsel von Motiven, die sich wandelnde Ornamentik und auch die Themen des Bildprogramms machen den Übergang vom Mittelalter zur Neuzeit offensichtlich. Gut lesbar wird so auch die Baugeschichte von Saint-Michel. Kurz vor 1500 Beginn der Arbeiten mit Chor und Querhaus, Portale ab 1537, Fassade 1559 fertiggestellt, Turmkuppeln 1667 vollendet. Im Gegensatz zum einfach gestalteten und nur zurückhaltend dekorierten Innenraum erhielt die von der Idee her noch ganz der Gotik verpflichtete **Doppelturmfassade* in der Portalzone noch spätgotische Baldachinnischen, darüber aber schon Säulen, Giebel und Tondi, an den Türmen Säulengliederungen in Superposition.

107 DIJON (Côte-d'Or). SAINT-PHILIBERT [F 5]. Saint-Philibert wurde nach 1137 begonnen und in den sechziger Jahren vollendet. Sie ist die älteste stehende Kirche in Dijon. Sie ist heute zweckentfremdet. Dreischiffige Basilika von fünf Jochen, Querhaus und Vierungsturm (im 15. Jh. erneuert), die unmittelbar an die Vierung anschließende Hauptapsis und die Nebenapsiden wurden 1827 abgebrochen. Der Aufriß ist zweigeschossig, die Pfeiler sind kreuzförmig. Gratgewölbe decken Mittel- und Seitenschiffe (vgl. Vézelay/Y. oder Anzy-le-Duc/S.). Der schlichte Bau aus gutem Haustein besitzt an der S-Seite unter jedem Fenster eine ovale Marmortafel mit Inschrift und ein **romanisches Portal* von hoher Qualität. Akanthusblätter und gedrehte Ranken von feinster Ausführung füllen die Archivolten; im Typanon sind Reste von Malerei erkennbar. Ursprünglich befand sich dieses Portal im W, von wo es vermutlich beim Bau der Vorhalle im 13. Jh. nach S versetzt worden ist. Diese offene Vorhalle, die ebenfalls mit Inschriftentafeln aus Marmor geschmückt ist, wurde im 16. Jh. restauriert.

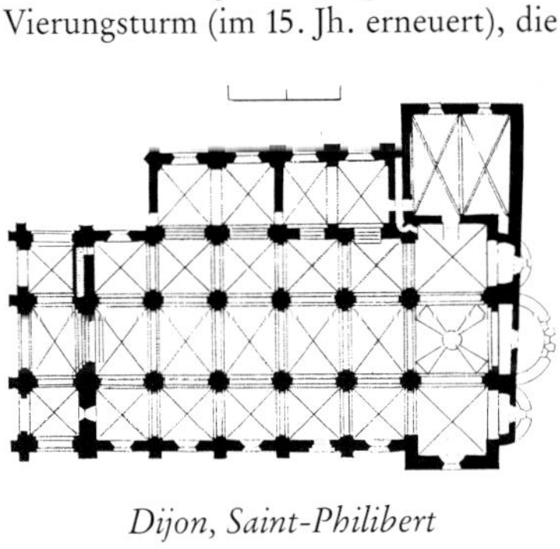

Dijon, Saint-Philibert

108–110 DIJON (Côte-d'Or). CHARTREUSE DE CHAMPMOL [F 5]. Noch in den siebziger Jahren des 14. Jh. begann Philippe le Hardi, noch nicht auf dem Höhepunkt seiner politischen Macht, mit der Planung seines Grabmals, und schon damals machte sich seine Vorliebe für den Kartäuserorden bemerkbar, dem er schließlich die Sorge um sein Seelenheil anvertraute, indem er diesem Orden ein Kloster in der Nähe von Dijon stiftete, das ihm und seinen Nachkommen als Grablege dienen sollte. Am 20. 8. 1383 legte die Herzogin „par sa main mesme" den ersten Grundstein, den zweiten legte der zwölfjährige Jean de Bourgogne, der künftige Jean sans Peur. Diese Stiftung des Herzogs wurde zu einer der bedeutendsten künstlerischen Unternehmungen der Zeit, ein Gesamtkunstwerk, an dem sich die größten Künstler und Handwerker versammelten. Beim Tod von Philippe le Hardi 1404 war die Kartause annähernd vollendet, und Claus Sluter konnte das Grabmal beginnen. Mehr noch als die wenngleich eindrucksvollen und in hohem Maße erstaunlichen erhaltenen Figuren am Portal der Kirche und am sog. Moses-Brunnen vermitteln die Schriftquellen eine Vorstellung von der legendären Prachtentfaltung des burgundischen Herzogshofes.

Die Wahl des Architekten war noch nach der Grundsteinlegung strittig, aber schließlich kam am 10. Februar 1384 ein Mitarbeiter von Raymond du Temple aus Paris, Drouet de Dammartin, wenig später Raymond du Temple selbst nach Dijon. Allem Anschein nach stammen die Pläne für die Anlage von Drouet de Dammartin (der auch für die Herzogin in Germolles arbeitete). Ihm zur Seite stand Jacques de Neuilly, ein Baumeister, der ebenfalls aus dem Umkreis von Raymond du Temple kam. An die noch stehende Kirche, deren Chor für die Grabmäler bestimmt war, schlossen im N drei Kapellen an, die dem Chor am nächsten gelegene war doppelgeschossig und enthielt die Privatoratorien des Herzogs. Die Wendeltreppe, die beide verband, ist als Ruine neben der Kirche erhalten. Im S lag der kleine Kreuzgang, den ein Korridor mit dem großen Kreuzgang verband, in dessen Mitte sich der große Brunnen erhob. Um diesen großen Kreuzgang reihten sich die 24 Zellen und das Parlatorium. Kapitelsaal, Refektorium und Bibliothek waren vom kleinen Kreuzgang aus zugänglich. Im Spätjahr 1386 entfernte man die Gerüste von der Kirche, im Frühjahr 1387 die der angrenzenden Kapellen, und am 28. Mai 1388 fand die Weihe statt.

Seit 1386 hatte der herzogliche Hofbildhauer Jean de Marville nach Plänen von Drouet de Dammartin und Jacques de Neuilly mit den Arbeiten am **Portal* begonnen, d. h. mit der Herstellung des profilierten Rahmens, der Archivolten, des Tympanons mit Dreipässen. Auf den Konsolen unter dem Tympanon waren ein Hund und ein Löwe dargestellt. Es folgten die Konsolen und Baldachine für das Figurenprogramm, das von Anfang an festgestanden hatte: eine **Madonna mit Kind* am Trumeau und an den Seiten das *Herzogspaar als Stifter mit den hll. **Johannes Ev.* und Katharina als Fürbitter. 1389 starb Jean de Marville, sein Nachfolger wurde Claus Sluter aus Haarlem, der schon seit 1385 den Auftrag für das Grabmal hatte. Sluter war unzufrieden mit der Arbeit seines Vorgängers und ließ, offenbar auf eigene Rechnung, 1389/90 von Perrin Beauneveu und einem Bildhauer mit Namen Maclart die Baldachine der Seiten neu machen. Von Juni bis September 1389 ließ er Stein aus Asnières kommen, um damit auch die Konsolen durch neue zu ersetzen, die abwechselnd aus einer und zwei Figuren bestehen. Baldachine und Konsolen waren nun für größere Figuren bestimmt und verdeckten die Kapitelle des Portalgewändes und die darüberliegenden Konsolen, die Engel hätten tragen sollen. Löwe und Hund auf den Konsolen unter dem Tympanon wurden durch Blattwerk ersetzt. Der Baldachin über der Madonna war gebrochen und mußte ersetzt werden. 1391 kam zu diesem Zweck Stein aus Tonnerre. Dieser neue Baldachin Sluters ist ein Wunderwerk in fein ziselierten Formen, hoch und schlank, mit Engeln besetzt. Er war erst 1400 fertig. Die Madonna und die beiden Heiligen, Johannes und Katharina, konnten schon im Sommer 1391 aufgestellt werden. Die großen in den Raum hineingreifenden Figuren passen nur schlecht an die flachen Portalnischen, für die auch die Konsolen und Baldachine viel zu wuchtig sind. Die Madonna steht isoliert, sie blickt weder die Stifter noch die Fürbitter an. (Bei der Weihe 1388 stand an ihrer Stelle eine Madonna aus der Schloßkapelle von Talant, die später wieder zurückgebracht worden ist.) 1392 und 1393 ließ Sluter auch die beiden Stifterfiguren nach Champmol bringen. Sie sind, wie die Figuren aus dem dynastischen Programm an der Grande Vis des Louvre, Portraits. 1401 war das Portal vollendet.

Im Innern schmückten wappenhaltende Engel die Portale zum kleinen Kreuzgang und zu den herzoglichen Kapellen, dem „oratoire basse et oratoire haulte". Für die obere, die die Lieblingskapelle des Herzogs war, schuf Sluter 1390 drei große Figuren, die Madonna und die beiden von Philippe le Hardi besonders bevorzugten Heiligen Johannes Ev. und Antonius, die Jean de Beaumetz 1391 faßte und vergoldete. Diese Gruppe ist nicht erhalten, doch fand sie eine lebhafte Nachfolge. Vermutlich kommt ihr die Maria mit den beiden Johannes', die Monot Machefoing in seiner Grabkapelle in Saint-Jean-Baptiste in Rouvres aufstellen ließ, sehr nahe. 1391 wurden 250 Steinblöcke geliefert, die für Figuren, Konsolen und Baldachine für die Oberkapelle bestimmt waren. Diese Menge läßt an ein größeres Programm denken, von dem indessen nichts bekannt ist. 1401 war auch das Klosterportal fertig, über dem ebenfalls ein durch eine Bildquelle überliefertes Madonnenbild angebracht wurde.

1386 hatte der Herzog Colart Joseph aus Dinant kommen lassen, der seit Februar 1386 nicht nur die Glocke goß, sondern auch vier Säulen mit Engeln für die Ecken des Hauptaltars, ein Lesepult und einen Hahn für den Glockenturm. Im folgenden Jahr vollendete er die metallenen Leuchter, die sein Onkel Jean Joseph begonnen hatte, und fügte ihnen ebenfalls Engel mit den Wappen des Stifterpaares an.

Das Kircheninnere, der kleine Kreuzgang und der Gang, der beide Kreuzgänge verband, besaßen Boiserien bzw. ein Chorgestühl, 1388 lieferte Jean de Liège Möbel für die Bibliothek, am 1. März 1390 setzte er die geschnitzten Flügel des Kirchenportals ein. 1399 folgten noch drei Sitze für den zelebrierenden Priester und die Akolyten. Jean de Beaumetz, der seit 1376 im Dienst des Herzogspaares stand, gab Teilen der Kirchenausstattung eine farbige Fassung, doch seine Hauptaufgabe bestand darin, 24 Tafelbilder (ca. 0,82 × 0,82 m) für die Zellen zu malen. Hinzu kam 1391 ein Triptychon mit Darstellungen der Verkündigung, der Heimsuchung und der Marienkrönung in der Mitte für das Privatoratorium des Herzogs und – 1393 – die Ausmalung und Vergoldung dieser Kapelle. Für den Hauptaltar der Kirche schnitzte Jacques de Baërze in den neunziger Jahren zwei Reliefs, die Melchior Broederlam faßte und vergoldete. 1399/1400 kamen diese Reliefs in die Kirche, jedoch nicht an den Hauptaltar, sondern an die Seitenwände des Chores, in dem später das Grabmal der Herzogs stehen sollte. 1404 schon mußte der Nachfolger von Jean de Beaumetz, Jean Malouel, sie restaurieren. Heute befinden sie sich im Museum neben den Grabmälern.

1387 hatte Jean de Tilloy die ersten Glasfenster versetzt, der Großteil der Verglasungen folgte aber erst nach der Weihe, d. h. 1390–92 durch Robert de Cambrai, der auch die Fenster des Refektoriums, des Kapitelsaals und einen Teil der Arkaden beider Kreuzgänge verglast hatte. Die Themen waren Heilige, Engel, die Muttergottes und – im kleinen Kreuzgang – die Passion. Farbige Fenster besaßen auch die Zellen. Die Farbverglasungen für die beiden Oratorien des Herzogs kamen bis 1397 aus Flandern von Henri Boucher. Es ist bemerkenswert, daß die beiden Brüder von Philippe le Hardi, die Herzöge von Berry und Anjou, die ja gleichfalls berühmte Kunstmäzene gewesen sind und eigene Projekte hatten, sich mit Stiftungen an Champmol beteiligten. Seit 1399 bemalte Jean Malouel Leinwand für die Ausstattung des Parlatoriums, außerdem schmückte er dessen Portal zum Kreuzgang mit Bäumen, Hopfenpflanzen, Blättern, Buchstaben – wohl Initialen des Herzogspaares – und Wappen. Gleichzeitig lieferte Sluter zwei Figuren, die nirgends benannt sind. Man hat in diesen beiden Figuren wohl zu Recht Portraitstatuen des Herzogspaares sehen wollen, die ähnlich wie in Germolles auf dem Pastorale hier Besucher des Klosters als ständig präsente Gastgeber empfingen. Dies wären übrigens zwei weitere Portraitfiguren außerhalb eines Stifterzusammenhangs neben denen der Grande Vis des Louvre, wo sie ein dynastisches Programm bildeten.

Das Hauptwerk Sluters ist indessen der berühmte **Brunnen* in der Mitte des großen Kreuzgangs, dessen inneres Quadrat der Friedhof der Mönche gewesen ist. Über einer gefaßten Quelle erhebt sich zunächst ein polygonaler Pfeiler, den jene sechs Propheten umstehen, die die Passion vorhergesagt hatten; über ihnen scheinen Engel zu schweben und auf ihren Flügeln einen Kalvarienberg zu tragen, auf dem das Kreuz aufgerichtet war. Maria, Magdalena und Johannes umstanden den Gekreuzigten. Propheten und Engel sind erhalten, die oberen Teile des Brunnens sind im letzten Drittel des 18. Jh. abgeräumt worden, als man zum Schutz der Figuren einen Pavillon darüber errichtete. – Die erhaltenen Rechnungen erlauben auch hier eine detaillierte Rekonstruktion der Entstehung und eine genaue Zuweisung der einzelnen Arbeiten an bestimmte Steinmetze und Bildhauer. Seit 1394 wurde Stein aus Tonnerre und Asnières geliefert, zunächst für das Kreuz, das 1396 fertig war. Gleichzeitig arbeitete man unter einigen Schwierigkeiten am Brunnenbekken und an den Fundamenten für das Kreuz bzw. für den polygonalen Pfeiler. Sluter fertigte Holz- und Bleimodelle und zeichnete Entwürfe in Gipsplatten. Nach solchen Vorgaben arbeitete z. B. Belin de Comblanchien mit seiner Werkstatt 1398/99 am Mittelpfeiler, Gilles Beaurain an Konsolen und Kapitellen, Jean de Rigny, der auch die

Arbeiten im Steinbruch und den Transport überwacht hatte, führte die Profilierungen am Kreuz aus. Daneben findet man zahlreiche flämische Namen unter den beteiligten Steinmetzen. Es entstehen die Muttergottes und Magdalena, Kapitelle und Wappen. 1399 wird mit großem technischen Aufwand das Kreuz (mit dem Kruzifix?) aufgerichtet, indem alle Einzelteile sorgfältig in Holz verpackt und erst nach der Aufstellung freigelegt werden. Am 30. Juli 1399 findet eine erste Besichtigung statt. 1400/01 arbeiten Sluter und sein Neffe und späterer Nachfolger Claus de Werve sowie Roger de Westerhem noch immer an den Figuren und deren Unterbauten für die sog. Terrasse, also den Kalvarienberg. 1401 werden die sechs trauernden Engel angebracht. Sie sind anscheinend eigenhändige Werke von Sluter. Kurz danach entstanden – ebenfalls als eigenhändige Werke – die ersten drei Propheten (David, Moses und Jeremias), die im Juli 1402 versetzt wurden. 1403 folgten die anderen Propheten (Zacharias, David und Jesaias). Ihr Versetzungsdatum ist unbekannt, doch scheint 1404 der Brunnen weitgehend fertig gewesen zu sein. Im Februar 1402 hatte auch Herman de Cologne mit Vergoldungsarbeiten begonnen; Jean Malouel übernahm auch hier die Farbfassungen, von der geringe Reste erkennbar sind.

Der Brunnen im Kreuzgang der Kartause von Champmol war in jeder Hinsicht absolut neu und ungewöhnlich. Neu war der Gedanke der Verbindung einer Quelle als Lebensspender mit der Kreuzigung, die das ewige Leben garantierte. Man hat diese erste monumentale Darstellung der „fons vitae“ als Inspiration für die zahlreichen Wiederholungen dieses Themas im Mittelalter verantwortlich machen wollen. Es ist möglich, daß dieses Programm der Verbindung von irdischem und ewigem Leben inmitten eines Friedhofes auf die Mönche zurückgeht. Wahrscheinlicher aber ist, daß Sluter selbst, der fast jedes traditionelle Bildthema neu gestaltete, Quelle und Kreuzigung zusammenbrachte. Neu mußte demnach auch die Komposition sein, in der eine ganze Gruppe des Alten Testamentes eine ganze Gruppe des Neuen Testamentes trägt. Vollkommen neu war schließlich die Darstellung der Figuren, der drastische Realismus der Gesichter, der Alter ebenso deutlich zeigt wie alle Spielarten von Trauer und Verzweiflung. Lebendig und eindrucksvoll treten die Propheten dem Betrachter förmlich entgegen.

Dieser Brunnen, das Portal, die völlig entstellte Kirche und die **Grabmäler im Museum* sind die einzigen Zeugen einer Anlage, die zu damaliger Zeit wohl nur mit den ebenfalls fast ganz verschwundenen Bauunternehmungen von Charles V und Jean de Berry vergleichbar gewesen ist. Gleichzeitig enthielt sie, von wenigen Ausnahmen in Germolles abgesehen, das gesamte Werk von Claus Sluter, dessen Können bis zum Beginn der Renaissance nicht mehr erreicht wurde.

Nach der Aufhebung des Klosters in der Revolution wurden die Gebäude 1833 zu einem Asyl für geistig Behinderte, heute befindet sich auf dem Gelände ein psychiatrisches Krankenhaus.

100, 111–114, 117 DIJON (Côte-d'Or). PALAIS DES DUCS/PALAIS DES

Etats [F 5]. Im Bereich der Mauer des römischen Castrums, das um 270/275 errichtet wurde, begann Philippe le Hardi gegen 1365 mit dem Bau eines Donjons und wahrscheinlich eines Logis'. Erhalten ist der **Donjon, die sog. Tour de Bar.* Er besitzt Reste der ursprünglichen spitzbogigen Fenster im Erdgeschoß und ein rundes und ein polygonales Ecktürmchen. Einem Stich von 1688 zufolge könnten auch die anderen Ecken solche Türmchen gehabt haben. Die in stark vereinfachter Form erneuerten großen Kreuzstockfenster der Obergeschosse waren ursprünglich wohl eine Zutat des fortgeschrittenen 15. Jh. Die Spur eines Giebeldaches an der W-Seite könnte zu dem verlorenen Logis gehört haben.

Nachdem Dijon unter den Valois-Herzögen zur Hauptstadt ihres Stammlandes, des Herzogtums Burgund, geworden war, baute Philippe le Bon das herzogliche Schloß weiter aus. 1433 entstand südlich vor dem Donjon ein weiträumiger Küchenbau. Der quadratische Innenraum besaß an drei Seiten je zwei große Kamine und über freistehenden Stützen ein Klostergewölbe, dessen Scheitel sich in einen Abluftschacht öffnete, der über Dach führte. Der Brunnen an der N-Seite dieses Gebäudes (erhalten) wurde beim wenig späteren Anbau der Pâtisserie und Paneterie mit einem kleinen Innenhof umgeben, der sich als rechteckiger Schacht im Dach öffnete. Außerdem befanden sich in diesem Innenhof ein Treppenturm und die Verbindungstür zwischen Küche und Bäckerei. 1852/53 wurde diese Bäckerei abgerissen, die Küche blieb. Seit 1448 ließ sich Philippe le Bon durch den Architekten Jean Poncelet aus Lyon auch ein **neues Logis* planen, von dem vermutlich nur wenig mehr als die Hälfte ausgeführt worden ist. An seiner NW-Ecke erhebt sich – angeblich über römischen Grundmauern – die ungewöhnlich hohe quadratische **Tour Philippe le Bon,* die noch heute wie ein Wahrzeichen alle späteren Gebäude weit überragt. Sie wird von schmalen, geschoßtrennenden Gesimsen gegliedert, von Kreuzstockfenstern mit rahmenden Rundstäben und Kielbogen belichtet und von einer Maßwerkbalustrade abgeschlossen. Die letzten drei Geschosse begleitet ein quadratisches Treppentürmchen auf Encorbellement. Mit denselben Mitteln ist auch der Hauptbau gestaltet: Schmale Gesimse trennen die drei Geschosse voneinander, ein fünfgeschossiger quadratischer Treppenturm, den ab dem 3. Geschoß ein zweites Treppentürmchen begleitet, steigt weit über die Trauflinie hinaus und sollte wohl ursprünglich die Mitte des Gebäudes betonen. Die erstaunlich wenigen, nichtsymmetrischen Fenster liegen nur in den Obergeschossen in Achsen, setzen sich aber über der Traufe in großen, reichgeschmückten Lukarnen fort. Ursprünglich belichteten drei weitere Reihen kleinerer Lukarnen das bedeutend höhere Dach. Fortschrittlicher scheint demgegenüber die *Außenfassade.* Hier sind zumindest im Bereich des großen zweigeschossigen Saales Symmetrie und Achsen perfekt eingehalten. Eine mit Rundtürmen besetzte Mauer schützte das gesamte Areal.

Nach der Niederlage von Charles le Téméraire 1477, der die Teilung Groß-Burgunds folgte, kam das Herzogtum an die französische Krone. Louis XI und seine unmittelbaren Nachfolger erneuerten die Befestigungen, am Palast selbst wurde bis zum frühen 17. Jh. wenig verändert. Erst 1614 entstand zwischen Tour de Bar und dem noch immer unvollendeten spätgotischen Logis (seine Wände blieben im N und S für den Weiterbau ausgezahnt) die Galerie Bellegarde mit offenen Arkaden im Erdgeschoß und einem durchgehenden Raum im Obergeschoß. Große Rechteckfenster belichteten diesen Raum in jeder zweiten Achse, zu beiden Seiten lag je eine überdachte Treppe, deren Zugänge von dorischen Pilastern gerahmt und von Wappenkartuschen bekrönt waren. Eine von diesen Treppen ist erhalten. Diese Galerie Bellegarde ist nach ihrem Auftraggeber, dem Duc de Bellegarde, benannt und heute Teil des Museums.

Gegen 1640 errichtete man im Hof vor dem herzoglichen Palast für Louis II de Bourbon, den „Grand Condé", den sog. Aile de Rocroi, der 1700 wieder abgebrochen worden ist. Auch die übrige Fläche war mit zahlreichen Gebäuden übersät, die man nur aus Schriftquellen kennt. 1681 gab Louis XIV den Ständen der Provinz Burgund die Erlaubnis zum Bau von „bâtiments dont ils auraient besoin pour la tenue des Etats". Unmittelbar danach erging ein Auftrag für Pläne an den Architekten Daniel Gittard, der Martin de Noinville mit der Ausführung betraute. Zunächst entstand der W-Flügel mit der großen Salle des Etats, Büros für die Verwaltung und der Münze. Beim Tod von Gittard 1686 war dieser Bau unvollendet, und man berief Jules Hardouin-Mansart, der die bestehenden Fassadenpläne änderte. Er berücksichtigte das Prachtportal, das Martin de Noinville gerade (1684/86) zwischen der Aile de Rocroi und dem spätmittelalterlichen Küchenbau wahrscheinlich nach Plänen von Gittard errichtet hatte, und übertrug seine Gliederung in veränderten Proportionen als Portikus an die Schmalseite des W-Flügels. 1689 waren die Außenarbeiten weitgehend vollendet, die Salle des Etats wurde allerdings erst um 1695 benutzbar. Ihre ursprüngliche Ausstattung mit kostbaren Boiserien von Etienne Masson ging in der Revolution verloren. 1894/95 wurde der Saal wenig glücklich restauriert. Seit 1688 arbeitete Jules Hardouin-Mansart an einem Gesamtprojekt für einen neuen Palast. Dies umfaßte den Abriß der Aile de Rocroi (der 1700 erfolgte) und des Prunkportals (der erst um 1783 erfolgte) und den Bau eines dreigeschossigen Flügels mit dreiachsigem Mittelrisalit, in dem Louis XIV als Caesar dargestellt sein sollte. Dieser Flügel schloß im W an das Logis des Herzogs an und setzte sich vor diesem Logis als Fassade fort. Im O war symmetrisch zum W-Flügel ein O-Flügel geplant, der jedoch für viele Jahrzehnte unvollendet blieb. So plante Hardouin-Mansart einen riesigen, vollkommen symmetrischen Ehrenhof, dem ein halbrunder, von Arkaden eingefaßter Platz vorgelagert sein sollte – die Place Royale. Zu beiden Seiten des Ehrenhofes sollten ebenfalls Flügel von zwei Geschossen entstehen. Im wesentlichen kamen diese Planungen bis zum Ende des 18. Jh. zur Ausführung. 1708 starb Jules Hardouin-Mansart, sein Nachfolger wurde Robert de Cotte. Etwa 1720 begannen die Arbeiten am **O-Flügel*, blieben jedoch unvollendet, während der Innenausbau der bereits stehenden Flügel bis zu diesem Zeitpunkt fertig wurde. Jean Dubois hatte die Kaminreliefs geschaffen, auf denen die Taten von Louis XIV verherrlicht werden.

Seit dem späten Mittelalter bestand südlich des Herzogspalastes eine Basse-cour, in der Stallungen, die Appartements der herzoglichen Kinder und jene legendären „étuves“, die Dampfbäder, untergebracht waren. Ab etwa 1678 plante die Stadt mehrere neue Straßen und Plätze, die den Abriß dieser Basse-cour bedingten. 1680 gab der König seine Genehmigung. Gemeinsam mit den Ständen plante die Stadt nun einen großen Platz vor dem Logis du Roi und den beiden Seitenflügeln, doch konnten sich beide Parteien nicht einigen. Während die Stadt einen einfachen Platz, „égale et propre“, wünschte, planten die Stände die Aufstellung einer Reiterstatue des Königs. Martin de Noinville, der 1686 mit der Planung beauftragt wurde, entwarf – wohl nach einer Idee von Hardouin-Mansart – einen von Arkaden mit darüberliegenden Balustraden eingefaßten halbrunden Platz – die Place Royale (heute Place de la Libération), die 1692 vollendet war. Zwischen 1720 und 1724 entstand schließlich die ebenfalls seit langem geplante Rue Condé (heute Rue de la Liberté), die die Cour d'honneur und die Place Royale trennt. Die Reiterstatue kam indessen erst 1725 nach endlosen Schwierigkeiten auf den Platz. Jacques Gabriel entwarf den Sockel.

Bereits seit 1700 hatten die Stände eine Erweiterung der ihnen zur Verfügung stehenden Räume gewollt, doch erst 1731 wandten sie sich zunächst an den Pariser Architekten Gilles-Marie Oppenord, später an Jacques Gabriel. Dieser machte mehrere Vorschläge, von denen einer im Mai 1733 angenommen wurde. Baubeginn war noch im selben Jahr: Westlich des Ehrenhofes entstand nun an der Rue Condé ein neuer zehnachsiger Flügel, dessen Mitte und östliche Hälfte ein repräsentatives, ganz in Weiß gehaltenes Vestibül für die Durchfahrt der Wagen und eine prachtvolle Treppenanlage, die zur Salle des Etats hinaufführt, einnehmen. Hohe Figurennischen schmücken die ausgerundeten Ecken, Wandfelder und Friese tragen reiche Rokokodekorationen. Ein hohes, über zwei Geschosse reichendes Portal sollte in einem figuren- und trophäengeschmückten Rundbogen über der Traufe enden, kam jedoch nur vereinfacht, ohne Rundbogen und nur mit Trophäenschmuck zur Ausführung (1733–1738).

1712 war unter der Salle des Etats eine Kapelle für die Mitglieder der Stände eingerichtet worden. Als nun seit 1733 am neuen Flügel gebaut wurde, sah man auch die Gelegenheit für eine neue Kapelle als gekommen. 1736 wurde Pierre le Mousseux mit der Planung beauftragt, als Standort wählte man einen kleinen Hof im Winkel zwischen Salle des Etats (also dem W-Flügel) und dem Palais Royal. 1739 wurde die noch kaum ausgestattete Kapelle auf das Patrozinium Saint-Louis geweiht. Der Sarkophagaltar aus dunklem Marmor stammt von dem Pariser Architekten Jean-Nicolas Servandoni. 1742 gingen Aufträge an Antoine Spingola für die Marmorarbeiten und an Jacques Verberckt für Schreinerarbeiten, Vergoldungen und Fassungen im Innern. Kannelierte korinthische Pilaster, die einen hohen Architrav und ein weit auskragendes Kranzgesims tragen, rahmen je einen Blendbogen, z. T. mit Portalen. In den Tympana, auf den Türflügeln und auf den Wandfeldern Rocaillen, Engelsköpfe, Girlanden und liturgische Geräte in gerahmten Kartuschen, darüber drei Fenster und Gratgewölbe. 1745 war die Ausstattung vollendet, die in Dijon nicht ihresgleichen besitzt und durchaus neben gleichzeitig in Paris entstandenen Werken bestehen kann.

Mit dem Auftrag für die Kapelle war an Le Mousseux auch ein Auftrag für die Planung weiterer Gebäude im Anschluß an den Flügel an der Rue Condé ergangen. Wieder gab es mehrere Vorschläge und Projekte, aber keine Entscheidung. Statt dessen erwarben die Stände während der folgenden Jahrzehnte umliegende Häuser. Erst 1769 erlaubte die finanzielle Lage der Stände die Planung neuer Gebäude. Die alten Pläne von Le Mousseux gingen an Charles-Joseph Jolivet, der wiederum zahlreiche Vorschläge lieferte. 1773 begannen die Arbeiten an Gebäuden, die den Platz zwischen der Salle des Etats und dem Flügel an der Rue Condé zu einem Hof schließen sollten. 1775 stoppten die Stände diese Arbeiten, die erst bis zu den Fundamenten gediehen waren. Sie verlangten nun weniger Dekoration zugunsten einer Erweiterung der Gebäude, um die 1766 gegründete Ecole des Dessins unterzubringen. Le Jolivet machte neue Vorschläge. Zuletzt holte man die alten Planungen von Hardouin-Mansart wieder hervor und ließ die sog. Cour de Flore auf den 1773/75 entstandenen Fundamenten möglichst unaufwendig vollenden. Um diese gewünschte Schlichtheit zu garantieren, schaltete man den glücklosen Le Jolivet aus und übergab die Planung dem „ingénieur en chef des Ponts et Chaussées“ Thomas Dumorey und dessen Mitarbeiter Emiland Gauthey. Le Jolivet dagegen hatte die Aufgabe, den von Mansart begonnenen O-Flügel zu vollenden und den Hof zwischen Tour de Bar und herzoglichen Küchenbauten symmetrisch zu schließen. Das Prunkportal von Noinville, dessen Abriß schon Hardouin-Mansart beabsichtigt hatte, mußte jetzt endgültig den Neubauten weichen, da es ja noch in der Achse des Herzogspalastes stand und sich auf die während der ersten Hälfte 17. Jh. entstandene Aile de Rocroi bezog. Le Jolivet berücksichtigte weitgehend den Bestand, d. h., er vollendete den O-Flügel identisch zum W-Flügel und änderte auch das symmetrisch zum Flügel an der Rue Condé gelegene Gebäude gegenüber dem Entwurf von Gabriel nur wenig ab, d. h., er verzichtete auf die Rocaillen in den Pilastern und ersetzte die bekrönenden Trophäen durch ein Frontispiz. An den Portalen im Innern werden in Motiven und Ausführung bereits die Einflüsse klassizistisch-pompejanischer Vorlagen spürbar. 1786, nur drei Jahre vor Ausbruch der Revolution, waren die Arbeiten vollendet.

1802 riß man die Sainte-Chapelle ab, 1852/53 folgte die ehemalige Pâtisserie, an deren Stelle der Architekt Louis Belin 1852–56 parallel zum neuerbauten Theater einen neuen Flügel für die Ecole des Beaux Arts, das Cabinet d'Histoire naturelle, das Museum u. a. m. errichtete, der die Cour de Bar wieder schloß.

115 DIJON (Côte-d'Or). Hôtel de Voguë (Rue de la Chouette) [F 5]. Der dritte und strengste Bau des beginnenden 17. Jh. ist das um 1607 errichtete Hôtel de Voguë, ein Dreiflügel-Bau mit kleinem Ehrenhof, den zur Straße hin eine Mauer mit rustiziertem, übergiebelten Portal abschließt. Ähnlich wie an der Maison Maillard sind hier die schlanken Fenster von stark hervortretenden Dreiecks- bzw. Segmentgiebeln überfangen, die verbleibende Wand bleibt undekoriert.

116 DIJON (Côte-d'Or). Hôtel Morel-Sauvegrain (Rue des Forges) [F 5]. Um die Mitte des 15. Jh. entstand im Schatten des Palais ducal ein Stadtpalais für Pierre Morel, „echevin et capitaine de Dijon", den Sohn von Jean Morel und Simone Sauvegrain, die die Amme von Charles le Téméraire war. Das typisch spätgotische Haus besitzt offene, profilierte Bögen im Erdgeschoß und große Kreuzstockfenster im Obergeschoß. Offenbar haben die etwa gleichzeitigen Um- und Neubauten am Palais ducal nachhaltig gewirkt.

118 DIJON (Côte-d'Or). Theater [F 5]. An der Stelle der 1802 abgebrochenen Sainte-Chapelle entstand 1810–1828 ein Theater. Als Vorbild diente wohl die Idealvorstellung eines antiken Podiumtempels. Die Stufen der **Frontseite* tragen einen Portikus mit korinthischen Säulen und einem hohen, weit ausladenden Gebälk, das sich um den ganzen Bau fortsetzt.

119 DIJON (Côte-d'Or). Hôtel Bazard [F 5]. 1772 von Charles-Joseph Jolivet für Auguste Théodore Bazard erbaut, besitzt dieses Hôtel zurückhaltende klassische Eleganz. Ionische Kolossalpilaster fassen je zwei Achsen der Fassade zusammen, fein profilierte Leisten rahmen die großen Fenstertüren, vor denen im Obergeschoß Balkone auf geschwungenen Konsolen ruhen. Eine Erinnerung an das Rokoko liegt in den Balkongittern und in den Girlanden zwischen den Konsolen. Im Vestibül befindet sich unter einer Glaskuppel eine Grotte.

120, 121 DIJON (Côte-d'Or). Hôtel Chambellan (Rue des Forges) [F 5]. Entstanden am Ende des 15. Jh., Außenbau später verändert. Im Innenhof prächtige spätgotische Fassaden mit Maßwerk- und Fachwerkgalerien, zu Achsen zusammengefaßte, überreich dekorierte Kreuzstockfenster, wie man sie von den Loire-Schlössern des späten 15./frühen 16. Jh. kennt, ein prachtvolles Portal und ein polygonaler **Treppenturm,* zum Hof hin offen, dessen Spindel in einer Figur endet, die auf der Schulter den Korb trägt, aus dem das Sterngewölbe gleichsam herauswächst.

122 DIJON (Côte-d'Or). Maison des Caryatides (Rue Chaudronnerie) [F 5]. Die um 1600 errichtete Maison des Caryatides öffnet sich im Erdgeschoß in einem rundbogigen Portal mit darüberliegender Quadratöffnung und zwei großen Arkadenbögen mit Köpfen im Scheitel. In den beiden unterschiedlich hohen Obergeschossen gliedern Atlanten und Karyatiden die gleichmäßig durchgehenden Fenster. Die Mitte betont ein Sprenggiebel auf der Brüstungszone des 2. Obergeschosses. Darüber und daneben Relief-

schmuck der Sambin-Zeit. Ein Streifen glatter Wand bleibt nur über den Erdgeschoßarkaden.

123 DIJON (Côte-d'Or). Maison Maillard (Rue des Forges) [F 5]. Auch die Maison Maillard ist ein Bau der Zeit um 1600. Doch anders als die Bauten des Sambin-Umkreises ist sie straffer gegliedert. Über dem säulengeschmückten Portal im Erdgeschoß folgt eine rundbogige Madonnennische, rechts und links davon öffnen sich je zwei schlanke, hohe Fenster mit stark hervortretenden Dreiecksgiebeln, an deren Konsolen kurze Girlanden hängen. Zwischen Geschossen und Fenstern bleibt deutlich die Wand als strukturelles Gerüst erkennbar.

124 DIJON (Côte-d'Or). Maison Milsand (Rue des Forges) [F 5]. Die Maison Milsand, ein dreigeschossiges, reich dekoriertes Stadthaus, wurde 1568 errichtet und ist wohl dem Architekten und Dekorateur Hugues Sambin zuzuschreiben („Sambin-Stil"). Die Hauptfassade war ursprünglich ganz symmetrisch (Laden-Einbau um die Jahrhundertwende) und besitzt in allen Geschossen jene für Dijon während der 2. Hälfte 16. Jh. so charakteristische manieristische Dekoration mit gesprengten oder aufgelösten Giebeln, üppigen, stark plastischen Frucht- und Blumengirlanden, Masken, Medaillons und Inschriftentafeln. Im Innenhof sind drei Arkaden mit Atlanten erhalten. Seit 1774 befand sich dieses Gebäude im Besitz der Familie Milsand, deren Namen es noch trägt.

125 DIJON (Côte-d'Or). Hôtel Le Compasseur (Rue Vannerie) [F 5]. 1575–80 ließ der königliche Finanzminister Bénigne Le Compasseur oder sein Sohn ein Stadthaus errichten. Der Bau ist zweigeschossig und im Erdgeschoß nur durch zwei hohe Fenster belichtet, im Obergeschoß besitzt er eine Gruppe von drei Fenstern mit Sprenggiebeln und Girlandenschmuck. Das auffallendste Merkmal der Fassade ist der **Erker* mit überreich dekoriertem Konsol- und Sockelbereich.

126 DIJON (Côte-d'Or). Hôtel Aubriot (Rue des Forges) [F 5]. Für den Dichter Stephen Liégeard haben der Architekt Louis Perreau und der Bildhauer Xavier Schanosky 1908 das aus dem 13. Jh. stammende Stadtpalais wieder aufgebaut. Bildquellen waren die Grundlage v. a. für die Ausbildung der reichen Steinmetzarbeiten. Über einem hohen Sockel ein vierachsiger symmetrischer Fassadenaufbau mit Horizontalgesimsen. Die Zugänge (ursprünglich zwei Gewändeportale, ein Portal 17. Jh.) in den äußeren Achsen begleiten zwei Biforen mit Dreipässen. Im Gegensatz zum relativ geschlossenen Unterbau bewirken die gestuften rahmenden Blendbogen über den rundbogigen Biforen des Obergeschosses eine Auflösung der Wand und eine Mehrschichtigkeit im Sinne der Gotik.

127 DIJON (Côte-d'Or). Maison Millière (Rue de la Chouette) [F 5]. Einen wesentlichen Teil der spätmittelalterlichen Bebauung von Dijon stellten Fachwerkhäuser wie das 1483 für den Kaufmann Guillaume Millière und seine Gemahlin Guillemette Durand er-

richtete Stadthaus dar. 1926/27 wurde die Fassade restauriert: Die Gefache sind mit Klinker ausgemauert, die Fenster verändert und die hölzernen Fialen angesetzt worden.

128 DIXMONT (Yonne). SAINT-GERVAIS-ET-SAINT-PROTAIS [B 2]. Rechteckige Basilika von 6 ungleichen Jochen mit W-Türmen und Rechteckchor. Ältester Teil – wohl Rest einer 1163 in einer Urkunde Papst Alexanders III. genannten Kirche – das 5. Joch; das 6. und die Apsis aus dem

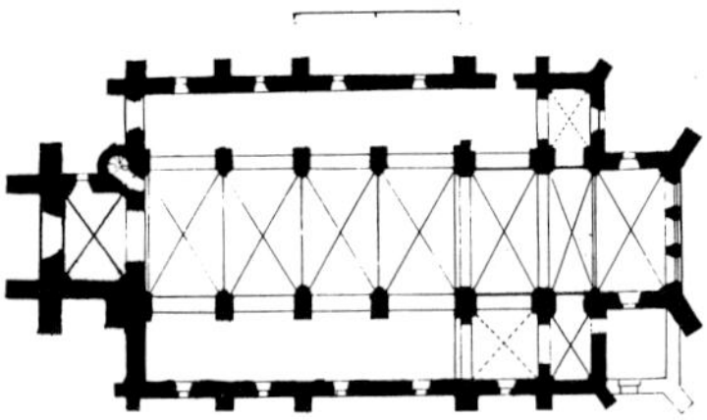

Dixmont, Saint-Gervais-et-Saint-Protais

1. Drittel 13. Jh.; das restliche rippengewölbte Langhaus und die ebenso gewölbten Seitenschiffe Ende 13./Anfang 14. Jh.; die Gewölbe der ersten 4 **Mittelschiffjoche* im 16. Jh. sechsteilig erneuert. Bemerkenswert die Skulpturen der Turmvorhalle: um 1300 die reizende Verkündigung im Gewände, wohl vor Mitte 14. Jh. die Marienkrönung im Tympanon.

129 DONZY-LE-PERTUIS (Saône-et-Loire). DORFKIRCHE [E 8]. Kleine (18,5 m lang) Kirche eines Cluny-Priorates. Aus der Mitte des 11. Jh. (vgl. Blanot) noch der übergroße **Chorturm* mit den ihn sichernden, tonnengewölbten „Querschiff"-Anbauten (vgl. Chapaize) und die kleine Apsis mit ihren Lisenen und dem Rundbogenfries. Das Langhaus ist modern.

130 DRUYES-LES-BELLES-FONTAINES (Yonne). BURG [B 4]. Eine Festung auf dem Sporn mit dem Namen Drogia soll schon im 6. Jh. existiert haben, im 12. Jh. befanden sich Burg und Grundherrschaft im Besitz der Grafen von Nevers. Agnès de Nevers, eine der reichsten Erbtöchter Frankreichs, war das Mündel von König Philippe II Auguste und heiratete 1184 dessen Cousin Pierre II de Courtenay, einen Enkel von Louis le Gros. Pierre de Courtenay strebte nach der Krone des im 12. Jh. von den Kreuzfahrern geschaffenen Lateinischen Kaiserreiches, die ihm 1216 angeboten wurde.
Nach seiner Rückkehr vom Kreuzzug 1193 hatte er – wohl in Konkurrenz zum gleichzeitigen Louvre-Bau von Philippe Auguste – mit dem Bau der heute in Ruinen erhaltenen quadratischen Anlage mit runden Eck- und quadratischen Flankentürmen, einem mächtigen Torturm und einem durchgehenden Logis zur Talseite hin begonnen. Der nur aus Grabungen und Abbildungen bekannte Louvre des späten 12. Jh. und die aus hervorragendem Haustein gemauerte, exakt 53 × 53 m messende Anlage in Druyes dürften zu den allerfrühesten Beispielen dieses später sehr verbreiteten Typs in Europa gehören. Die Reste des ehemals prächtigen Logis' zeigen noch die symmetrisch angeordneten frühgotischen Biforen und die reiche, ebenfalls genau symmetrische Innengliederung der Wände. Der südwestliche Flankenturm

ummantelt die halbrunde Apsis einer zweijochigen rippengewölbten Kapelle. Unregelmäßig geführt und mit Türmen besetzt ist die Mauer, die ursprünglich die Basse-cour, später den Ort Druyes umgab. Ein zweiter **Torturm,* dessen alte Form erhalten ist und die Form des inneren Torturms verrät, schützte ihren Zugang. Um 1370 gehörte die Grundherrschaft Philippe le Hardi. Seine Gemahlin Marguerite de Bourgogne regte 1375 Reparaturarbeiten an der vernachlässigten Burg an, die in den Rechnungen der Jahre 1378–1388 nachweisbar sind. Zu diesen Arbeiten gehörte mit großer Wahrscheinlichkeit der Wehrgang über Mâchicoulis am inneren Torturm, für den auch eine lederne Fahne mit dem herzoglichen Wappen bezeugt ist.

131 DRUYES-LES-BELLES-FONTAINES (Yonne). Saint-Romain [B 4]. Typische Kirche der 2. H. 12. Jh., die im Grundriß noch dem Muster von Chapaize folgt, im Aufriß jedoch Pfeiler mit halbrunden Vorlagen, Basen und Kapitellen besitzt. Dreischiffiges Langhaus von drei Jochen, Spitztonne mit Gurten im Mittelschiff, Spitztonnen auch in den Seitenschiffen, Querhaus, dem Flamboyantfenster eingefügt wurden, und dreiapsidialer Chor. Wenig Bauskulptur. Im 15./16. Jh. Ausbau zur Wehrkirche.

132 EPOISSES (Côte-d'Or). Château d'Epoisses [D 4]. Im 6. Jh. Sitz eines fränkischen Königshofes mit riesiger Fluchtburg. Seit 1189 im Besitz der kapetingischen Herzöge von Burgund, 1237–1421 in der Hand der mächtigen Familie Mello. Nach 1477 mehrfacher Besitzerwechsel, 1589–93 wurde die Burg durch die katholische Liga besetzt, danach mit Bastionen befestigt. Guillaume de Pechpeyrou-Comminges de Guitaut erwarb 1661 die Anlage und erneuerte die Gebäude. In der Revolution Abbruch von drei der sieben Türme und der dazwischenliegenden Gebäude. Restaurierungen im 19. Jh.
Unregelmäßig sechseckiges Plateau mit Graben und ursprünglich 7 rechteckigen bzw. quadratischen Türmen mit dazwischenliegenden Logis'. Die ältesten erhaltenen Bauteile sind – abgesehen von der Form des Plateaus, die noch merowingisch sein könnte – gotisch, d. h. die beiden Tortürme und Teile der Logis', ihr heutiges Aussehen geht zum größten Teil auf die Erneuerungen nach 1661 zurück.
In der ehem. Basse-cour Wirtschaftsgebäude des 18. Jh. und ein dicker Taubenturm, heute bereits im Park die ehem. Schloßkirche, die in der 2. Hälfte 12. Jh. wahrscheinlich durch Rainard de Montbard zur Kollegiatkirche erhoben und erneuert worden sein soll. Teile dieses romanischen Baus, der Turmunterbau und ein Portal, sind erhalten, die übrigen Teile gehen auf eine Erneuerung im fortgeschrittenen 15. Jh. zurück. Im Innern mehrere Grabmäler und Epitaphien und eine schöne Pietà aus dem Umkreis von Jean de la Huerta.

133 FARGES-LÈS-MÂCON (Saône-et-Loire). Saint-Barthélemy [F 8]. Charakteristische frühromanische Kirche mittlerer Größe (24 m lang): die gestelzt halbkreisförmige Apsis und das „Querhaus“ mit dem kräftigen Mittelturm, den tonnengewölbte Anbauten

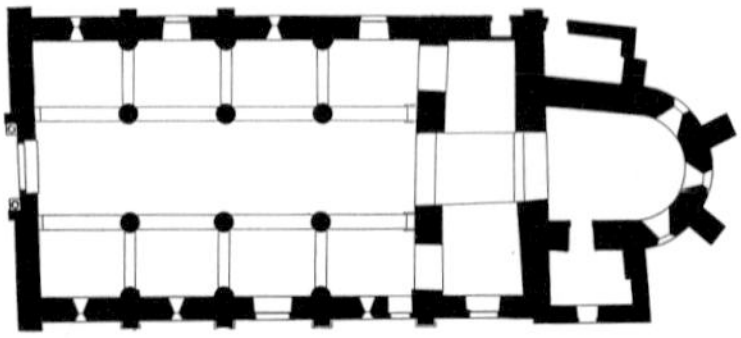

Farges-lès-Mâcon, Saint-Barthélemy

stützen, um 1000, das dreischiffige **Rundpfeilerlanghaus* 1. Hälfte 11. Jh. Entwicklungsgeschichtlich (vgl. Tournus) wertvoll die Wölbung des Langhauses: obergadenlose Tonne ohne Gurte im schlanken Mittelschiff und Quertonnen mit Stichkappen in Längsrichtung über Gurtbögen und halbrunden Vorlagen in den 4 Seitenschiffjochen. Romanischer Taufstein.

134 LA FERTÉ-LOUPIÈRE (Yonne). SAINT-GERMAIN [A/B 3]. Landkirche mit Langhaus und Portal aus dem 12. Jh., Chor 15. Jh. Beachtenswert die 1910 aufgedeckten Wandmalereien über den Langhausarkaden: die „Legende der 3 Lebenden und der 3 Toten" und ein **Totentanz* mit 42 Personen, um 1500.

135 FIXEY (Côte-d'Or). SAINT-ANTOINE [F 5]. Eine Kirche existierte bereits im frühen 10. Jh. Möglicherweise sind von ihr die winzige quadratische Vierung mit Gratgewölbe und die extrem schmalen tonnengewölbten Querhausarme erhalten, vielleicht auch das einschiffige Langhaus, das genau in der Verlängerung der Querhausstirnen liegt. Es besitzt einen offenen Dachstuhl auf eingestellten Holzständern, der wahrscheinlich im 15. Jh. entstand. Die ursprüngliche Apsis ist verloren und durch einen Langchor mit kleinen querhausartigen Kapellen und einer weiten Halbrundapsis ersetzt, deren Ausstattung dem 19. Jh. entstammt. Aus dem 15. Jh. ein Portal in der südlichen Querhausstirn und eine Piscina.

136 FIXIN (Côte-d'Or). NAPOLEON-DENKMAL [F 5]. Im Parc Noisot befindet sich das nationalistisch-pathetische Bronzedenkmal „Napoleon erwacht zur Unsterblichkeit", ein Spätwerk des Bildhauers François Rude, das er 1846/47 im Auftrag des aus Fixin stammenden kaiserlichen Gardeoffiziers Claude Noisot schuf. Daneben ein kleines Napoleon-Museum.

137 FLAVIGNY-SUR-OZERAIN (Côte-d'Or). EHEM. ABTEI SAINT-PIERRE [E 4]. Um 722 gründete Widradus, der Grundherr von Flavigny, eine Abtei zu Ehren des hl. Praejectus († 678 in Volvic), deren 1. Abt er bis 745 gewesen ist. Doch erst der übernächste Abt, Manasses, überführte nach 755 die Praejectus-Reliquien aus Volvic nach Flavigny. Man hat darin einen Hinweis sehen wollen, daß zu diesem Zeitpunkt eine 1. Kirche fertig war, und zwar Confessio und Sanktuarium, also der innere Bau, der später ummantelt worden sein soll. 864 ließ Abt Egilus aus dem benachbarten Alesia die Reliquien der hl. Regina (Sainte-Reine) nach Flavigny überführen, 878 weihte Papst Johannes VIII. sieben Altäre einer neuen Kirche. Möglicherweise ist der Erwerb der Regina-Reliquien Anlaß für einen Neubau gewesen, von dem heute Teile durch Grabungen freigelegt sind (Apsis, dreischiffige Passage, Scheitelkapelle und **südlicher Arm des Umgangs*).

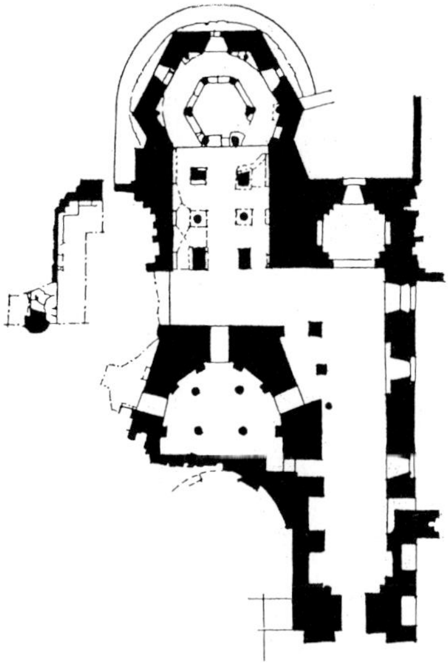

Flavigny-sur-Ozerain, Saint-Pierre, Krypta

Dieser karolingische Bau bestand im Osten aus einem doppelgeschossigen Gebäudekomplex mit zahlreichen Gängen, Säulenstellungen und Oratorien. Zunächst die „Cryptae inferiores": Um eine etwa 9 m lange Confessio mit innen halbrunder, außen regelmäßig trapezförmiger Apsis, die durch zwei Pfeiler und Gratgewölbe zu einem Quadrat ergänzt wurde, zog sich ein rechtwinklig gebrochener **Umgang*. Sein N- und S-Arm endete in rechteckigen Oratorien. In der Mitte des östlichen Arms öffnete sich ein dreischiffiger Gang von drei Jochen, der zu einer hexagonalen Scheitelkapelle mit sechs Säulen führte. Das Fundament dieser Kapelle ist rund, und man hat daraus geschlossen, die Kapelle des 9. Jh. sei ebenfalls rund gewesen, die stehende sei eine Erneuerung des späten 11. Jh. Doch haben auch andere polygonale Bauten runde Fundamente gehabt, ein berühmtes Beispiel ist die Ritterstiftskirche in Wimpfen im Tal. Dagegen läßt sich auch sagen, daß die beiden Pfeiler am Eingang der Scheitelkapelle gerade, nicht rund abgeschrägt sind, um sich der Gesamtform anzupassen, und daß die vergleichbare Anlage in Saint-Germain in Auxerre ebenfalls bereits im 9. Jh. eine polygonale Scheitelkapelle besaß. Ein Zugang, oder wahrscheinlicher eine Fenestella, verband die Confessio mit dem verlorenen Langhaus. Zu beiden Seiten dieser Fenestella führten gradläufige Treppen in das hochgelegene Sanktuarium, dessen Form die der Confessio exakt wiederholte. Auch der Umgang war nach oben übernommen, lag jedoch höher als das Sanktuarium und öffnete sich ähnlich einer Empore in Arkaden auf den Altarraum, so daß man vom Altar durch die dreischiffige Passage bis zum Altar der Scheitelkapelle sehen konnte. Beide, Passage und Kapelle, waren ebenfalls doppelgeschossig. Bei den Ausgrabungen hat man zahlreiche Spolien gefunden, die z. T. aus identifizierbaren Bauten in Alesia stammen, z. T. aber wohl auch aus Flavigny selbst. Courtépée sah noch im 18. Jh. römische Skulpturen, Götter und Krieger, eine Wölfin mit Romulus usw., am Bau selbst, und er erwähnt antike Bauteile, die vor wenigen Jahren in die Fundamente von Neubauten gekommen seien.

Man hat angenommen, daß die im 9. Jh. geweihten Ostteile in zwei Phasen entstanden, um 750ff. Confessio und Sanktuarium, um 850ff. Umgang

und Scheitelkapelle, und dafür mit Mauernähten und der Initiale M (für Manasses) auf mehreren Kapitellen im inneren Bereich argumentiert. Wahrscheinlicher ist jedoch die Theorie der Einheitlichkeit des gesamten O-Baues, dem nur wenig früher die vergleichbare Anlage in Saint-Germain in Auxerre vorangegangen war. Dort war die Scheitelkapelle vermutlich zehneckig.
887 erlitt Flavigny bei einem Normannensturm schwere Schäden. Im 11. Jh., d. h. unmittelbar vor 1085, erfolgte ein Umbau, zu dem die Wandvorlagen und Blendbogen in der Scheitelkapelle gehören. Die Confessio wurde aufgegeben, die Reliquien künftig in kostbaren Schreinen aufbewahrt. Mehrere Öffnungen im Sanktuarium wurden verändert, das Sanktuarium wohl neu dekoriert. Zu diesem Umbau der Ostteile muß ein Langhausneubau gehört haben, vermutlich stammten auch die stark gestelzten seitlichen Apsiden zu beiden Seiten des O-Baus aus dieser Zeit. Vom romanischen Langhaus sind aus dem Plan im Monasticon Gallicanum die Ausdehnungen bekannt, die der gotische Umbau des 13. Jh. zusammen mit einer dreischiffigen Vorhalle und zwei Türmen übernommen hatte. Vom südlichen Turm sind Reste erhalten. Es wäre denkbar, daß die Pfarrkirche Saint-Genès in ihrer romanischen Form eine Reaktion auf den Neubau der Klosterkirche gewesen ist und Rückschlüsse auf das verlorene Langhaus von Saint-Pierre zuläßt. Im 13. Jh. entstand vielleicht unter Beibehaltung der romanischen Außenmauern das dreischiffige, neunjochige Langhaus mit kantonierten Rundpfeilern.
1644 übernahmen Mauriner die Anlage, die mehrere Klostergebäude erneuerten. Ein Teil dieser Gebäude überstand die Revolution und beherbergte später eine Anisfabrik. Die Kirche, in deren Chor man noch 1746 eine Wand einzog, wohl zur Barockisierung, wurde abgebrochen und verschüttet.

138, 139 FLAVIGNY-SUR-OZERAIN (Côte-d'Or). SAINT-GENÈS [E 4]. Eine Pfarrkirche Saint-Genès scheint bereits im 1. Jt. bestanden zu haben, 997 wurde sie von Bischof Valtarius unter den Schutz des Abtes (von Saint-Pierre?) gestellt. Der stehende Bau, eine dreischiffige, rippengewölbte Basilika mit sechs unterschiedlich tiefen Jochen, querrechteckiger Vierung und nicht ausladendem, ebenfalls rippengewölbten Querhaus, Langchor und fünfseitig polygonaler Apsis ist das Ergebnis mehrerer Umbauten und Erneuerungen. Der Grundriß von Lang- und Querhaus, Arkaden und Emporen und das Stufenportal im S gehören offenbar zu einer romanischen Emporenkirche mit W-Türmen, die wohl einen Obergaden hatte und höher als die stehende Kirche war. Für einen solchen Bau müßte man sich wegen der enormen Höhe eine Flachdecke vorstellen. Die Abbruchspuren von Blendbögen über den Emporen könnte man als Hinweis dafür auffassen, daß – ähnlich wie Saint-Rémi in Reims – Saint-Genès frühgotisch dekoriert und gewölbt worden ist. Dieses Gewölbe stürzte im 15. Jh. ein und wurde gleichzeitig mit der Wölbung des Querhauses, den Profilen der Emporenbögen und den Emporenfenstern (einige alte Emporenfenster sind sichtbar vermauert) bei wesentlich geringerer Mittelschiffshöhe erneuert. Die Weihe, die der Bischof von Auxerre, Laurent Pinon, am 6. März 1434 vollzog, mag sich auf diese Bauteile beziehen. 1450 schloß sich in Saint-Genès eine Bruderschaft für ausschließlich aus Flavigny stammende Mitglieder zusammen, das Collège des Sociétaires. Danach erweiterte man das Chorjoch und fügte die fünfseitige Apsis an. Auch die **Brücke vor der Vierung* hängt vielleicht mit der Errichtung eines Lettners zusammen und gehört in diese Zeit. Ab dem späten 15. Jh. entstanden die Seitenkapellen als Stiftungen.

Zur Ausstattung dieser angenehm hellen und weiträumigen Kirche gehören das reichornamentierte Chorgestühl von einem flämischen Holzbildhauer aus dem späten 15. Jh. und eine große Zahl qualitätvoller Figuren, hauptsächlich des 14. und 15. Jh., von denen die berühmteste der **Verkündigungsengel* aus dem fortgeschrittenen 15. Jh. ist. Seine hohe, schlanke Gestalt und seine Haartracht verraten den Einfluß von Bildhauerwerkstätten der Champagne. Außerdem zwei Flügel eines Triptychons des frühen 16. Jh. mit Mannalese und Melchisedech weiht Brot und ein Tafelbild Geburt Christi, ebenfalls 16. Jh.

140, 141 FLAVIGNY-SUR-OZERAIN (Côte-d'Or). STADT [E 4]. Besiedlung des Hochplateaus schon in vorrömischer Zeit. Im 7./8. Jh. Existenz eines Castrums, 877 Plünderung durch Normannen. 1157 erlaubte Herzog Eudes III, die gewachsene Stadtanlage durch Mauern zu befestigen, und 1260 erhielt Eudes IV die Schlüssel für Türme, Burg und Tore. 1359 Eroberung durch die Engländer unter Edward IIIrd und Zerstörung. Ab 1367 Neubau der Befestigungen mit Hilfe des Herzogs Philippe le Hardi. 1477 blieb Flavigny zunächst herzogstreu, wurde durch die Truppen von Louis XI belagert und war seit 1478 über lange Zeit dem König ergeben.

Von den nach 1367 errichteten Befestigungen stehen große Teile der Mauern mit den Wehrgängen. Die typisch spätmittelalterliche **Porte du Bourg* mit doppelter Zugbrücke, Wehrgang über Mâchicoulis und Madonnenstatue in einer rundstabgerahmten Nische stammt wohl aus dem 2. Viertel 15. Jh. Sie gleicht auffallend dem zwischen 1437 und 1453 entstandenen Tor des Schlosses von Posanges/C. Erhalten sind auch das mittelalterliche Straßennetz und eine überraschend große Zahl von Häusern, von denen nicht wenige in das 13. und 14. Jh. zurückreichen. Die Fassaden sind ein wahres Musterbuch für die Dekorationsmöglichkeiten an Profanbauten. Besonders gut erhalten ist ein **spätgotisches Haus bei der Rue du Centre,* ein dreigeschossiger Bau aus sorgfältig bearbeiteten Großquadern mit profilierten Gesimsen, symmetrisch angeordneten, rundstabgerahmten Kielbogenfenstern und einer reich dekorierten Madonnennische. Allein im Erdgeschoß ersetzen mehrere einfache Türen des 18. Jh. die profilierten Korbbögen. Vermutlich entstand dieses Haus kurz nach der Mitte des 15. Jh.

142 FOISSY (Côte-d'Or). ANTIGNY-LE-CHÂTEAU [E 6]. Eine erste Burg soll im 11. Jh. Eudes, vicomte de Beaune gegründet haben. Die stehenden Reste

eines polygonalen Mauerrings mit Zinnen und eines freistehenden quadratischen Donjons dürften aus dem 12. Jh. stammen. Nach mehreren Besitzerwechseln innerhalb der großen Adelsfamilien Burgunds ließ anscheinend Louis de La Trémouille um die Mitte 15. Jh. den Donjon modernisieren (Kamine, Fenster) und unterhalb der alten Umfassungsmauer auf dem Sporn das Gelände planieren und eine annähernd regelmäßige Rechteckanlage mit Rundtürmen, Wohnbauten und einer großen Kapelle erbauen. Mauern und Türme, von denen nur der südöstliche Teil erhalten ist, bestanden aus hervorragendem Haustein und trugen bzw. tragen einen Wehrgang über Mâchicoulis. Das Logis an der N-Seite entstand im 17. Jh. im Auftrag der Familie Damas.

143 FONTAINE-FRANÇAISE (Côte-d'Or). Schloss [G 4]. Im Auftrag von François Bollioud de Saint-Julien erbaute der Architekt Souhard aus Paris 1754–58 an der Stelle einer mittelalterlichen Burg die Dreiflügelanlage mit flachen Mittelrisaliten am Hauptbau. Schlanke, schmucklose Rechteckfenster, deren Achsen in Lukarnen enden, sind die einzige Gliederung der Fassaden. Eine Kuppel mit Belvedere überhöht die Mitte des ***Hauptflügels.* An der Gartenseite, die sich effektvoll in einem großen Naturteich spiegelt, mehrere Treppenanlagen und zwei Steinfiguren – Apoll und Pan –, vielleicht von Jean-Baptiste Bouchardon. Die Nebengebäude errichtete 1760–67 der Architekt Nicolas Nicole.

FONTENAY – s. u. Marmagne.

GERMOLLES – s. u. Mellecey.

144 GEVREY-CHAMBERTIN (Côte-d'Or). Burg [F 5]. Zwischen 1280 und 1289 erbaute der Abt von Cluny, Yves de Chazan, eine „enceinte avec tours et porte fortifiée, un logis pour les moines, un pressoir et un grenier", eine annähernd quadratische Anlage mit einem Donjon und drei Rundtürmen an den Ecken, wahrscheinlich einem Torturm im N, d. h. der bebauten S-Seite gegenüber, und einem Wassergraben, der bis zum 16. Jh. erhalten war. Das Logis mit Treppenturm und zwei symmetrisch angeordneten Kielbogenfenstern im Obergeschoß und der angrenzende Galeriebau mit ursprünglich drei offenen segmentbogigen Arkaden im Erdgeschoß und Fenstern im Obergeschoß entstanden wohl um 1430 über älteren Kellern und Fundamenten. Im frühen 16. Jh. verlegte man das Tor nach S in die mittlere Arkade der Galerie, der Saal im Obergeschoß erhielt ein wenig profiliertes Kreuzstockfenster zwischen den Balkenschlitzen der Zugbrücke. Wenig später entstanden die kleine Barbacane und der quadratische Turm daneben. 1569 und 1576 Beschädigung und Ein-

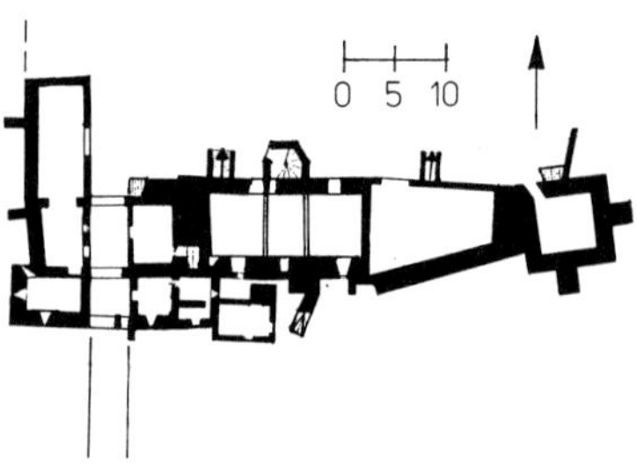

Gevrey-Chambertin, Burg

sturz von Mauern im N und W und der Türme.

145 GIVRY-PRÈS-L'ORBIZE (Saône-et-Loire). Saint-Pierre-et-Saint-Paul [E 7]. Kurioser Fremdkörper in Burgund, ein martialisches Pantheon in den Formen des Klassizismus: 1770/80 von Emiland Gauthey, einem Mitarbeiter von Soufflot, gebaut. Zentralbau, umgeben von Rechteckkapellen, durchfensterte Kuppel ohne Tambour über ionischen Säulen, der Chorraum mit Ovalkuppel über korinthischen Säulen.

146, 147 GOURDON (Saône-et-Loire). Notre-Dame [E 7]. Weithin sichtbare kleine Kirche aus dem 1. Viertel 12. Jh.; 1881 Einsturz des Vierungsturms und Wiederaufbau. Dreischiffiges basilikales Langhaus von vier Jochen, hohes Querhaus, querrechteckige Vierung, Vorjoch und niedrige Apsis. Der Aufriß des Langhauses ist dreigeschossig: Über kreuzförmigen Pfeilern, denen Halbrundvorlagen aufgelegt sind, folgen gestufte halbrunde Arkaden, ein Blendtriforium, schmale Obergadenfenster und ein Gratgewölbe auf gestuften Gurten. Die Vierungsbögen besitzen unterschiedliche Form: In Längsrichtung sind sie spitz, in Querrichtung rund. Die Vierungspfeiler sind z. T. kanneliert. Das tonnengewölbte Vorchorjoch schmückt eine Blendarkatur. Langhausgrundriß, Joch- und Pfeilerform und Wölbung sind deutliche Zitate von Anzy-le-Duc, während für den Aufriß Cluny III bzw. deren Nachfolger bestimmend geworden sind. Auch die kannelierten Pfeiler der Vierung finden ihr Vorbild in dieser Gruppe. Der ***Außenbau* ist schlicht – wohl auch deshalb, weil das verwendete kleinteilige Mauerwerk schlecht bearbeitbar war. Dafür besitzt die Kirche im Innern eine umfangreiche Serie von Kapitellen, hauptsächlich Blattkapitelle, aber auch figürliche mit Tieren, Menschen und Fabelwesen, die jedoch mit den Kapitellen von Anzy-le-Duc wenig gemein haben. Sie sind blockhaft, die Darstellung beschränkt sich auf die Wiedergabe der wesentlichsten Züge, das Relief bleibt an der Oberfläche. In der Apsis hat man die ursprüngliche ***Ausmalung* – wohl noch aus der 1. Hälfte 12. Jh. – gefunden: den segnenden Christus in mandelförmiger Mandorla und Engel, darunter sind auf einer Seite noch schreitende Apostel erkennbar.

148 GROSBOIS-EN-MONTAGNE (Côte-d'Or). Château rose [E 5]. In Verlängerung eines Gebäudes aus dem späten 16. Jh., das eine ältere Anlage ersetzte, erbaute Nicolas Perreney gegen 1700 das Château rose. Der zweigeschossige Hauptbau mit kaum hervortretendem dreiachsigen Mittelrisalit, einfachen Fenstern und hohem Walmdach, besitzt als Mittelakroter des Giebels über dem Risalit im Westen Füllhörner, im Osten eine Darstellung von Apoll als Sonne und, über die Fassaden verteilt, 13 Büsten mythologischer Figuren auf zierlichen Konsolen, eine Dekoration, die bereits ins Rokoko weist. Die Schmalseite dieses Hauptgebäudes nehmen kurze eingeschossige Annexbauten mit nur einem Fenster ein, in deren profiliertes Traufgesims ein Œil de bœuf einschneidet. Der gesamte Bau trägt einen auffallenden rosafarbenen

Putz. Um die Mitte des 18. Jh. erbte Claude-Irénée de Perreney die Bibliothek von Louis Quarré de Quintin und ließ dafür den Bau des 16. Jh. verändern. Der neugotische Flügel, der rechtwinklig im Süden anschließt, stammt aus dem späten 19. Jh., die Bauherrin war Jeanne d'Harcourt. In jüngster Zeit ist leider der Baumbestand des Parks, der die Anlage von drei Seiten umgibt, rigoros abgeholzt worden. Stehengeblieben ist aber in der Achse des Hauptbaus eine halbrunde Arkade mit Figurennischen, Putti und bekrönender Balustrade.

149 GRURY (Saône-et-Loire). CHÂTEAU DE MONTPERROUX [C 7]. Eine Burg (quadratisch mit Rundtürmen und Donjon an den Ecken?) entstand wohl im 13. Jh., als für einen jüngeren Sohn der Familie Bourbon-Lancy die Baronnie von Montperroux geschaffen wurde. Im 2. Viertel 16. Jh. Bau eines **Logis*, das an einen älteren Rundturm anschließt, für die Familie Palatin de Dyo. Zweigeschossiger Rechteckbau mit großen, reich profilierten Kreuzstockfenstern, die Dreiecksgiebel tragen. Das rundbogige Portal ist von Pilastern gerahmt und besitzt ebenfalls einen Giebel. Medaillons zwischen den Fenstern des Obergeschosses vervollständigen die Dekoration. In die älteren Gebäude, die dem Logis gegenüberliegen, ist der Einbau eines regelmäßig polygonalen Hofes mit rundbogigen Arkaden begonnen. Dieser ungewöhnliche, an italienische Vorbilder erinnernde Entwurf ist nur etwa zur Hälfte erhalten – vielleicht aber auch nie vollendet gewesen.

150 IGUERANDE (Saône-et-Loire). SAINT-ANDRÉ [D 9]. Schön restaurierte romanische Bruchsteinkirche (1070/1080ff.), die im Besitz des Klosters Marcigny war: massige dreischiffige Pfeileranlage von 3 Jochen, fensterlose Gurtentonne im Mittelschiff, Gratge-

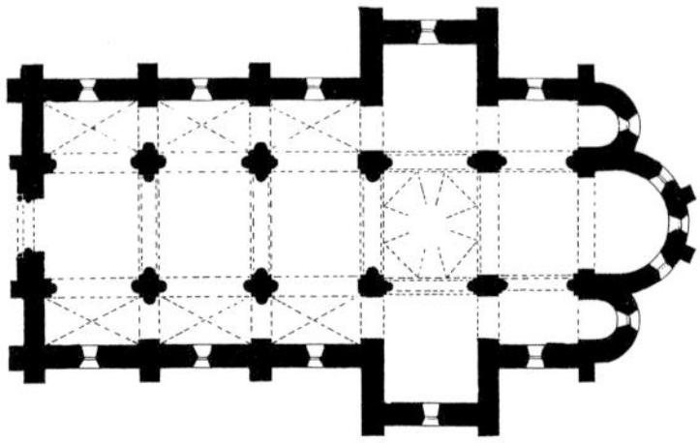

Iguerande, Saint-André

wölbe in den Seitenschiffen, ausladendes Querhaus mit Trompenkuppel unter schwerem Vierungsturm und Tonnen in den Querarmen, dreischiffiger gewölbter Langchor mit 3 halbrunden Apsiden.

151 ISSY-L'EVÊQUE (Saône-et-Loire). SAINT-JACQUES-LE-MAJEUR [C 7]. Querschifflose romanische Kirche mittlerer Größe (36 m lang) aus dem 1. Drittel 12. Jh.: dreischiffiges **Langhaus* von 6 Jochen, kreuzförmige Pfeiler mit Vorlagen tragen in den 3 östlichen rundbogige, in den westlichen Jochen spitzbogige Arkaden, alle Gurte der Gratgewölbe in Mittel- und Seitenschiffen sind spitz, je ein kleines Hochfenster pro Joch. Drei halbrunde Apsiden, die schmäler als ihre Schiffe sind; kräftiger Fassadenturm.

X, 152 JOIGNY (Yonne). SAINT-JEAN [B 3]. Eine 1080 genannte Kirche

Joigny, Saint-Jean

wurde nach Stadtbrand (1530) 1548–96 als außen schmuckloser Renaissance-Bau (vgl. Cravant) ersetzt, wobei ältere Teile erhalten wurden: 4 Pfeiler im östlichen Mittelschiff aus dem 13. Jh.; W-Turm mit Portal aus der Zeit um 1500, für 1504 ist die Weihe einer unfertigen Kirche überliefert. Das dreischiffige **Langhaus* hat eine flache Stichkappentonne im Mittelschiff, z. T. Sterngewölbe in den 6 Seitenschiffjochen; kein Querhaus, dafür ein merkwürdiger Umgang mit anschließenden Apsiden, die mittlere, polygonale ist modern. Dreizoniger Aufriß: spitze Rundpfeilerarkaden, niedriges Blendtriforium, Renaissancefenster. – Das Sterngewölbe überzieht geometrisches Reliefornament nach Entwurf des leitenden Architekten Jean Chéreau. – Ein ungewöhnliches Werk der hochgotischen Skulptur von 1250/60 ist die **Tumba der 1187 gestorbenen Gräfin Adélaïs de Joigny,* das aus der 1843 zerstörten Abtei Dilo stammt: Liegefigur in Zeittracht, 4 jugendliche Figuren unter Frontarkaden, auf einer Schmalseite eine Szene aus dem Roman ›Barlaam und Josaphat‹ als Vergänglichkeitsparabel. Grablegung Christi, vor 1545.

153, 154 JOIGNY (Yonne). SAINT-THIBAULT [B 3]. Eine Kapelle zu Ehren des 1056 gestorbenen Eremiten wird 1080 erwähnt, von einer Pfarrkirche des 13. Jh. fast nichts erhalten. 1489–1529 unregelmäßiger, rippengewölbter Neubau in Formen der Flamboyant-Gotik (46 m lang): dreischiffige Pfeilerbasilika von 4 Jochen; ebenfalls dreischiffiger, polygonaler Umgangschor von 3 Jochen, im Mittelschiff **Sterngewölbe* mit hängenden Schluß-

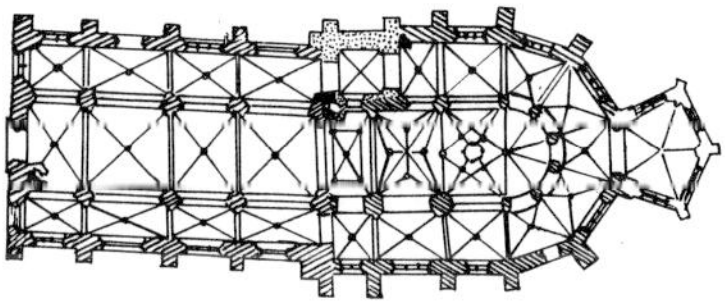

Joigny, Saint-Thibault

steinen, Scheitelkapelle modern. Renaissance-Motive an den südlichen Obergadenfenstern und an den Figurennischen des Außenbaus. – Bedeutendster Teil der Ausstattung die kniende Stifterfigur des Etienne Porcher (um 1380); zwei **Madonnen* des 14. Jh.; Fragmente des zerstörten Lettners von 1544.

155 JOIGNY (Yonne). MAISON DU BOIS [B 3]. In der Achse des Tores von Saint-Jean steht die Maison du Bois, das stattliche Fachwerkhaus des Landvogtes aus

dem frühen 16. Jh. Es ist bis hin zu den originalen Fenstern und dem reichen Schnitzwerk vollständig erhalten.

156 JOURS-LÈS-BAIGNEUX (Côte-d'Or). SCHLOSS [E 4]. An der S-Seite eines mittelalterlichen Mauerquadrats mit Rundtürmen ließen Claude d'Anglure und seine zweite Gemahlin Isabeau de Joyeuse zwischen 1542 und 1566 einen neuen ***Wohnflügel* errichten, in den ein älterer Rundbau einbezogen wurde. Die Außenseite des zweigeschossigen Gebäudes ist in sechs Achsen gegliedert, in der zweiten Achse von O liegt in einem flachen Risalit der Zugang, über dem die Schlitze einer Zugbrücke zu sehen sind und dessen asymmetrische Lage wohl durch die ältere Bausubstanz bedingt ist. Die großen Rechteckfenster sind mit Fruchtgirlanden geschmückt, die Lukarnen mit rundbogigen Fenstern tragen Dreiecksgiebel. Breite Gesimse, die den ganzen Bau umziehen und sich auch um den Turm fortsetzten, trennen die Geschosse bzw. bilden die Traufe. Kannelierte Pilaster gliedern die Hoffassade in rhythmische Travéen. Diese Hoffassade ist eine fast wörtliche Wiederholung der Hoffassaden von Ancy-le-Franc, in dessen unmittelbarer Nachfolge Jours entstanden sein muß; d. h., der Baubeginn kann nicht vor 1546/47 liegen. Das Dach sollen zwei Bleifiguren bekrönt haben, Sultan Saladin und Claude d'Anglure darstellend. Ein zweites, wenig tiefes Gebäude schloß im O rechtwinklig an die Fassade an. – Die Räume des Erdgeschosses sind gratgewölbt, der große Prunkkamin mit Atlanten und Karyatiden ist verschwunden.

157 LAIVES Saône-et-Loire). SAINT-MARTIN [E 7]. In einsam-malerischer Lage erhebt sich auf einem Höhenrücken über der Saône die Kirche Saint-Martin, deren hoher, schlanker Vierungsturm weithin sichtbar ist. Das dreischiffige Langhaus mit Tonnenwölbung im Mittelschiff und Gratgewölben in den Seitenschiffen und Blendbogenreihen am Außenbau, das urspr. niedrigere Querhaus, die halbrunde Mittelapsis, die ebenfalls mit Blendbögen dekoriert und wahrscheinlich von Nebenapsiden begleitet gewesen ist, und der Vierungsturm stehen in der Tradition von Chapaize (um 1030/40). Die einfachen Kreuzpfeiler und v. a. die Vorlagen in den Seitenschiffen, die die Gurtbögen aufnehmen, weisen die Entstehung von Saint-Martin jedoch bereits in die 2. Hälfte 11. Jh. Im W sind Spuren einer Vorhalle sichtbar. Im 15. Jh. fügte man ein größeres Querhaus, das die Blendbogenreihen am Vierungsturm überschneidet, und mehrere Bauteile im O sowie die Maßwerkfenster der Hauptapsis hinzu.

158 LAROCHE-SAINT-CYDROINE (Yonne). EHEM. PRIORATSKIRCHE SAINT-CYDROINE [B 3]. Die einem angeblich im 3. Jh. enthaupteten Märtyrer geweihte Kirche von überdurchschnittlicher Größe (48 m lang), das um 1080 eingerichtete Priorat war von La Charité abhängig. Die O-Teile noch aus dem späten 11. Jh.: Querhaus mit achtseitigem ***Mittelturm* und tonnengewölbten Armen, in der W-Wand Öffnungen für nicht ausgeführte Seitenschiffe, 3 halbrunde Apsiden mit tonnengewölbten Vorchorjochen. Vielfältige, flach reliefierte Kapitelle mit

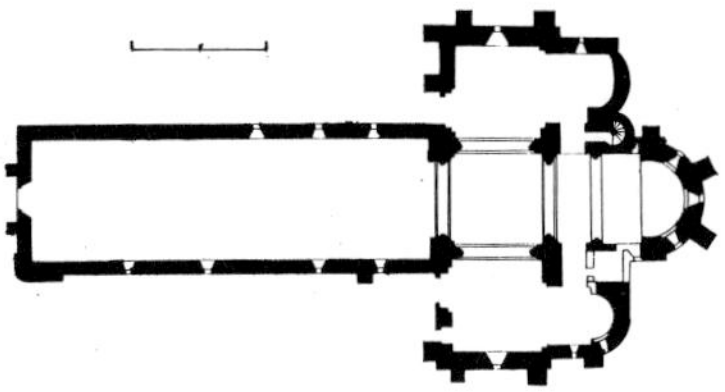

Laroche-Saint-Cydroine, Saint-Cydroine

gegenständigen Blättern, Tieren und Menschenköpfen. Anstelle eines dreischiffigen Langhauses kam – wohl im frühen 12. Jh. – nur ein Saal zur Ausführung, Holzdecke 16. Jh.

159 LICHÈRES-SUR-YONNE (Yonne). MANOIR DE FAULIN [B 4]. Eine befestigte Anlage, ein riesiges langgestrecktes Mauerrechteck mit einem quadratischen Donjon und drei runden Türmen an den Ecken, einem Torbau mit Zugbrücke und einem Wassergraben existierte bereits im 13. Jh. Später scheint der Hof durch eine Mauer in Innenhof und Basse-cour geteilt worden zu sein. 1389 ging Faulin an die Familie Le Bourgoing, die im inneren Hof einen freistehenden viergeschossigen **Donjon* mit ursprünglich wohl vier runden Ecktürmen errichten ließ (spätes 14./frühes 15. Jh.). Zwei dieser Türme sind am Donjon erhalten, der im späten 15./frühen 16. Jh. eine Hausteinfassade mit Kreuzstockfenstern in zwei Achsen, einen quadratischen Treppenturm in der Mitte der Fassade und ein prachtvolles Portal erhielt. Ein Anbau im S blieb anscheinend nach dem zweiten Geschoß stekken. In der W-Kurtine entstand dem Portal etwa gegenüber ein kleines Tor mit Zugbrücke, von dem noch Reste zu sehen sind. Der alte Donjon wurde ebenfalls modernisiert und erhielt wie der NW-Turm und der Torturm regelmäßig versetzte Bretèches, Kanonenöffnungen und einen runden Treppenturm mit kuppeligem Abschluß. Vermutlich läßt sich die Inschrift am Torbau „Deo conscientiae et honori 1577", zu der gewiß ein gemaltes Wappen gehörte, auf diese Änderungen beziehen. Die landwirtschaftlichen Gebäude der Basse-cour und die Kapelle an der N-Kurtine entstanden im 19. Jh.

160 LIGNY-LE-CHÂTEL (Yonne). SAINT-PIERRE-ET-SAINT-PAUL [C 3]. Die 1116 erstmals erwähnte Kirche besteht aus 2 sehr verschiedenen Teilen

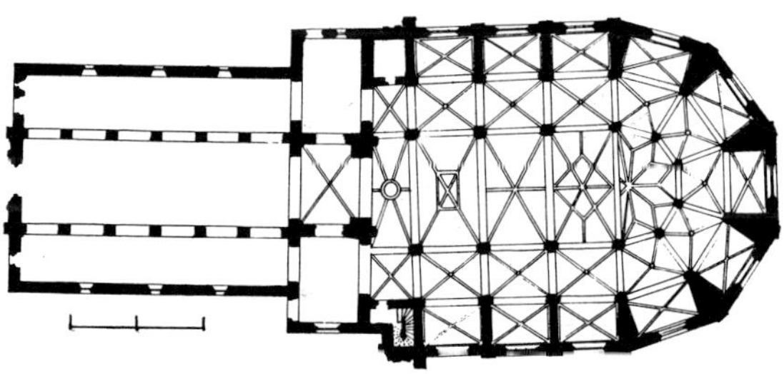

Ligny-le-Châtel, Saint-Pierre-et-Saint-Paul

aus Romanik und Renaissance: dunkles, niedriges Pfeilerlanghaus von 6 Jochen mit hölzerner Spitztonne im Mittelschiff und ebenfalls Holztonnen in den Seitenschiffen, ausladendes Querhaus mit Flachdecken über den Armen und 1155 frühgotisch erneuerter Vierung; hoher lichter **Chor* mit Umgang und Kapellenkranz nach dem Vorbild von Pontigny, 1554–74 durch das Kapitel von Langres ausgeführt (vgl. Cravant), die Struktur noch gotisch, der Dekor (Maßwerk, Pilaster, Nischen, Vasen, Portale) Renaissance.

161 LONGECOURT-EN-PLAINE (Côte-d'Or). Schloss [F 5]. Im frühen 16. Jh. begann die Familie de Baissey auf den Fundamenten einer befestigten Anlage des 13. Jh. mit dem Bau eines neuen Schlosses. Von der älteren Anlage, die seit 1421 für den Bau des großen Turmes am herzoglichen Schloß von Rouvres als Steinbruch gedient hatte und die wohl die äußere Form bestimmte, ist eine rippengewölbte Küche mit Mittelpfeiler erhalten. Der Bau des frühen 16. Jh. war eine Vierflügelanlage aus verschiedenfarbigen Ziegeln, er besitzt noch die vier runden Ecktürme und den Graben. Die Zugbrücke ist verschwunden, ebenso alle ursprünglichen Fenster, die man sich als in Achsen angeordnete, reich dekorierte Kreuzstockfenster vorzustellen hat. Im Innern ist die spätgotische Kapelle erhalten. Jacques de Berbis ließ um 1690/1700 den N-Flügel abreißen und umfangreiche Gärten anlegen, die nicht erhalten sind. Zwischen 1757 und 1761 schuf der Architekt Nicolas Lenoir le Romain für Nicolas-Philippe de Berbis die Rokokodekoration: Gesimse, Fenster, aufgelegte Tafeln, einen Mittelrisalit mit Segmentgiebel und zarter Wandschichtung, Konsolen aus Blumengirlanden und zwischen den neuen Fensterachsen Büsten auf Konsolen, fast alles aus Stuck. Eine breite Terrasse und eine Brücke entstanden im S über dem Graben. Das Innere wurde vollständig neu dekoriert, im Park entstanden lange Achsen. Die Galerie im Hof und die „neugotischen" Lukarnen an den Türmen gehören ins 19. Jh.

162 MÂCON (Saône-et-Loire). Vieux Saint-Vincent [E 9]. Eine erste Kathedrale, die in Mâcon, dem römischen Castrum Matisconense, wenigstens seit dem 4. Jh. bestanden haben soll, ist nur aus Quellen bekannt. König Childebert brachte 543 aus Spanien Reliquien des hl. Vinzenz, der seither Kirchenpatron war. Auch von einem um die Mitte 10. Jh. errichteten Neubau sind nur wenige Schmuckfragmente erhalten. Die ältesten stehenden Teile sind die Untergeschosse der beiden W-Türme; sie stammen vermutlich aus der 2. Hälfte 11. Jh. Der dreischiffige, einjochige **Narthex* entstand wohl bald nach der Mitte 12. Jh. Er ist reich gegliedert und besitzt schöne figürliche Kapitelle. Merkwürdig ist das von einer Ranke umzogene Tympanon mit der Darstellung des Weltgerichtes in fünf Bildstreifen. Es hat keinen Sturz und ist von unten (nachträglich?) bogenförmig ausgeschnitten. Von der gotischen Kirche (beg. 1239) ist nur eine Vorlage an der Langhauswestwand erhalten. Während der Religionskriege erlitt die Kirche ernste Zerstörungen, ebenso schlimm war wohl danach die jahrelange Vernachlässigung. Erst An-

fang des 17. Jh. begann man die Schäden zu reparieren. 1799 war die Kirche indessen so baufällig, daß man ihren Abriß beschloß. Das zwischen lauter Neubauten steil aufragende Kirchenfragment dient heute als Lapidarium.

163 MÂCON (Saône-et-Loire). SAINT-PIERRE [E 9]. Nach Plänen des Viollet-le-Duc-Schülers Berthier entstand in den sechziger Jahren des 19. Jh. in der Achse des Rathauses, des 1750 (Hauptflügel) bzw. 1767 (Seitenflügel) errichteten Hôtel Montrevel, die Kirche Saint-Pierre. Sie ist Stein für Stein eine akademische, aber starre und eintönige Darstellung dessen, was man im 19. Jh. für eine vollkommene romanische Kirche hielt: Auf die **Doppelturmfassade* mit drei Portalen und Blendbogengliederung auf Säulchen folgen ein Emporenlanghaus, ein ausladendes Querhaus und ein Umgangschor mit Kapellen. Trotz allem ist die Kirche als Zeitdokument eindrucksvoll.

164 MÂCON (Saône-et-Loire). HOSPICE DE LA CHARITÉ (Ancienne Charité) [E 9]. Gegründet durch den hl. Vinzenz von Paul (1576–1660), wurde das Hospiz 1682 als allgemeines Krankenhaus anerkannt. Als im 18. Jh. die alten Gebäude baufällig waren, beauftragte man Jacques-Germain Soufflot mit der Planung eines Neubaus. Ausgeführt wurde dieser Neubau von Mionoya. Wie fast alle Hospize der Zeit besitzt auch die Ancienne Charité eine Kapelle mit mehreren Reihen von Emporen, von denen aus die Kranken dem Gottesdienst folgen konnten. Die **Kapelle Saint-Vincent-de-Paul* ist oval und wird von einer elliptischen Kuppel überspannt.

165 MÂCON (Saône-et-Loire). MAISON DU BOIS [E 9]. An der Ecke der Place aux Herbes errichtete man zwischen 1490 und 1510 ein dreigeschossiges Holzhaus (kein Fachwerkhaus!) über einem steinernen Sockelgeschoß, das sich in weiten Korbbögen öffnete. Das erste Obergeschoß mit Nachbildungen von Kreuzstockfenstern in Holz zeichnet sich durch reiche Schnitzereien aus. Die Konsole an der Ecke sollte vielleicht einen nicht ausgeführten Erker tragen.

166 MALAY (Saône-et-Loire). EHEM. PRIORATSKIRCHE NOTRE-DAME [E 8]. Romanische Kirche: urkundlich 1095 und 1160 (als Priorat von Cluny) genannt. Aus dem späten 11. Jh. die rundbogig gewölbten **O-Teile:* 3 halbrunde Apsiden, Querhaus mit Trompenkuppel unter kräftigem Mittelturm, Tonnen über den Armen. Frühes 12. Jh. das fast gleich breite und hohe Pfeilerlanghaus von 3 Jochen, spitzbogig alle Arkaden, Gurte und die Tonne im Mittelschiff, vermauerte Fenster im Tonnenfuß, Tonnen mit Stichkappen in Längsrichtung über den Seitenschiffen, kein W-Eingang.

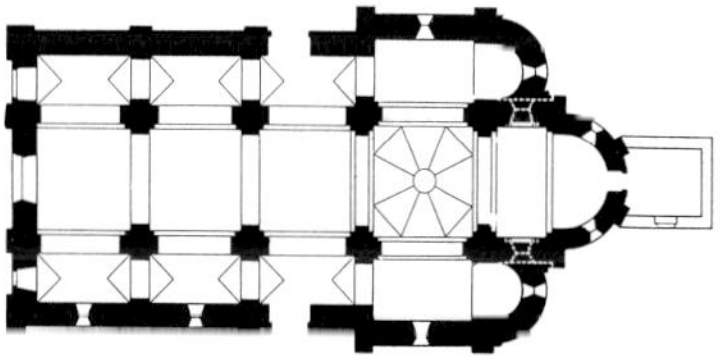

Malay, Notre-Dame

167, 168 MARCIGNY (Saône-et-Loire). Saint-Nicolas [D 9]. Kurz vor 1055 Gründung eines Cluny-Priorates durch Abt Hugo, das erste des Ordens für Frauen. Zu ihm gehörte Saint Nicolas als Pfarrkirche, ein bescheidener Bau der 1. Hälfte des 12. Jh. Erhalten vor allem die **gequaderte Front* eines entstellten Saales: Blendbögen rahmen ein Stufenportal mit Säulen, Pilasterkapitelle mit Blättern und Ranken, quadratischer Turmaufsatz über dem Giebel. Von der Prioratskirche ist der Grundriß bekannt: zweijochige Vorhalle, dreischiffige Pfeileranlage von 4 Jochen, ausladendes Querhaus, 3 Apsiden.
Wenige Meter östlich der Kirche steht die **Tour du Vieux Moulin,* ein schöner Bau des 15. Jh., der ein kleines Stadtmuseum beherbergt.

169–173 MARMAGNE (Côte-d'Or). Ehem. Abtei Fontenay [D 4]. Von Clairvaux aus gründete der hl. Bernhard 1118 eine Abtei, die 1130 nach Fontenay verlegt wurde. Bereits 1139 wurde mit dem Kirchenbau begonnen, bis zum späten 12. Jh. Fertigstellung der wesentlichen Klosterbauten. Unter Louis IX (hl. Ludwig) erhielt Fontenay als königliches Kloster wichtige Privilegien. Bis zum späten Mittelalter Gründung zahlreicher Filialen. Der kontinuierliche Niedergang, der nach den Religionskriegen einsetzte, fand seinen Abschluß in der Säkularisierung. In der Revolution Verkauf und Nutzung als Fabrik. Seit dem frühen 20. Jh. Sicherung und Instandsetzung der Gebäude.
Die 1139 begonnene **Abteikirche Notre-Dame* wurde 1147 durch den ersten Zisterzienserpapst, Eugen III., einen Schüler Bernhards, geweiht. Der große Bau ist in der für die Zisterzienser charakteristischen Weise klar gegliedert. Er besitzt einen einfachen Aufbau ohne Dekor. Im Westen lag ursprünglich eine einjochige, dreischiffige Vorhalle. Die Querschnittfassade ist durch Strebepfeiler, einen einfachen Giebel und die beiden fast zur Traufe reichenden Pultdächer gekennzeichnet. Über einem einfachen gestuften Portal zwei Reihen rundbogiger Fenster, die die einzige direkte Belichtung des Mittelschiffes bilden. Das mit einem Joch ausladende Querhaus geht im S in den Konventsbau über. Wie die W-Wand durchbrechen zwei Fensterreihen, von denen die obere gestuft ist und Spitzbogen aufweist, auch die O-Wand des rechteckigen Chores. Im **Innern* beeindruckt die klare Formensprache mit der auf die aufgehende Architektur bezogenen Gliederung. Mächtige Quadratpfeiler mit Vorlagen nehmen im Langhaus die spitzbogigen Arkaden, die geschlossene Wandzone und die Spitztonne mit Gurten auf. Die Seitenschiffe tragen über den Gurtbögen Quertonnen. – Im Querhaus ist mit der **Madonna von Fontenay* ein besonders qualitätvolles Kunstwerk aus dem späten 13./frühen 14. Jh. erhalten.
Der große **Kreuzgang* im Süden öffnet sich in Doppelbögen, die von einem Blendbogen zwischen den Strebepfeilern zusammengefaßt werden. An den Innenwänden gliedern Vollsäulen den durch seine Tonne und die äußeren Pfeiler sehr massiv wirkenden Kreuzgang. Gemildert wird dieser Eindruck durch die Auflösung von Pfeilern und Mauerstücken in Säulen und Säulen-

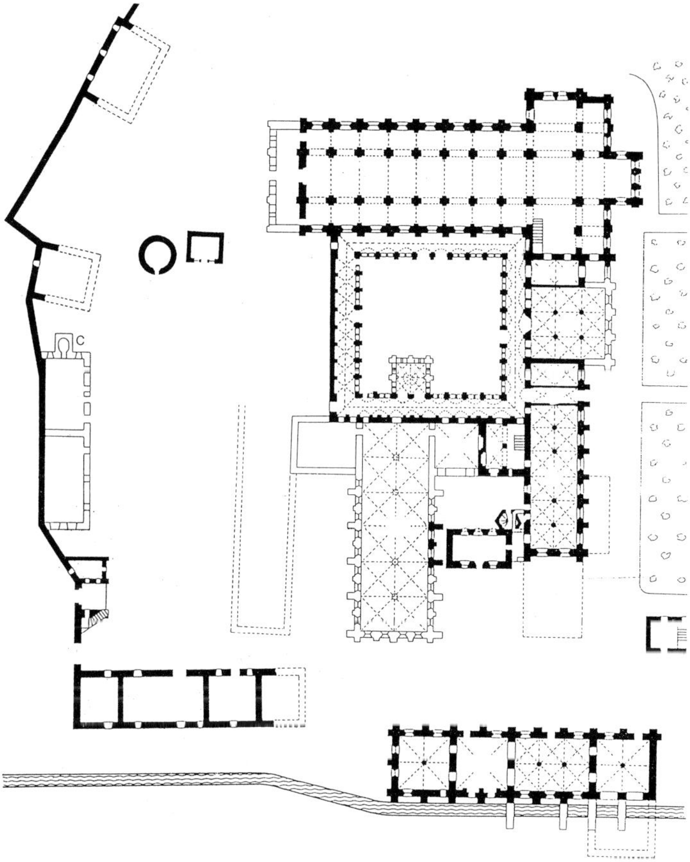

Marmagne, Abtei Fontenay

gruppen. Auffallend auch hier das Fehlen allen figürlichen Schmucks. Der ursprünglich quadratische **Kapitelsaal* des 12. Jh. aus 3 × 3 Jochen und dem von 4 Freipfeilern betonten Mittelfeld wurde im 15. Jh. um ein Drittel verkleinert. Seiner Bedeutung entsprechend, unterscheidet sich der rippengewölbte Raum durch eine wesentlich vielfältigere Ausarbeitung seiner Bauglieder von den übrigen Klosterbauten. So sind die Mittelpfeiler als Säulenbündel ausgebildet, der Zugang vom Kreuzgang ist als reiches Portal mit Säulen und Archivolten gestaltet.

Von der ummauerten Klosteranlage

sind aber auch zahlreiche Nebenbauten erhalten geblieben. So wird z. B. an der Schmiede/Mühle deutlich, daß die Zisterzienser auch bei den Wirtschaftsgebäuden auf eine dauerhafte Konstruktion und eine solide Ausführung geachtet haben. Diese Haltung kennzeichnet wesentlich die Ästhetik der Zisterzienser, die auch darin bestand, Haupt- und Nebengebäude zu einer Einheit zusammenzufügen.

174, 175 MARTAILLY-LÈS-BRANCION (Saône-et-Loire). SAINT-PIERRE [E 8]. Eine erste kleine Kirche ist seit dem 10. Jh. bezeugt und unterstand Cluny. Die stehende Burg- und Dorfkirche aus der 2. Hälfte 12. Jh. (1180 wurde eine Kirche in Brancion dem Bischof von Chalon übergeben) besitzt ein dreischiffiges Langhaus mit fünf querrechteckigen Jochen; rechteckige Pfeiler mit einfachen Vorlagen tragen spitzbogige Arkaden und eine tiefsitzende fensterlose Gurtentonne. Die Seitenschiffe sind von einer Viertelkreistonne überwölbt. Querrechteckige Vierung mit wenig ausladendem, etwas niedrigeren Querhaus mit Tonnen, zwei Nebenapsiden, Vorchorjoch und halbrunde Hauptapsis. Über der Vierung ein quadratischer Turm. Den ***Außenbau* gliedern flache Strebepfeiler. Obwohl Saint-Pierre noch ganz in der Tradition von Chapaize und dem verlorenen Zustand von Tournus V (s. d.) steht, ist auf einen Obergaden verzichtet. Dies ist vermutlich durch die noch altmodischere Einwölbung der Seitenschiffe mit Vierteltonnen zurückzuführen.
Die leider sehr schlecht erhaltenen ***Wandmalereien*, die um 1325/35 entstanden sein dürften, zeigen im Chor das Jüngste Gericht, am südlichen Chorpfeiler einen heiligen Bischof oder Abt, am nördlichen einen Engel, in der südlichen Nebenapsis (Antoniuskapelle) eine Pilger- und eine Predigtszene, in der nördlichen Nebenapsis die Geburt Christi, im nördlichen Seitenschiff zwei Sterbeszenen mit Aufnahme der Seelen in Abrahams Schoß. Daneben befinden sich in der Kirche ein Taufstein und eine Grabfigur, die Josserand III de Brancion darstellen soll, der 1250 in Mansourah gefallen ist. Diese Figur kam 1959 aus einem Grabmonument im Park des Schlosses von Uxelles nach Brancion.

176 MARTAILLY-LÈS-BRANCION (Saône-et-Loire). CHÂTEAU DE BRANCION [E 8]. Die Befestigung des Felsplateaus reicht nach der Legende in die Zeit der Burgunderkönige zurück, der erste namentlich bekannte Grundherr ist Warulf de Brancion († 927). Über mehrere Jahrhunderte lagen die Herren von Brancion im Streit mit Cluny und den umliegenden Städten. 1259 Verkauf an den Herzog von Burgund. Vier Mauerringe, mit Toren und zum Teil mit Türmen besetzt, umschließen Dorf und Kirche, eine erste und eine zweite Basse-cour und schließlich die eigentliche Burg mit zwei quadratischen Türmen. Der westliche ist der ***Donjon.* An seiner O-Seite der urspr. rundbogige Zugang im 3. Geschoß. Über dem Kamin des großen Saales eine Darstellung von Josserand III an der Seite des hl. Ludwig aus dem späten 15. Jh., im Hintergrund die Burg von Brancion mit dem äußeren Mauerring und dem Haupttor, der Kir-

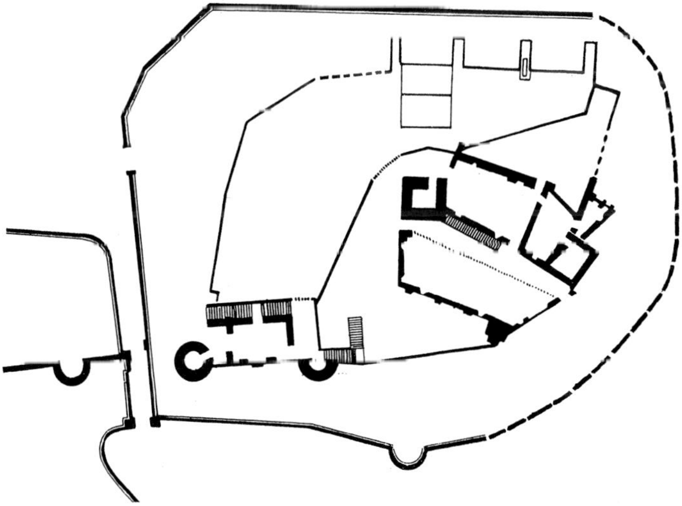

Martailly-lès-Brancion, Stadt und Burg

che, der spätmittelalterlichen Maison de Beaufort, von zwei Rundtürmen flankiert, dem inneren Tor neben dem Donjon und den beiden Quadrattürmen. Zwischen diesen Türmen liegt das Logis mit Resten großer Maßwerkfenster der 1. Hälfte 14. Jh. und zwei Sälen je Geschoß. Es ist nicht auszuschließen, daß dieses Logis wie die Fresken von Saint-Pierre für Herzog Eudes IV entstanden, dessen häufige Besuche in Brancion belegt sind. Die Mauer im Fischgrätverband südlich vor dem Donjon soll Teil der ersten Burg sein.

177 MELLECEY (Saône-et-Loire). CHÂTEAU DE GERMOLLES [E 7]. 1381 kaufte Philippe le Hardi von Philippe Paillart Grundherrschaft und „grange" von Germolles, und noch im gleichen Jahr begann Marguerite de Bourgogne mit dem Bau eines Schlosses, das in jeder Hinsicht sowohl mit den Bauunternehmungen von Charles V als auch mit den gleichzeitig entstehenden oder erneuerten Bauten der Herzöge von Berry und Burgund konkurrieren konnte. Es ist bedauerlich genug, daß nahezu alle bedeutenden Bauten dieser Zeit aus Quellen rekonstruiert werden müssen. Die Quellenlage ist für Germolles allerdings denkbar gut. Die herzoglichen Rechnungsbücher bis etwa 1390 nennen nicht nur ein ganzes Heer von Handwerkern, sondern sie beschreiben deren Leistungen, die gelieferten Materialien und die Farben. Die besten Künstler der Zeit wurden nach Germolles berufen. So malte Jean de Beaumetz mit seiner Werkstatt die Räume mit nach Themen sortierten Blumen, mit der Devise und den Initialen des Herzogspaares auf farbigem Grund aus, Claus Sluter schuf u. a. jenes berühmte, heute leider verlorene Pastorale, ein Relief, das das Herzogspaar im Schäferkostüm inmitten einer Herde darstellte. Allem Anschein nach schmückte es das Portal der „grande vis", der Haupttreppe nahe der Kapelle.

Als Architekt hatte man 1382 Drouet de Dammartin aus Paris berufen. Er hatte zusammen mit seinem Bruder Guy, dem späteren Hofarchitekten des Duc de Berry, in der Werkstatt von Raymond du Temple am Louvre von Charles V gearbeitet. Da er vorhandene Teile der Anlage, zu der auch ein zweischiffiger, fünfjochiger Gewölbekeller aus dem 13. Jh. gehörte, berücksichtigen mußte, wurde die Gesamtform der Anlage nicht quadratisch, sondern längsrechteckig. Die Ecken besetzten

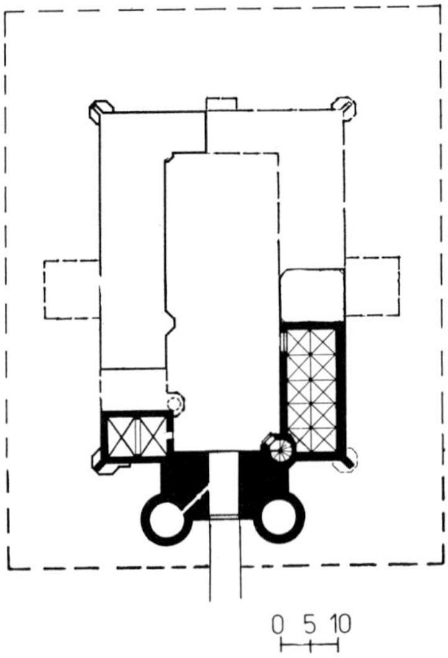

Mellecey, Château de Germolles

nun nicht mehr vergleichsweise plumpe Rundtürme. An ihre Stelle traten reich durchfensterte oktogonale Echauguettes auf vielfach profilierten Encorbellements und diagonalgestellten Strebepfeilern, die die Ecken mehr schmückten als schützten. Zwei große quadratische Türme, von denen einer die „étuves“, die Dampfbäder der Herzogin, aufnahm und Maßwerkfenster besaß, traten vor die Mitten der Langseiten, ein kleineres quadratisches Türmchen stand an der südlichen Schmalseite nur halb vor der Fassade. Diese Türme waren mit Schiefer gedeckt, während die beiden identischen Flügel der Langseiten und der weniger tiefe Verbindungsflügel der Schmalseite Ziegeldächer besaßen. Die N-Seite nahm ein gewaltiges Châtelet ein. Es ragte weit in den Wassergraben hinein und wurde von zwei dicken Rundtürmen flankiert. Möglicherweise befand sich hier die Madonna, die Sluter in den neunziger Jahren für Germolles lieferte. Hinter diesem Châtelet lag im W die zweigeschossige Kapelle, die vielfältige, filigrane Blendgliederungen schmückten. Ein polygonaler Treppenturm, die „grande vis“, verband diese Kapelle mit dem anschließenden Flügel, in dem die Appartements lagen. Im O-Flügel, der ebenfalls durch einen polygonalen Treppenturm mit spätgotischem Tympanonportal mit dem Châtelet verbunden war, befand sich die Salle des gardes über dem gotischen Keller. Außerdem ließ die Herzogin, die alle diese Arbeiten mit großer Ungeduld vorantrieb und in nur wenig mehr als einem Jahrzehnt vollendete, eine Basse-cour mit Mühle, Schmiede, Backhaus und sogar einer Molkerei, dazu Gärten aller Art und Weinberge anlegen, deren Bewirtschaftung sie selbst überwachte.

Vieles deutet darauf hin, daß Germolles keine herzogliche Residenz im gewöhnlichen Sinne war, sondern eine Villa rustica. Das Pastorale wirkt wie ein Programm, denn im späten 14. Jh. hatte die höfische Gesellschaft, der Zwänge und sinnlos gewordenen Formen überdrüssig, vom einfachen Leben zu träumen begonnen. Es scheint, als habe Marguerite de Bourgogne in Germolles fern vom Hof, doch umgeben von allem denkbaren Luxus, ihren Traum vom Leben auf dem Lande geträumt.

1404 und 1405 starben kurz hintereinander Philippe und Marguerite. Germolles gehörte zum Erbe von Jean sans Peur. Die kostbare Ausstattung, v. a. Möbel und Teppiche, waren schon zuvor nach Arras verbracht worden, wo die Herzogin-Witwe ihre letzten Monate lebte. Ihr Schloß ist von ihren Nachkommen kaum noch benutzt worden. Große Teile der Anlage erhielten sich deshalb bis ins 19. Jh., als ein Brand (1873) die Kapelle verwüstete. Die Wandmalereien der Appartements wurden überputzt oder übertüncht, die Hoffassade des W-Flügels, die wohl ursprünglich bemalt war und Maßwerkfenster besaß, erhielt neue Fenster und einen neuen Putz. Stehen blieben die beiden Wendeltreppen, die mit drei Seiten eines Oktogons vor die Fassade treten. Außer diesem W-Flügel blieben ein Teil des S-Flügels, die Salle des gardes und das Châtelet erhalten.

178 MESSIGNY-ET-VANTOUX (Côte-d’Or). Château de Vantoux

[F 5]. Jean de Berbisey, seit 1716 Präsident des Parlamentes von Burgund, und seine Gemahlin Nicole de La Motte ließen um 1700 an der Stelle eines älteren Schlosses einen Neubau errichten, der 1704 vollendet war. Die Pläne sollen aus dem Umkreis von Jules Hardouin-Mansart stammen. Der siebenachsige Rechteckbau besitzt über einem niedrigen Sockelgeschoß zwei Hauptgeschosse und ein Attikageschoß mit einer abschließenden Balustrade, die von einem Walmdach überragt wird. Die eleganten und erfindungsreichen Fassaden sind an den Ecken von wenig hervortretenden Pilastern gefaßt, über denen sich das kräftige Attikagesims verkröpft. Die gleichen Pilaster tragen über den mittleren drei Achsen einen Dreiecksgiebel mit Okulus in der Mitte und deuten dadurch einen Mittelrisalit an. Im Erdgeschoß liegen unter den schlanken Fenstern fein gestufte Brüstungstafeln, im Obergeschoß Steinbalustraden. Die Mitte der ***Hauptfassade* betonen eine geschwungene Freitreppe, drei rundbogige Fenstertüren und ein Balkon, auf dessen Konsolen Jupiter, Juno und Kybele dargestellt sind; über dem Mittelfenster des Obergeschosses Apoll, daneben Bildtafeln mit Apoll und der Pythonschlange und Apoll und Daphne. Die Rückseite ist Diana gewidmet, im Erdgeschoß als Mondgöttin, im Obergeschoß als Jägerin. An den Seitenfronten Venus und Flora. Ein ähnliches Programm kehrt in den Boiserien des Empfangssaales im Obergeschoß wieder. Man hat wohl zu Recht in diesem mythologischen Programm eine Darstellung der Rechtsauffassung und der Ambitionen des Bauherrn gesehen.

179 MONTBELLET (Saône-et-Loire). CHÂTEAU DE BUFFIÈRES [F 8]. Gegen Ende 13. Jh. wurde die Burg von Montbellet auf Befehl des Parlamentes von Paris geschleift, doch erhielt Alard de La Tour die Erlaubnis, im sumpfigsten Teil seiner Grundherrschaft einen neuen Familiensitz zu erbauen. Von dieser Anlage des frühen 14. Jh. dürften Teile der (wohl immer turmlosen) Außenmauer, der Torbau mit ursprünglich spitzbogiger Durchfahrt und der ***Donjon* (11 × 8 m) stammen, der vor der Erweiterung der Umfassungsmauer nach S eine Ecke der Anlage bildete. Im frühen 15. Jh. erhielt dieser Donjon Kielbogenfenster, die im 2. Obergeschoß erhalten sind. Um 1500 Einbau eines Treppenturmes, der mit drei Seiten eines Oktogons in die Ecke zwischen Donjon und S-Kurtine eingestellt war, und der reich profilierten Kreuzstockfenster. Heute fehlt dem Donjon wenigstens ein Geschoß.

180 MONTCEAUX-L'ETOILE (Saône-et-Loire). SAINT-PIERRE-ET-SAINT-PAUL [D 8/9]. Die bescheidene romanische Kirche – tonnengewölbter Saal von 12 m Länge, turmüberhöhtes Vorchorjoch und Apsis – besitzt neben ihren Charlieu und Anzy-le-Duc verwandten Kapitellen ein bemerkenswertes ockerfarbiges ***Stufenportal* von 1125/30 im W. Zwei kräftige eingestellte Säulen (an den Kapitellen Engel mit Johannes Ev. bzw. Kampfszene) tragen 5 rundbogige schmucklose Archivolten. Tympanon und Sturz sind aus einem Block. Figürliche Konsolen (Krieger im Kampf mit Adler, Engel und hockende Figur mit Nimbus) stützen den auffallend zierlichen Sturz mit den be-

wegt reagierenden Figürchen der Apostel, Mariä und eines Engels; vgl. dasselbe Thema im nahen Anzy-le-Duc, das die Pfarrechte ausübte. Der stehende Christus am gemuldeten Tympanon, dessen Mandorla fliegende Engel halten, zeigt ein Stabkreuz. Offenbar war das Auffahrtmotiv mit dem Gedanken an die Wiederkehr verbunden. Im Stil nahestehend sind vor allem die seitlichen Tympana in Vézelay mit ihren ähnlich lebhaft agierenden Figuren.

181 MONTIGNY-SUR-AUBE (Côte-d'Or). Schloss [E 3]. Eine Burg mit Wassergräben soll in der Umgebung von Montigny seit dem 9. Jh. bestanden haben. Ab dem 12. Jh. Bebauung des kleinen Hügels, auf dem im späten Mittelalter wohl eine quadratische Anlage mit runden Ecktürmen und Graben entstand. 1501 erwarb Hélion d'Amoncourt dieses Schloß, doch erst Jean d'Amoncourt ließ unter dem Eindruck einer Italienreise zwischen 1537 und 1552 drei Seiten des Mauerquadrats mit neuen Logis' bebauen. An einer Ecke lag diagonal ein Torbau, ein typischer Bau der französischen Renaissance, der vom Mittelalter die runden Flankentürme, den doppelten Zugang für Wagen und Fußgänger und hölzerne Brücken zwischen Tor und Steinbrücke bewahrt hatte, von der Renaissance die Pilaster dorischer und ionischer Ordnung und Lukarnen mit Dreiecksgiebeln übernahm.
Nach Brand 1794 und teilweisem Abbruch 1817, bei dem auch die Gräben verschüttet wurden, steht heute ein Renaissanceflügel, der an einer Ecke von einem älteren Rundturm flankiert ist. Die ehem. **Hoffassade* zeigt einen Sockel aus dunklerem Stein und zwei Hauptgeschosse, die durch freistehende Säulenpaare toskanischer und ionischer Ordnung in 10 Achsen gegliedert werden. Über jeder zweiten Achse eine Lukarne mit kannelierten korinthischen Pilastern und Gebälk, dazwischen je eine rundbogige Doppelöffnung mit Mittelsäule. Eine ähnliche Gliederung schmückte auch die anderen Hoffassaden. In der dritten Achse ein schlichtes Portal, die beiden Fenstertüren in der Mitte der Fassade stammen aus dem 19. Jh. Die Außenseite, urspr. eine Kurtine zum Graben, ist ein Werk der Restaurierung von 1902/03. Der quadratische Kapellenturm aus Diamantquadern steht heute frei. Auch dieser Turm besitzt eine Pilastergliederung und im Innern eine 1550 von Jean d'Amoncourt, Bischof von Poitiers, gestiftete Kapelle, die ein kassettiertes, überreich dekoriertes Tonnengewölbe trägt.
Als Architekt ist mehrfach Jean Ier Bullant, der auch in Anet und Ecouen arbeitete, genannt worden, daneben aber auch Philibert de l'Orme, Jean Chéreau und Guillaume Philandrier (vgl. Maison Philandrier in Châtillon-sur-Seine), bisher jedoch ohne überzeugende Argumente.

182, 183 MONTRÉAL (Yonne). Ehem. Kollegiatskirche Notre-Dame de l'Assomption [C/D 4]. Montréal – Mons Regalis – auf der Anhöhe über dem Tal des Serein soll bereits im 6. Jh. befestigt gewesen sein. Erste Grundherren nennen die Quellen erst im frühen 12. Jh., jedoch bereits mit dem Hinweis auf ein von deren Ahnen gestiftetes Kollegiat, das demnach

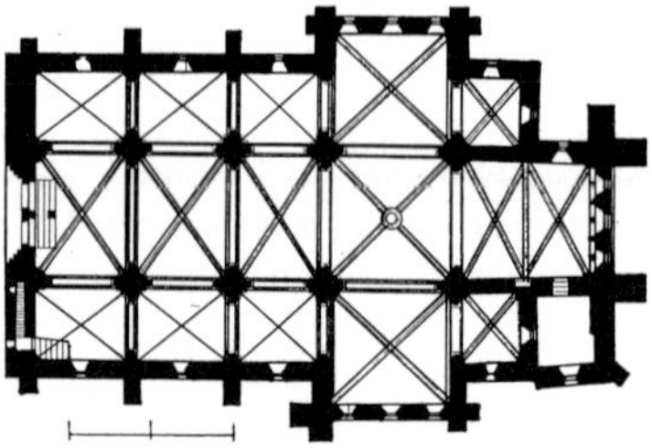

Montréal, Notre-Dame de l'Assomption

wenigstens in das 11. Jh. zurückreicht. Diese Kirche lag wahrscheinlich an derselben Stelle wie die heutige, denn Ansèric Ier errichtete gegen Mitte 12. Jh. eine von den Normannen oder Ungarn zerstörte Burg gegenüber der Kollegiatskirche neu. Drei aufeinanderfolgende, jeweils dem Geländeverlauf angepaßte Mauerringe umfaßten drei riesige Höfe auf unterschiedlichen, jedoch stetig ansteigenden Niveaus. Ein Teil ihrer Flankentürme und die mächtigen Torbauten mit breiten, gestuften Strebepfeilern und spitzbogigen Durchfahrten entstammten dem 13. Jh. Die Burg, deren Grundriß ebenso wie die Grundrisse der Mauerringe überliefert ist, war wohl im 16. Jh. noch einmal erneuert worden, ehe sie auf Befehl von Henri IV 1597 geschleift wurde.
Die stehende Kirche stiftete Ansèric Ier de Montréal aufgrund eines Gelübdes, das er beim Aufbruch zum Kreuzzug 1147 geleistet hatte. Der Bau wurde nach 1160 begonnen, seine Vollendung zog sich bis in das frühe 13. Jh. Schlichte dreischiffige Basilika von drei Jochen, hohes, ausladendes Querhaus mit fast quadratischen Kreuzarmen, zweijochiger Rechteckchor und kleine quadratische Seitenkapellen. Der Langhausaufriß ist zweigeschossig, über kreuzförmigen Pfeilern folgen spitzbogige Arkaden, ein Obergaden und vierteilige Rippengewölbe. Im W auf Konsolen eine Empore für die Grundherren.
Wertvollste Ausstattung ist neben dem **Alabasterrelief mit Marienszenen* aus dem 15. Jh. das **Chorgestühl,* das die Gebrüder Rigoley aus Nuits-sur-Armançon seit etwa 1525 geschnitzt haben. Medaillons, gefüllte Pilaster und Muschelnischen verraten den beginnenden Einfluß italienischer Renaissance auf die französische Kunst. Sie umgeben realistisch und detailliert dargestellte Figuren alt- und neutestamentarischer Szenen.

184 MONT-SAINT-JEAN (Côte-d'Or). Burg [D 5]. Eine Burg existierte in Mont-Saint-Jean bereits im frühen 10. Jh. Zu ihr gehörte vermutlich die Ummauerung des schwer zugänglichen Felsplateaus, das durch einen (späteren) Halsgraben in zwei Höfe geteilt war. Direkt neben dem Halsgraben entstand wohl für Etienne II de Mont-Saint-Jean um die Mitte 13. Jh. eine annähernd regelmäßige **Anlage mit vier Rundtürmen* an den Ecken und wahrscheinlich einem quadratischen Torturm in der Mitte der SO-Kurtine. Die N-Seite über dem steil und tief abfallenden Felsen ist etwa in der Mitte geknickt, so daß eine fünfte Ecke entsteht. In dieser Fassade befinden sich vier (erneuerte!) Biforen, die ursprünglich denen an der Maison Bélime in Vitteaux/C. nahegekommen sein könnten. Vermutlich gehörten sie zum Palas. Die ungewöhnlich starke Mauer des SW-Flügels zum Hof hin und ein Gewölbekeller aus

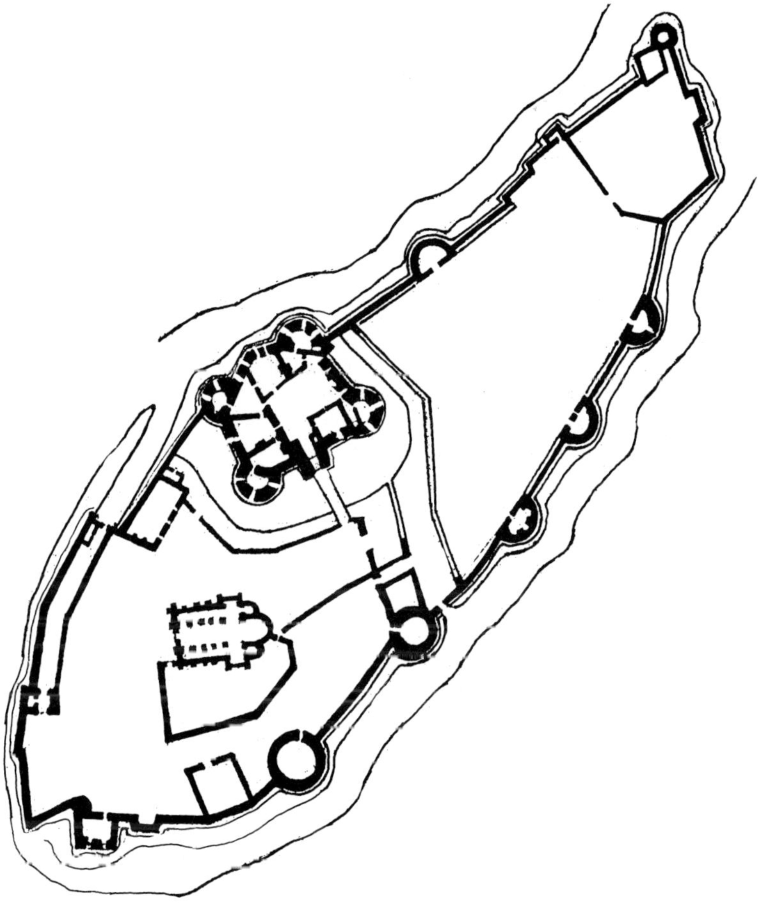

Mont-Saint-Jean, Burg

dem 13. Jh. unter diesem Flügel lassen vermuten, daß dies die Reste eines Donjons sind – zumindest aber eines zweiten Flügels. Die Burg von Mont-Saint-Jean ist damit eines der ganz seltenen Beispiele aus dem 13. Jh., an dem sich zwei steinerne Einbauten nachweisen lassen. Ein teilweise erhaltener Wehrgang mit Zinnen umzog die ganze Burg, ein Graben an der SW- und SO-Seite mündet in den Halsgraben.

Im 14. Jh. endete die männliche Linie der Familie Mont-Saint-Jean. Durch die Heirat mit Marie de Bourgogne, einer natürlichen Tochter von Philippe le Bon, gelangten Burg und Grundherrschaft gegen Mitte 15. Jh. in die Hand von Pierre de Beauffremont, der schon im benachbarten Montigny-Montfort/C. als äußerst ambitionierter Bauherr aufgetreten war. Er ließ nicht nur die romanische Schloßkapelle Saint-Jean-Baptiste reparieren und 1453 erneut weihen, sondern wohl auch die Burg modernisieren. Vermutlich geht der Bau des heute verschwundenen NO-Flügels auf ihn zurück. Außerdem ließ er den Torbau erneuern, der aber später ein Satteldach und eine geschlossene Mauerschale nach außen erhielt.

185 MONT-SAINT-VINCENT (Saône-et-Loire). EHEM. PRIORATSKIRCHE SAINT-VINCENT [E 7]. Ungeschlachte romanische Granitkirche eines von Paray-le-Monial abhängigen, 1506 aufgegebenen Priorates mit beachtlichen Abmessungen in einsamer Höhenlage: dreiseitig offene Vorhalle – am Tympanon schlecht erhaltener Christus zwischen Petrus und Paulus –, dreischiffiges Langhaus von 4 Jochen mit hohen belichteten Quertonnen nach dem Vorbild von Tournus, aber auf gegliederten Pfeilern statt auf Rundpfeilern, gratgewölbte Seitenschiffe, ausladendes Querhaus mit Trompenkuppel (Vierungsturm 1793 zerstört) und tonnengewölbten Armen sowie 3 Apsiden, von denen nur die nördliche noch urspr. ist. Bis auf die Vorhalle des frühen 12. Jh. entspricht der Bau dem um 1070/80 erneuerten Langhaus von Tournus (Tournus VII).

186 MORLET (Saône-et-Loire). SCHLOSS [E 6]. Eine Maison-forte mit Gräben, Basse-cour, Avant-cour, Kapelle und landwirtschaftlichen Nebengebäuden existierte in Morlet bereits im späten 13. Jh. Die Familie de Loges war dem Herzog dafür lehenspflichtig. Vermutlich bestand die innere Anlage aus einem annähernd quadratischen Plateau mit Gräben und einer regelmäßigen Ummauerung mit Donjon und Rundtürmen an den Ecken. Ein Katasterplan aus dem 19. Jh. zeigt noch die verschiedenen Höfe, heute erkennt man nur noch das Plateau, den Donjon und Reste des Torturms mit Zugbrücke. Um 1470/80 erhielt die Anlage

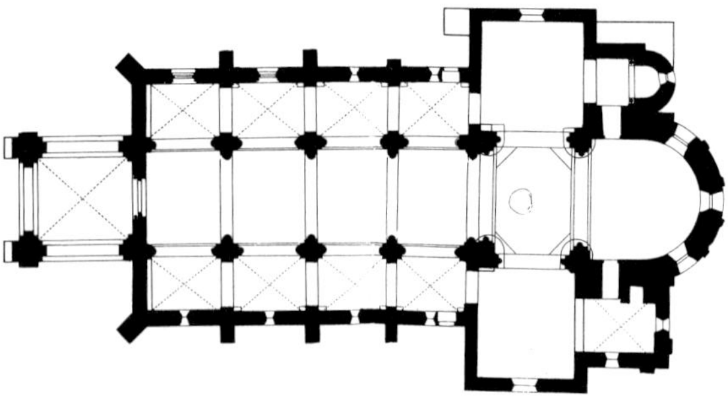

Mont-Saint-Vincent, Saint-Vincent

ein Logis, der Donjon wurde mit Fenstern ausgestattet. 1584 ließ Simon de Loges die **manieristische Toranlage* bauen, einen wuchtigen Bau aus regelmäßigen Hausteinen mit betont großen Fugen. Zwei quadratische Türme treten vor die Fassade und rahmen die beiden ungleich großen Portale, über denen Reliefs angebracht waren. Ein Wehrgang über Mâchicoulis, dem in regelmäßigen Abständen Löwenmasken aufgelegt sind, schließt diese imposante Toranlage nach oben ab. Ein Mauerrest an der Seite zeigt, daß sie sich als Umfassungsmauer weiter fortsetzen sollte. Im 18. Jh. wurde das Logis umgestaltet, im 19. Jh. baute man in den linken Turm der Toranlage eine „gotische" Kapelle ein.

187, 188 NOYERS (Yonne). STADT, BURG UND NOTRE-DAME [C 4]. Münzfunde weisen darauf hin, daß der Ort am Ufer des Serein schon im 2. Jh. römisch besiedelt war. Die Normannenstürme machten gegen 860 den Bau einer Höhenburg auf dem Felsen notwendig. Diese war im späten 12. Jh. baufällig und wurde um 1195 durch Hugues de Noyers, Bischof von Auxerre, erneuert. Zu diesem Neubau gehörten ein quadratischer Donjon, ein gesicherter Zugang, wohl ein quadratischer Torturm, ein dreifacher Graben und Umfassungsmauern, die vielleicht schon mit Rundtürmen besetzt gewesen sind. Außerdem gab es eine prachtvoll ausgestattete Hauskapelle. Von dieser Grundherrschaft hingen im 12./13. Jh. 80 Lehen und Afterlehen ab. Wenig später wurde auch die im Schutze der Burg wachsende Stadt mit Mauern, Toren, 18 (?) Türmen und Graben befestigt. Hugues de Noyers stiftete eine Pfarrkirche, die später zu einem Priorat wurde.

1419 erlosch die männliche Linie der Grundherren von Noyers, die wie die meisten großen und mächtigen Familien Burgunds des Mittelalters im späten 11./frühen 12. Jh. ihren Einfluß konsolidiert hatten. Agnès und Isabeau de Noyers verkauften die Grundherrschaft an Isabeau von Bayern, die Witwe von Jean sans Peur. Da Noyers also unmittelbar zum Eigenbesitz des Herzogs gehörte, gab Louis XI 1482 diese Grundherrschaft den habsburgischen Erben von Marie de Bourgogne zurück. Es scheint, daß mit dem Übergang der Grundherrschaft an den Herzog eine Zeit der Blüte begann, aus der ganze Zeilen von schönen **Fachwerkhäusern* mit sich nach vorne staffelnden Geschossen, Schnitzereien und Arkadengängen erhalten sind. Daneben gibt es aus dem 16. Jh. Steinhäuser, kleine Stadtpalais mit winzigen Ehrenhöfen, pilastergegliederten Wänden und typischem Renaissancedekor. 1599 ließ Henri IV die Burg entfestigen, doch ein Teil der Mauern und eine Anzahl Türme sind noch zu sehen.

1489 beschlossen die Bürger den Bau einer neuen *Pfarrkirche Notre-Dame* innerhalb der entlang des Flusses gewachsenen Stadt. Weihe 1515. Einfache spätgotische Kirche, dreischiffig, vier Joche, Querhaus, Vorjoch und gerade Apsis mit Sterngewölbe. Schmuckreicher war die **W-Front,* deren Figurenreichtum Claude Courtépée im 18. Jh. in seiner Burgundbeschreibung als für eine Pfarrkirche unpassend kritisierte.

189 NUITS-SUR-ARMANÇON (Yonne). SCHLOSS [D 3]. Die Grundherrschaft von Nuits befand sich seit 1533 im Besitz von Pierre de Chenu († 1548); Bau des Schlosses wahrscheinlich durch seinen Sohn Claude de Chenu († 1584) in den fünfziger Jahren des 16. Jh. Bedingt durch die Hangsituation über dem Fluß ist das langgestreckte **Hauptgebäude* zum Tal hin zweigeschossig, zum Hof bzw. Garten eingeschossig. Zwei quadratische Pavillons sind der Zugangsseite angefügt und überragen sie um ein Geschoß. Kannelierte korinthische Pilaster gliedern die Hofseite, die im breiten Mittelteil vier Fenstertüren mit Segmentgiebeln und darüber einfache Lukarnen besitzt. Sie ist, wenn auch schlichter, in vielem der Hauptfassade des Schlosses von Saint-Maur-lès-Fossés vergleichbar, die Philibert de l'Orme um 1543/1544 für Kardinal du Bellay entwarf.

190 OYÉ (Saône-et-Loire). DONJON [D 9]. Als Geoffroy IV, ein Abkömmling des mächtigen Hauses Semur, 1070 Ermengarde d'Oyé heiratete, erhielt er die zur Baronnie erhobene Grundherrschaft Oyé als Apanage. Sie blieb bis 1636 in direktem oder indirektem Besitz der Familie Luzy. Im 12. Jh. war in Oyé eine bedeutende Burg entstanden, von der allerdings schon im 17. Jh. nur noch die wohl ehemals zugehörige Kirche, die im 19. Jh. mit Ausnahme des Turms erneuert worden ist, stand. Innerhalb der Ruinen dieser Burg errichtete man um oder kurz nach 1400 dicht neben der Kirche einen viergeschossigen Donjon mit Rundtürmen an den Ecken. Im frühen 16. Jh. Erneuerung des Donjons, d. h. Zufügung des großen polygonalen Treppenturms und Abriß der beiden Rundtürme der Hofseite. Später Erweiterung nach S, Abtragung der beiden oberen Donjongeschosse (nicht der Türme und des Treppenturms) und Erneuerung der Fenster. 1850 wurde die Anlage – vielleicht gleichzeitig mit der Erneuerung der Kirche – restauriert.

191 OYÉ (Saône-et-Loire). CHÂTEAU DE CHAUMONT [D 9]. 1636 hatte Hector Andrault de Laugeron, Marquis de Maulevrier die Baronnie Oyé mit dem Donjon gekauft. Der Bereich der ehem. Burg war jedoch inzwischen bebaut, und die Möglichkeiten für den Bau einer barocken Anlage standen schlecht. Wohl aus diesem Grund erwarb er zwei Jahre später von der Abtei Cluny die Domäne Chaumont, wo in den folgenden Jahren das Schloß erbaut wurde. Den Hauptteil bildet eine Dreiflügelanlage mit hohen Mansarddächern. Die schlichte Fassade des fünfachsigen Mittelbaues wirkt durch einen Balkon mit schmiedeeisernem Gitter über dem Portal und durch Büsten auf zierlichen Konsolen zwischen den Fenstern beider Geschosse festlicher. An die dreiachsigen Seitenflügel schließen in ganzer Tiefe niedrigere, langgestreckte Gebäude an, die jeweils in einem gedrungenen quadratischen Eckpavillon enden. Diese tragen wie die Hauptgebäude Mansarddächer. Im 19. Jh. wurde der vordere Teil der Anlage gotisiert, der große Saal von Moulin-l'Arconce ist damals Stein für Stein hierher übertragen worden, übrigens kein Einzelfall im mittelalterbegeisterten 19. Jh.

192 PALINGES (Saône-et-Loire). CHÂTEAU DE DIGOINE [D 8]. 1700 kaufte François de Reclesne des Regard die Domäne Digoine, sein Sohn Claude-Eléonore de Reclesne ließ die Reste der mittelalterlichen Burg, die seit dem 10. Jh. im Besitz der Familie Digoine gewesen war, abräumen und gegen 1709 einen Neubau beginnen, der erst durch seine Tochter Jacqueline-Eléonore um 1770 vollendet wurde. Der langgestreckte zweigeschossige Bau besitzt zur Hofseite zwei kurze Flügel, zur Gartenseite zwei Rundtürme mit Kuppeln. Doch während die schmucklose **Hofseite* mit dem flachen Mittelrisalit ernst und eintönig wirkt, ist die Gartenseite durch die Verwendung von Freisäulen und dem in der Mitte leicht nach außen schwingenden Gebälk und Balkongittern am Mittelrisalit heiterer. Zudem ist dieser Risalit überhöht, trägt anstelle eines Giebels reichen Trophäenschmuck und ist mit zart profilierten Tafeln und skulptierten Schlußsteinen an den Fenstern geschmückt. Möglicherweise entstand dieser Risalit erst in der 2. Hälfte 18. Jh. Das große Vestibül im Innern ist ganz weiß gehalten, nur der Boden ist mit schwarzweißen Marmorplatten belegt. Die Bibliothek in einem der Rundtürme entstand 1825 und ist neugotisch. Im Park ein Theater mit prunkvoller Decke.

193–195 PARAY-LE-MONIAL (Saône-et-Loire). EHEM. KLOSTERKIRCHE NOTRE-DAME (Pfarrkirche Sacré-Cœur) [D 8]. 973 Gründung eines Eigenklosters durch Graf Lambert von Chalon, 999 Übergabe durch seinen Sohn Hugo, Bischof von Auxerre, an Cluny. 1004 Weihe einer Kirche durch dessen Abt Odilo, an die in der 1. Hälfte 11. Jh. die erhaltene Vorhalle mit ihrer **Doppelturmfassade* (clocher-porche) angebaut wurde. Um 1090 begann Abt Hugo von Cluny den erhaltenen Bau, der als „Taschenausgabe" von Cluny III berühmt wurde: An einen gratgewölbten basilikalen **Chorum-*

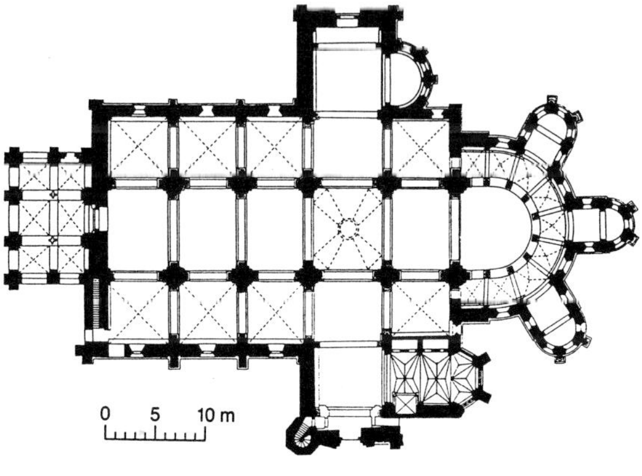

Paray-le-Monial, Notre-Dame

gang mit 3 Kapellen schließt über ein breiteres Zwischenjoch ein weit ausladendes fünfteiliges Querhaus mit 2 O-Apsiden (die südliche gotisch ersetzt) an. Das Pfeilerlanghaus hat nur 3 Joche; die ältere dreischiffige, 2 Joche tiefe Vorhalle sollte wohl beim Weiterbau verschwinden. Auffallend und für die Bauabfolge wichtig die Einzelheiten des Aufrisses: Der Umgang ist nicht nur schmaler, sondern auch niedriger als der übrige Bau. Der Choraufriß nur zweizonig: 8 Säulen mit rundbogigen Arkaden, glatte Wand statt Blendarkatur, dicht gereihte Fenster, Tonne. Auch das 40,5 m breite Querhaus tonnengewölbt, die Vierung mit Trompenkuppel und achtseitigem Turm, reich ornamentierte Portale ohne Tympana. Das ungemein schlanke, lichterfüllte **Langhaus* (Mittelschiff 9,25 m breit und 22 m hoch) dreizonig: Arkaden jetzt spitz, Blendtriforium, 3 Hochfenster pro Joch, Spitztonne. Der Bau offenkundig Ergebnis einer Umplanung: Unter dem Einfluß von Cluny III wurde um 1100 der nach dem Vorbild von Saint-Etienne in Nevers begonnene Chorumgang polygonal aufgestockt, Verbreiterung der Seitenschiffe, Übernahme des Aufrisses der Hauptkirche des Ordens auch in den Details (Pfeilerform, kannelierte Pilaster), Vollendung um 1130/40. – Aufhebung in der Revolution, 1875 Erhebung zur „basilica minor", 1876 Umwidmung unter dem Einfluß der Herz-Jesu-Verehrung, deren Zentrum Paray dank der Visionen der sel. Marguerite-Marie Alacoque (1647–90) war.

196 PARAY-LE-MONIAL (Saône-et-Loire). RATHAUS [D 8]. Schönes Beispiel einer **Renaissance-Fassade* (1525/1528) mit noch deutlich gotischen Zügen, die modernen (Medaillons, Pilaster, Friese) nur appliziert. Gebaut hat es Pierre Jayet, ein Kammgarnfabrikant.

197 PERRECY-LES-FORGES (Saône-et-Loire). EHEM. PRIORATSKIRCHE SAINT-PIERRE-ET-SAINT-PAUL [D 7]. 836 Erwähnung einer Petruskapelle, 876 vermacht Eccard, Graf von Chalon, sie mit seinem Besitz der Abtei Saint-Benoît-sur-Loire, die hier ihr 3. Priorat einrichtet; Niedergang im 15. Jh., 1784 Aufhebung. Bau aus 4 ungleich bedeutenden Teilen, schlechter Zustand: im 14. Jh. z. T. gotisch erneuerter Chor, vom ausladenden Querhaus der Zeit um 1095 noch der gratge-

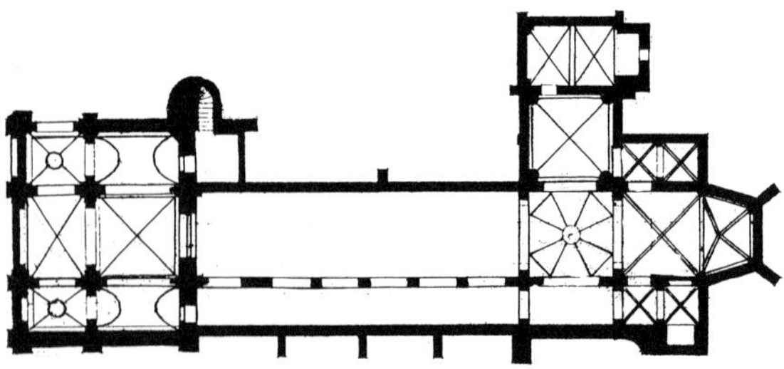

Perrecy-les-Forges, Saint-Pierre-et-Saint-Paul

wölbte N-Flügel und die Vierung erhalten, das ungewölbte nackte Pfeilerlanghaus aus der 1. Hälfte 11. Jh. hat sein N-Seitenschiff verloren. Bedeutend die 3schiffige zweijochige, über Emporen gewölbte Vorhalle von 1120/30 mit einem Turmaufsatz auf der N-Seite und der Skulpturenschmuck des **Hauptportals*: am gemuldeten Tympanon ein streng thronender Christus mit Buch in einer von Seraphim gehaltenen Mandorla, am Sturz sehr lebendig gruppierte Szenen der Passion (Ölberg, Judaskuß, Gefangennahme, Christus vor dem Hohenpriester, Reue Petri), Kapitelle u. a. mit den Eremiten Antonius und Paulus und kämpfenden Engeln.

198 PIERRE-DE-BRESSE (Saône-et-Loire). Château de Pierre [F 6]. Ab 1680 erbaute Claude de Thyard (der Grundherr von Bissy-sur-Fley) an der Stelle einer älteren Burg, von der anscheinend nichts erhalten ist, eine riesige barocke Anlage. Erst 1744 ließ Jacques de Thyard Park und Gärten anlegen. Drei Flügel aus dem Ziegelmauerwerk der Bresse umgeben einen weiten **Ehrenhof*, der im W durch ein schmiedeeisernes Gitter abgegrenzt ist. Breite Wassergräben fassen sowohl die langgestreckte Basse-cour mit den entlang der N- und S-Seite symmetrisch angelegten Nebengebäuden als auch das innere Quadrat ein, dessen Ecken von Rundtürmen mit Kuppeln und Laternen begleitet sind. Die beiden östlichen Türme besitzen unter der Traufe einen Wehrgang über Mâchicoulis, ein gewollter Hinweis auf die Tradition von Familie und Anlage? Die Flügel sind zweigeschossig. Vor dem Hauptbau mit zweiachsigem Mittelrisalit und Sprenggiebel verläuft eine Säulenarkade, große einfache Rechteckfenster öffnen sich auf die darüberliegende Terrasse. Die Lukarnen tragen Segmentgiebel und Akrotere. Die Gliederung des Hauptbaus wiederholt sich an den Seitenflügeln als Blendbogenfolge, die Obergeschosse sind identisch. Auch die Lukarnen, hier nur in jeder zweiten Achse, entsprechen denen am Hauptbau. – Heute ist in den Nebengebäuden ein Altersheim untergebracht.

199 PIERRE-DE-BRESSE (Saône-et-Loire). Château de Terrans [F 6]. Der Architekt Edme Verniquet baute ab 1765 für Jean-François-Guillaume de Truchis ein kleines privates Palais. Der zweigeschossige Bau besitzt einen Portalrisalit von nur einer Achse, der von einer Quaderung bzw. von Pilastern eingefaßt und von einem Giebel mit Wappenschmuck bekrönt ist. Die Fensterachsen enden an der Traufe jeweils mit einem Œil de bœuf. Den Hof rahmen die Nebengebäude, die sich im Erdgeschoß in Pfeilerarkaden öffnen. Zur Straße hin schließen ein Gitter und zwei Portalpfeiler von 1776 den Hof ab.

200, 201 PONTAUBERT (Yonne). Ehem. Johanniter-Kirche Nativité de Notre-Dame [C 4]. 1167 Stiftung von Häusern und einer Mühle durch

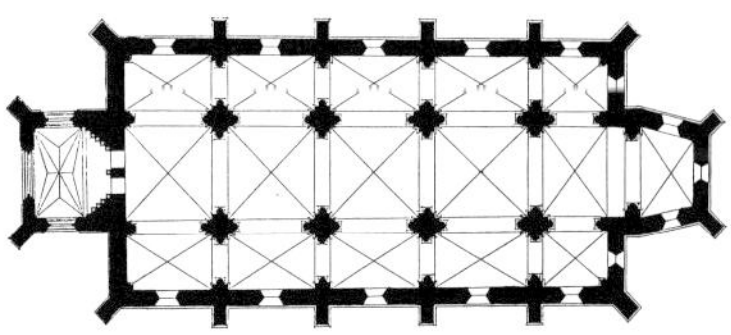

Pontaubert, Nativité de Notre-Dame

Chabo von Avallon an die Johanniter, 1658 Auflösung. Einheitliche spätromanische Pfeilerbasilika (Ende 12./Anfang 13. Jh.) von 5 gratgewölbten Jochen mit trapezförmiger Apsis; heller ***Raum* mit spitzbogigen Arkaden und Rundbogenfenstern – ein Spätling der Vézelay-Avallon-Gruppe. Die Fassade mit Mittelturm zeigt deutlich gotische Formen (Schallarkaden, Kapitelle), rundbogiges ***Stufenportal* mit Anbetung der Könige sowie Himmelfahrt der Patronin am Tympanon; spätgotische Vorhalle.

IV, 202, 203 PONTIGNY (Yonne). EHEM. KLOSTERKIRCHE NOTRE-DAME DE L'ASSOMPTION [C 3]. Schon vor der Ordensbestätigung 1119 gründete Cîteaux vier Tochterklöster, darunter 1114 Pontigny. 1145 begann man mit dem Bau der Klosterkirche am Chor; vollendet kurz nach 1155. Ab 1186 bis etwa 1208/10 ersetzte man den kaum fertiggestellten Rechteckchor durch einen Umgangschor mit Kapellenkranz. Über die Gründe läßt sich nur spekulieren. In der Revolution Aufhebung des Klosters und Abriß des gerade erneuerten Abtspalais (vgl. La Ferté, dort ist nur das Abtspalais aus dem 18. Jh. erhalten), die übrigen Klostergebäude wurden auf Abbruch verkauft.
Eine mittelschiffbreite Vorhalle, die sich in drei Bögen nach W öffnet und durch zwei Stützen und die Gewölbe in drei Schiffe und zwei Joche gegliedert ist, wird von zwei niedrigen seitenschiffbreiten Anräumen begleitet. Darauf folgt das basilikale dreischiffige ***Langhaus* mit sieben Jochen, von denen das östlichste und das westlichste tiefer sind. Der Grund für diese Unregelmäßigkeit ist offenbar in der Lösung des jeweils drei Joche tiefen Querhauses zu suchen, das an allen Seiten von je zwei Seitenkapellen begleitet ist. Das erste Joch im O ist um das Maß der westlichen Querhauskapellen tiefer als die übrigen, das westlichste Langhausjoch scheint symmetrisch angepaßt. Unterschiedlich tief sind auch die drei Joche des Langchores, die ein Umgang und je drei gerade Kapellen auf jeder Seite begleiten. Sieben polygonale Kapellen, die sich auf den Umgang des Chorhauptes öffnen, sind in das große Siebeneck des Chores eingetieft. Die Wölbung des Chorhauptes schließt gerade, das davorliegende Joch überwölbt ein Zweistrahl. Der Kreuzungspunkt der Gewölberippen liegt demnach auf

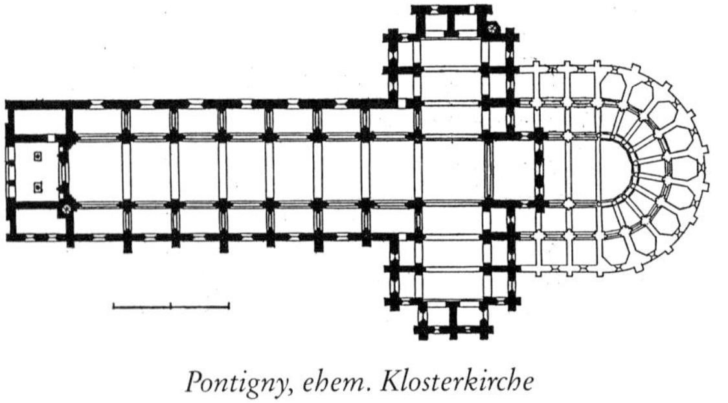

Pontigny, ehem. Klosterkirche

der Geraden, die das Chorhaupt abschließt. Dies ist eine für die Frühgotik charakteristische Wölbungsart. Auffallend sind die fünfstrahligen Gewölbe der Umgangsjoche. Der Aufriß ist zweizonig: Kreuzförmige Pfeiler mit halbrunden Vorlagen, die im Mittelschiff nicht bis ganz unten reichen, tragen die gestuften Arkaden, die gestelzten Gurtbögen und das vierteilige Rippengewölbe, für das die Kapitelle der Rechteckvorlagen diagonal versetzt worden sind und das wohl eine ursprünglich geplante Spitztonne ersetzt. Über einem kleinen Gesims liegt der hohe Obergaden. Das Querhaus ist niedriger als Langhaus und Chor. Es ist ebenfalls rippengewölbt und besitzt einen Obergaden, in den Stirnwänden je eine Rose. Acht monolithe Säulen, die enge, steil gestelzte Arkaden tragen, umstehen das Chorhaupt. Der Obergaden, dessen Höhe der des Langhauses angepaßt ist, läßt viel geschlossene Wand stehen. Im Gegensatz zu der Nüchternheit des Lang- und Querhauses rahmen im Chor eine Vielzahl von Rundstäben und Diensten alle Bögen. Dies verleiht dem dennoch zurückhaltend dekorierten Chor immerhin eine gewisse Feingliedrigkeit und Leichtigkeit.

Am **Außenbau* ist die gewohnte Silhouette eines Umgangschores mit Kapellenkranz weitgehend aufgehoben, denn die Kapellen sind in ein Mauermassiv eingetieft, das von außen wie eine riesige Apsis wirkt. Aus ihrem Dach steigen unvermittelt Strebebögen auf, die den Hochchor stützen. Ein weiteres Problem, die Ecklösung der Querhausarme, wird am Außenbau deutlich. Da die Eckkapellen nicht direkt vom Querhaus aus zugänglich gewesen wären, verzichtete man auf sie und nahm am Außenbau klaffende Lükken in Kauf. Erstaunlich genug, denn auch die W-Kapellen, die von den nach O gerichteten Altären zum Querhaus hin verstellt waren, betrat man durch Gänge entlang der Querhauswestwand. Wie alle Zisterzienserkirchen besitzt Notre-Dame de l'Assomption eine grandiose Wirkung, die z. T. auf der Klarheit und Bestimmtheit aller Formen und Räume wie auch auf der großartigen Mauertechnik beruhen mag, zu einem nicht unwesentlichen Teil aber auch darauf, daß der konsequente Verzicht auf Mobiliar, v. a. auf Stühle oder Bänke (in fast allen Zisterzienserkirchen!), die Wahrnehmung dieser Wirkung erst möglich macht.

204 POSANGES (Côte-d'Or). Schloss [E 5]. 1437 begann Guillaume du Bois mit dem Bau einer „maison-forte", die 1453 nahezu vollendet war. Die Ausstattung des Logis' folgte 1490. Von der urspr. Rechteckanlage mit Rundtürmen, Wassergraben, Toren mit Zugbrücken und Einbauten stehen Kurtinen und Türme fast überall in voller Höhe. Erhalten sind auch das Fenster einer Kapelle im NW-Turm und die **Toranlage* in der S-Kurtine. Wagendurchfahrt, Fußgängerpforte und die Schlitze der Zugbrücken öffnen sich direkt in der Kurtine, darüber liegt, über gestuften und profilierten Mâchicoulis nach innen und nach außen auskragend, ein Wachhaus mit regelmäßig versetzten Kielbogenfenstern, das man über den umlaufenden Wehrgang auf den Kurtinen erreicht. Er besaß anscheinend keine Mâchicoulis. Die Madonna,

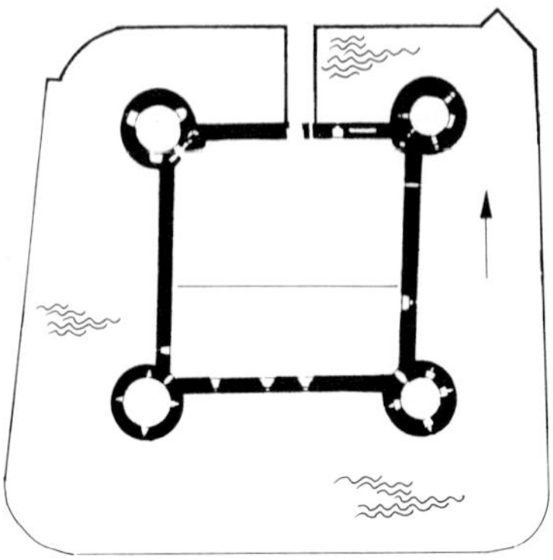

Posanges, Schloß

die ursprünglich die schöne Nische über der Zufahrt schmückte, befindet sich im Louvre, eine Kopie in der neugebauten Kapelle im Hof. Vom Logis, das wohl ähnlich wie die herzogliche Anlage in Beaune ausgesehen hat, ist keine Spur erhalten. Der Innenhof wurde schon im 19. Jh. mit landwirtschaftlichen Gebäuden bebaut, in den letzten Jahren entstanden neue Wohngebäude.

205 LA ROCHEPOT (Côte-d'Or). BURG [E 6]. Ende 12. Jh. soll Alexandre de Bourgogne (der etwa gleichzeitig auch die große regelmäßige Ebenenburg mit Donjon von Marigny-le-Cahouet/C. erbauen ließ) auf einem Felsen über der Straße von Moulins nach Basel eine Burg errichtet haben. 1403 kam die Anlage an den Kämmerer des Herzogs Philippe le Hardi, Régnier Pot, später an den Kanzler von Burgund, Philippe Pot, der seit 1456 auch das nahegelegene Châteauneuf/C. besaß und beide Anlagen umbaute. Restaurierungen 1669 und ab 1741, während der Revolution Brand und Zerstörung und Verkauf auf Abbruch. Seit dem frühen 20. Jh. ließ die Familie Carnot die Ruine durch den Architekt Charles Suisse und den Bildhauer Xavier Schanosky (vgl. Hôtel Aubriot in Dijon) wieder aufbauen.
Die Gebäude reihen sich um einen annähernd dreieckigen **Hof*. Neben dem Tor mit Zugbrücke und Barbacane im N liegt eine große Kapelle aus dem 13. Jh. Die Logis im S und W und die Türme enthalten Wohnräume, die noch zum großen Teil im neugotischen Geschmack der Zeit um die Jahrhundertwende ausgestattet sind. Die mehrfach betonte Ähnlichkeit zwischen La Rochepot und Châteauneuf geht allerdings wohl weniger auf denselben Bauherrn oder gar denselben Architekt zurück, sondern vielmehr darauf, daß Charles Suisse die Vorlagen zum Wiederaufbau an erhaltenen spätmittelalterlichen Anlagen suchen mußte, in Châteauneuf und gewiß auch am Hôtel-Dieu in Beaune.

ROSIÈRES – s. u. Saint-Seine-sur-Vingeanne.

206 ROUGEMONT (Côte-d'Or). EHEM. KLOSTERKIRCHE NOTRE-DAME [D 4]. Teil einer 1673 nach Dijon verlegten Benediktinerinnenabtei. Der einheitlich hochgotische Bau von 1230/1240 ff. erhielt 1257, 1261 und 1263 Stiftungen. Der Chor ist verloren; das dreischiffige Langhaus von 4 Jochen hat den typischen zweigeschossigen Aufriß dieser Zeit: weit gestellte Langhauspfeiler in der Art von Semur-en-Auxois, Laufgang vor Lanzettfenstern, Rippen-

gewölbe. Nachträglich befestigter W-Turm über dem ersten Joch, dreischiffige Vorhalle. Das **W-Portal* hat ein fragmentarisches Tympanon mit Streifendarstellung der Jugendgeschichte und Passion Christi, derbe Apostel im Gewände, die Trumeau-Madonna schon 14. Jh. Hübsche Traubenmadonna, 15. Jh.

207, 208 ROUVRES-EN-PLAINE (Côte-d'Or). SAINT-JEAN-BAPTISTE [F 5]. Eine Johanneskirche ist in Rouvres bereits 1148 erwähnt. Der Chor des stehenden Baues läßt sich wohl mit der Stiftung von Alix de Vergy, Herzogin von Burgund 1233 in Verbindung bringen, Querhaus und Langhaus folgten erst im späten 13./frühen 14. Jh. Basilikales, dreischiffiges **Langhaus* mit hohen Arkaden über oktogonalen Pfeilern mit Kapitellringen, das vierteilige Rippengewölbe ruht auf schlanken Konsolen mit Köpfen, kein Obergaden. Die Seitenschiffe sind ebenfalls über Konsolen rippengewölbt. Vierung und Querhaus zeigen dieselben Merkmale wie das Langhaus, doch sind sie durch die beiden großen Fenster in den Querhausstirnen wesentlich heller. Der Chor ist platt geschlossen; er trägt ein sechsteiliges Rippengewölbe und ist von zwei quadratischen Seitenkapellen begleitet, von denen die südliche ihr ursprüngliches Aussehen bewahrt hat. Die nördliche ließen Monot Machefoing, „Capitainechastellain de Rouvres, 1er valet de chambre et garde des joyaux de Monseigneur le Duc de Bourgogne et de Brabant" und seine Gemahlin „demoiselle Jehanne de Courcelles, mère de lait du Duc Philippe (le Bon)" († 1445) kurz vor Mitte 15. Jh. neu ausstatten. Neben einer großen, reich verzierten Piscina entstand der **Steinaltar*, der auf zierlichen Konsolen die wunderschönen Figuren von Maria und den beiden Johannes' trägt. Die Madonna und Johannes d. T. sind typisch burgundische Figuren der Sluter-Nachfolge, Meisterwerke mit anmutigen, faltenreichen Gewändern und naturnahen Gesichtszügen, während der Evangelist schlichter ist, auch in der Darstellung der Gesichtszüge weniger qualitätvoll. Man hat diese Gruppe dem herzoglichen Bildhauer Jean de la Huerta oder dessen Werkstatt zugeschrieben. Die Konsole der Madonna trägt das Wappen der Machefoing, der Gewölbeschlußstein das des Herzogs Philippe le Bon. Zu Füßen dieses Altars befindet sich allem Anschein nach das Grab der Machefoing, der mächtige Grabstein mit Ritzfiguren, Inschrift und Marmorinkrustationen steht heute an der W-Wand der Kapelle. – Neben der Ausstattung dieser Kapelle besitzt die Kirche noch zahlreiche weitere Grabplatten, eine über 2 m hohe Figur von Johannes d. T. aus dem frühen 14. Jh., eine unterlebensgroße, sehr hübsche Figur eines geistlichen Stifters mit Kirchenmodell aus der 1. Hälfte des 15. Jh. und eine Steinmadonna und eine Anbetung der Könige des Bildhauers Jean Dubois aus Dijon aus dem 17. Jh.

209 RULLY (Saône-et-Loire). SCHLOSS [E 7]. Befestigung des Sporns über der Saône und dem Agneux wenigstens seit Mitte 10. Jh. Im 13. Jh. belehnte der Herzog drei seiner Gefolgsleute im Kreuzzug mit der Domäne, die künftig drei „maisons-fortes" besaß. Erhalten ist nur die am höchsten

gelegene, die ursprünglich wohl nur aus einem nicht vor die Mauer tretenden Donjon, einem Mauerquadrat und vier runden Ecktürmen bestand. Ein tiefer Halsgraben lag im S. Nach Mitte 15. Jh. fügte man anscheinend einen Flügel im N, den Wehrgang über Mâchicoulis, die besonders kunstvoll durch kleine Rundbögen verbunden sind, ein neues Tor in der S-Kurtine und den Graben im S und O, der die Form der Mauern nachzeichnet, zu. Im 16. Jh. folgten ein Logis im W mit einer Galerie und vielleicht ein drittes Logis im O, das den alten Innenhof zu einem Ehrenhof gemacht hätte. Zu Beginn des 18. Jh. wurde die Anlage wieder grundlegend umgestaltet, man erneuerte den O-Flügel, verschüttete den Graben im S und legte davor eine langgestreckte Basse-cour mit symmetrischen Gebäuden an. Im 19. Jh. wurde u. a. die Galerie abgerissen, dafür entstanden mehrere neue Gebäude in neugotischem Stil.

210 SAINT-ALBAIN (Saône-et-Loire). SAINT-ALBAIN [F 8]. Erwähnung einer Kapelle des Kapitels von Saint-Vincent in Mâcon 842 und 876. Spätromanischer strebepfeilergegliederter Neubau von 1200 und später:

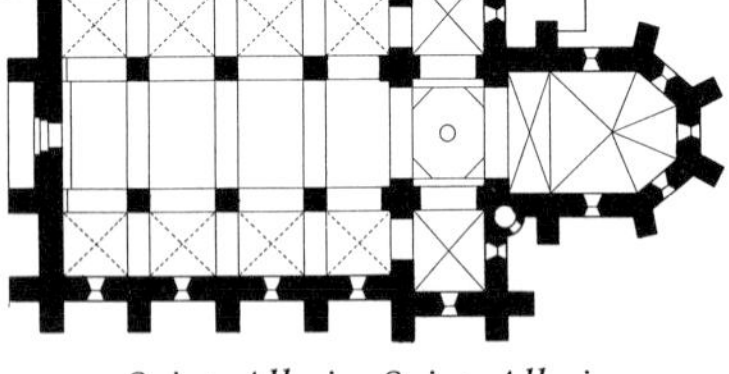

Saint-Albain, Saint-Albain

dreischiffige Basilika von 4 Jochen, spitzbogige Arkaden über glatten Quadratpfeilern (diese vom Vorgänger?), gegurtete Spitztonnen im Mittelschiff, Gratgewölbe in Seitenschiffen, Lanzettfenster. Moderner die rippengewölbten O-Teile aus niedrigem, kaum ausladenden Querschiff mit Trompenkuppel und achtseitigem Türmchen und gestelztem Polygonalchor. Querschnittfassade mit Turmaufsatz und Portal, am **Tympanon* die Anbetung der Könige sowie Malereireste.

211 SAINT-AMBREUIL (Saône-et-Loire). CHÂTEAU DE LA FERTÉ [F 7]. Die 1113 gegründete Abtei La Ferté war die erste Tochtergründung von Cîteaux. Erste Erneuerung der Konventsgebäude im 13. Jh., 1415 Bau einer Umfassungsmauer mit Graben, Tor und Zugbrücke, 1570 Eroberung und Zerstörung durch die Truppen von Admiral de Coligny. Diesem Schicksal entgingen nur Kirche, Sakristei und Kapitelsaal. Im späten 16. Jh. Neubau des Dormitoriums und Neuausstattung der Kirche, doch erst ab 1682 begann der Abt Claude Petit mit dem Bau eines neuen *Abtspalais* und eines Kreuzgangs. Gleichzeitig ließ er die alten Verteidigungsanlagen abräumen und die Gräben verschütten. 1760 veranlaßte der Abt François de Filzjean de Chemilly Änderungen am Logis, Antoine-Louis Desvignes de La Cerve vollendete die Innenausstattung. In der Revolution Verkauf des Klosters und Einrichtung einer Baumwollspinnerei, später Abbruch aller Gebäude mit Ausnahme des Abtspalais.
Typischer Bau des späten 17./frühen 18. Jh., langgestreckt, zweigeschossig

mit Reihen einfacher Rechteckfenster, die durch Putzbänder vertikal verbunden sind. Barock sind noch die großen Pavillons an der **W-Seite,* die den Hauptbau ein wenig überragen und deren Ecken von Quaderungen gefaßt sind, und die Lukarnen mit seitlichen Voluten und Giebeln. Der weit höhere dreiachsige Mittelrisalit der W-Seite mit Rustizierung im Erdgeschoß und Pilastergliederung im Obergeschoß, zarter Wandschichtung und einem mächtigen Segmentgiebel mit Wappenschmuck gehört wohl ebenso wie die Œils de bœuf an den Pavillons in die Zeit von François de Filzjean.

212, 213 SAINT-BONNET-DE-JOUX (Saône-et-Loire). Château de Chaumont-La-Guiche [E 8]. Die mittelalterliche Burg der Familie Chaumont, die im 14. Jh. an die Herren von La Guiche gekommen war, ließ Pierre de La Guiche zwischen 1500 und 1514 erneuern. Im 17. Jh. erhielt die Anlage zwei Flügel mit Pavillons, die einen Ehrenhof umfaßten. 1805 entfernte man sie wieder, um gegen 1840/50 die Fassaden des 16. Jh. zu erneuern. Die eine bekam ein Portal aus dem Schloß von Saillant; die andere, eine prachtvolle **Schaufront*, ganz symmetrisch in Achsen gegliedert, mit fensterrahmenden Fialen, Maßwerkbalustrade, verwirrend reich dekorierten Lukarnen und einem großen polygonalen Treppenturm auf der einen und einem donjonartigen Pavillon an der anderen Seite, ist eines der besten Beispiele dafür, wie man sich seit Eugène Viollet-le-Duc in Frankreich und besonders in Burgund die Gotik träumte.
Im SW des alten Hofes direkt neben der heutigen Zufahrt befindet sich ein riesiges **Stallgebäude* für 99 Pferde, das Henriette de La Guiche, duchesse d'Angoulême 1648–1652 von François Martel aus Charolles erbauen ließ: ein zweigeschossiger Bau mit zwei symmetrisch angelegten monumentalen Treppenanlagen, die einen großen Teil der Erdgeschoßfassade einnehmen und den Bau optisch beherrschen. In der Mitte zwischen diesen Treppen ein pilastergerahmtes Portal, darüber eine Nische mit der Reiterstatue des Philibert de La Guiche. Zwei weitere Portale mit Pilastern und Kartuschen liegen jeweils zwischen den beiden parallelen Läufen jeder Treppe. Die auffallend hohen Kamine mit halbrundem Abschluß tragen die Wappen der La-Guiche-d'Angoulême. Im Innern befindet sich ein einziger zweischiffiger Raum mit den Boxen.

VIII SAINT-BRIS-LE-VINEUX (Yonne). Saint-Prix-et-Saint-Cot [C 3]. In der 1. Hälfte 5. Jh. Auffindung der Gebeine des Märtyrers Priscus von Auxerre und Errichtung einer Kirche durch Bischof Germanus und dessen Schüler Cot. 1103 Übernahme des Ortes durch die Familie Dreux de Mello. Ältester Teil der 52 m langen, uneinheitlichen Kirche ist der noch aus dem 12. Jh. stammende Turmrest auf der S-Seite zwischen Langhaus und Chor. Das Langhaus aus dem 1. Drittel 13. Jh.: dreischiffige rippengewölbte Basilika von 5 Jochen, 2 Geschosse, profilierte Arkaden auf Bündelpfeilern und einfache Fenster, spätgotische Kapellen zwischen Strebepfeilern. Die S-Seite des **Langchores* um 1370 als Kapelle erbaut; das Mittelschiff und

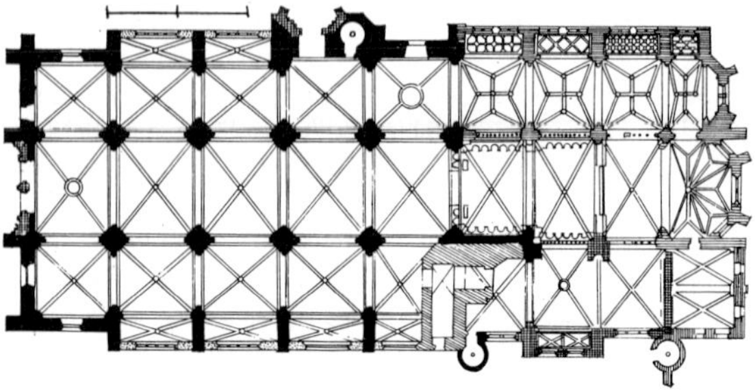

Saint-Bris-le-Vineux, Saint-Prix-et-Saint-Cot

das N-Seitenschiff mit polygonalen Apsiden Anfang 16. Jh., vielteilige Gewölbemuster und reiche Renaissance-Ornamentik, 1521 Weihe. – Bemerkenswerte Ausstattung: u. a. Glasfenster des 15. und 16. Jh. (Leben Christi, der Kirchenpatrone und Mariä), monumentales Fresko der „Wurzel Jesse" um 1500, Kanzel des frühen 16. Jh.

214 SAINT-EMILAND (Saône-et-Loire). CHÂTEAU D'EPIRY [E 6/7]. Die Grundherrschaft Epiry, die seit dem 12. Jh. existierte, kam im 14. Jh. an die Familie Rabutin, die im späten 14. Jh. mit dem Bau eines neuen Schlosses begann, von dem Fundamente und Sockel eines Mauerquadrats, vier Türme mit den gestuften Konsolen eines Wehrgangs und ein heute trockener Graben erhalten sind. Die beiden westlichen Türme sind rund (der Anbau am SW-Turm neu), die beiden östlichen sind gestelzt halbkreisförmig und müssen immer Flankentürme gewesen sein. Der SO-Turm besitzt Kapellenfenster. Diese Form legt die Vermutung nahe, daß die Anlage sich weiter nach O fortsetzen sollte, und zwar bis etwa an die Außenkante des Grabens, wo ein drittes Turmpaar zu erwarten wäre. Ein Stück des alten Maueransatzes sieht man an der S-Seite unmittelbar neben dem Flankenturm mit den Kapellenfenstern. Anscheinend blieb der Bau stekken, und das geplante Logis entstand bereits dicht hinter den Flankentürmen. Vielleicht besaß es Rundtürme an seiner Außenseite, die in der barocken Rückfront erhalten sein könnte. Die Türme wären dann beim Bau der Pavillons abgeräumt worden. Die Hoffassade des urspr. Logis' muß hinter der heutigen gelegen haben, in der Höhe der östlichen Schmalseite jenes Wohngebäudes, das im frühen 16. Jh. im N entstand und an den O-Flügel anschloß. Seine Fassade besitzt zwar noch keine Renaissancedekoration, doch ist ihre Gliederung bereits durch die neuen Prinzipien bestimmt. Die Außenseite ist schlichter, ihre Kreuzstockfenster mit einfachen Kehlen der Zeit um 1400 könnten aus dem älteren O-Flügel stammen und 1717 beim Neubau der Hoffassade an die N-Kurtine gekommen sein. Dieser für das 18. Jh. charakteristische Bau besitzt schmale Pavillons, Eckquaderungen und an beiden Hauptseiten einachsige Portalrisa-

lite. Nur wenige kleine Lukarnen belichten sein Dachgeschoß. Die W-Kurtine mit dem Tor und den Zugbrücken wurde abgerissen, an ihrer Stelle entstanden das schmiedeeiserne Gitter und Portalpfeiler.

215, 216 SAINT-FARGEAU (Yonne). SCHLOSS [A 4]. Im 10. Jh. besaß Bischof Héribert von Auxerre einen Jagdsitz in Saint-Fargeau, der in den folgenden Jahrhunderten mehrfach den Besitzer wechselte und 1450 an Jacques Cœur aus Bourges, den Finanzminister und Geldgeber von Charles VII, kam. Er gilt als Erbauer der wohl über älteren Fundamenten stehenden etwa fünfeckigen Umfassungsmauer und der sechs mächtigen Rundtürme, von denen zwei das Tor flankieren. Wohnbauten aus dieser Zeit sind nicht erhalten. 1453 fiel Jacques Cœur in Ungnade und mußte fliehen. Saint-Fargeau wechselte abermals die Besitzer. 1566 befand sich die Grundherrschaft im Besitz von François de Bourbon. Seine Urenkelin Anne-Marie-Louise d'Orléans, die Grande Mademoiselle, die eine Cousine von Louis XIV war und 1652–57 und 1662–64 nach Saint-Fargeau ins Exil verbannt war, ließ das spätmittelalterliche Schloß durch den Pariser Architekten François Le Vau (Bruder von Louis) erneuern. Obwohl ein Brand 1752 alle Dächer und große Teile des Innern zerstörte, blieben die **Fassaden* der vier Le-Vau-Flügel erhalten. Über einem hohen, durchfensterten Sockelgeschoß folgen ein Erdgeschoß mit Fenstern unter Blendarkaden und ein Mezzanin, zwischen dessen quadratischen Fenstern Kartuschen das Wappen der Bauherrin tragen. Die Mansarddächer besitzen jeweils in der Mitte einen flachen Dreieckgiebel und Œils de bœuf. Über eine sehr repräsentative **Treppe in der O-Ecke des Hofes* gelangt man zu einem runden, überkuppelten *Vestibül*, das, in der Fassade den Flügeln angepaßt, sich mit drei offenen Bögen nach außen wölbt. Dahinter befindet sich die Kapelle im alten O-Turm. Die Kuppel des Vestibüls und alle Türme außer dem N-Turm tragen hohe Laternen. Der fünfte Flügel im NW („pavillon des Forts") blieb unter Le Vau unvollendet und entstand seit 1715 neu. Im späten 18. Jh. gehörte Saint-Fargeau Louis-Michel Le Pelletier, jenem berühmten „Saint-Fargeau", der als erster Märtyrer der Revolution sehr gefeiert worden ist. Sein Grab befindet sich in der Kapelle. 1809 wurde der französische Garten des 17. Jh. durch einen englischen Park ersetzt. Die heutige Innenausstattung entstand seit 1829.

218, 219 SAINT-FLORENTIN (Yonne). SAINT-FLORENTIN [B/C 2]. 406 Martyrium des hl. Florentinus und seines Schülers Hilarius in Sémont, 833 Entdeckung seiner Reliquien durch die Heilung suchende Godelaine, eine Schwester des Landesherrn, und Gründung eines Klosters. Neubau der Kirche Anfang 16. Jh. bis 1614, 1617 Weihe. Die lange Bauzeit erklärt die Stilmischung aus Flamboyant-Gotik und Renaissance. 3 Joche tiefer dreischiffiger Chor mit polygonalem Umgang, Sterngewölbe in Vierung und Chorkapellen, die übrigen Rippengewölbe im 19. Jh. erneuert. Dreischiffiges Langhaus von nur 2 Jochen mit Seitenkapellen sowie fünfteiliges **Querhaus* mit reich orna-

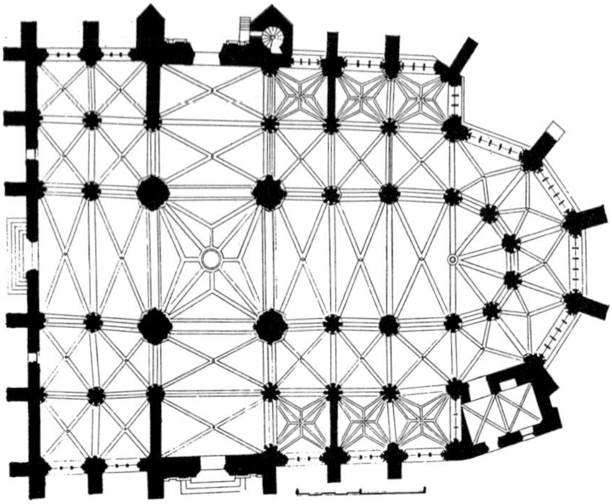

Saint-Florentin, Saint-Florentin

mentierten Portalen des frühen 17. Jh., der Aufriß immer noch „gotisch" mit spitzbogigen Arkaden und Maßwerkfenstern über einem Laufgang. Fassade von 1862.
Vielteilige Ausstattung: **Chorschranken,* 1539; Altarwand mit Gruppe der Auferstehung, 1548; korinthischer Lettner mit Figurenprogramm, 1600; bedeutende Glasfensterfolge von Ateliers aus Troyes im Chor (Heiligenleben, Apokalypse nach Dürer, Wurzel Jesse, Schöpfungsgeschichte), 1525–1530.

217 SAINT-GERMAIN-EN-BRIONNAIS (Saône-et-Loire). EHEM. PRIORATSKIRCHE SAINT-GERMAIN [D 8]. 1095 Errichtung eines Priorates von Augustinerchorherren durch die Herren von Dyo. Die Konventsgebäude schon im 16. Jh. zerstört, die Gründungskirche als gutes Beispiel für die Sakralbaukunst des Brionnais erhalten: 3 Schiffe, 4 Joche, 3 Apsiden. Im Mittelschiff Gurtentonne über gestuften Pfeilern ohne Obergaden, vgl. Iguerande oder Varenne, in den Seitenschiffen Gratgewölbe. Schlichte **W-Front* mit wuchtigem Südturm. Tympana mit Kreuzschmuck.

220 SAINT-JULIEN-DE-JONZY (Saône-et-Loire). SAINT-JULIEN [D 9]. Eine Kirche erstmals 1106 erwähnt; von einem romanischen Bau der 1. Hälfte des 12. Jh. blieben nur die spitzbogige, mit einer Trompenkuppel überdeckte Vierung, ihr Turmaufsatz und ein bedeutendes Portal. Der Turm ist zweigeschossig gegliedert: Pilaster tragen im unteren Geschoß Rundbögen, oben weit geöffnete, säulenreiche Schallarkaden. Ein säulengetragener Giebel, in den der Rundbogen des blattgerahmten Tympanons hoch einschneidet, rahmt das **Portal.* Am Sturz Abendmahl und Fußwaschung vor gequadertem Grund,

am Bogenfeld ein thronender Christus mit Buch und Segensgeste in einer von Engeln gehaltenen Mandorla. Das ausgreifende Spiel der Falten und Gebärden, die kräftige Körpermodellierung, die Ornamentfülle (vgl. Charlieu) verweisen auf ein Entstehen am Ende der burgundischen Romanik, um 1150.

XI, 221 SAINT-JULIEN-DU-SAULT (Yonne). EHEM. KOLLEGIATSKIRCHE SAINT-PIERRE [B 2]. 1193 Gründung eines Stiftes durch Guy de Noyers, Erzbischof von Sens (1773 Auflösung). Neubau um 1235ff. in der Art einer Kathedrale, schwere Zerstörungen vor 1367 im 100jährigen Krieg. Erneuerung von Chor und Teilen des Querhauses ab etwa 1550 durch Erzbischof Louis de Bourbon. Das Langhaus, das die Gemeinde bauen sollte, blieb unvollendet. W-Wand von 1735, dreischiffiges Langhaus mit Holztonne, Rippengewölbe nur in Teilen der Seitenschiffe, nicht ausladendes Querhaus; hoher dreischiffiger **Chor* von 3 Jochen mit Umgang und Kapellenkranz. Der Raum ganz gotisch konzipiert, nur dekorative Einzelheiten (Kapitelle etc.) verraten die Renaissance. In den Umgangskapellen Glasfenster des 13. Jh., in den Kapellen der geraden Chorjoche Scheiben von 1520/1530, alle 1881ff. stark restauriert.

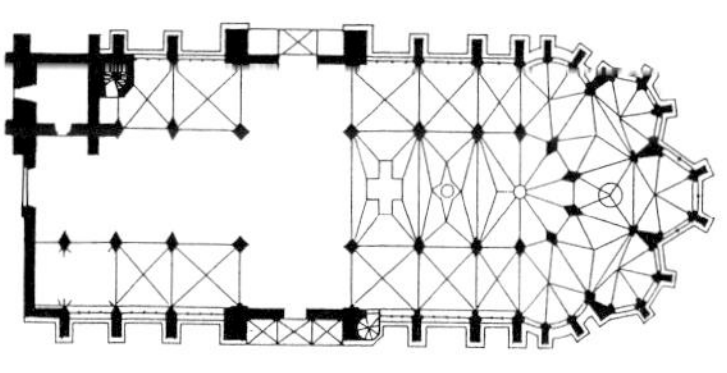

Saint-Julien-du-Sault, Saint-Pierre

Unmittelbar hinter dem Chor ein fast vollständig erhaltenes gotisches **Steinhaus* vom Typ der Maison Bélime in Vitteaux.

222, 223 SAINT-PÈRE-SOUS-VÉZELAY (Yonne). NOTRE-DAME [C 5]. Bedeutendes Beispiel burgundischer Hochgotik, am Fuß des Pilgerberges von den Mönchen 1225/30ff. erbaut. Ältester Teil das Clamecy ähnliche **Langhaus:* 3 Schiffe, 5 Joche, Stützenwechsel, zweigeschossiger Aufriß mit spitzbogigen Arkaden und Laufgang vor den Fenstern, Rippengewölbe, 50 m hoher Turm über dem ersten Joch des nördl. Seitenschiffs, Vollendung vor 1258 (Grabinschrift an der W-Wand). Die nur eingeschossige, aber 3 Schiffe breite und 2 Joche tiefe **Vorhalle* mit großen Maßwerköffnungen und *3 Portalen* (in der Mitte ein Weltgericht) stammt wie die Rose und der *figurengeschmückte Giebel* über ihr aus der Zeit um 1300. **Chorneubau* als Umgang mit Kapellenkranz in der 1. Hälfte 14. Jh., Erneuerung der Gewölbe von Umgang und Kapellen nach Zerstörungen im 100jährigen Krieg 1449 beendet. Bemerkenswert die Skulpturen in der Vorhalle: vor dem nördl. Portalpfeiler der kreuzgeschmückte Sarkophag (1258) der Guibour, Gattin des Hugues Gaudri; am Mittelportal zur Kirche noch 2 Weihrauchengel, Christus und 2 Gewändefiguren verloren; am S-Portal eine Kreuzigung, in den Archivolten die Klugen und Törichten Jungfrauen; am südl. Eingangspfeiler der Vorhalle das Relief eines Stifters mit Kirchenmodell und einer Frau mit Buch.

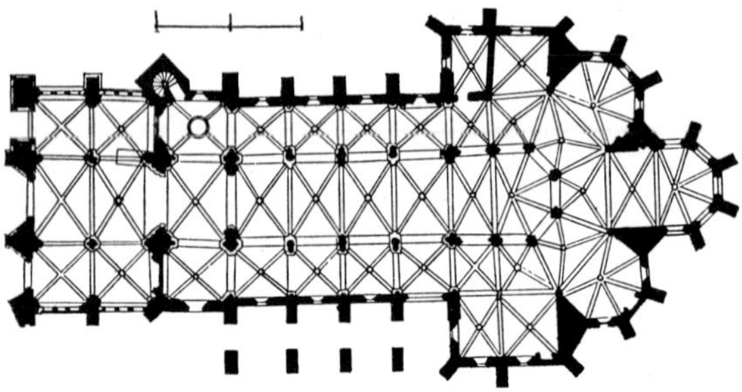

Saint-Père-sous-Vézelay, Notre-Dame

224 SAINT-POINT (Saône-et-Loire). DORFKIRCHE [E 9]. Romantisch gelegene kleine Kirche aus der 1. Hälfte 12. Jh. mit dreischiffigem Langhaus und dreiapsidialem Chor. Auf Querhaus und Obergaden wurde verzichtet, über dem Vorchor erhebt sich ein quadratischer Turm, dessen zwei Geschosse wohl nachträglich große Öffnungen erhielten. Zwischen den Lisenen des letzten Geschosses liegen Rundbogenfriese.

225 SAINT-SEINE-L'ABBAYE (Côte-d'Or). EHEM. ABTEIKIRCHE NOTRE-DAME [E 4/5]. Gründung eines Klosters im 6. Jh. durch den hl. Sequanus (Seigne oder Seine), den Sohn des Grafen von Mesmont; Übernahme der Benediktinerregel, 774 Eintritt des Klosterreformers Benedikt von Aniane, nach mehrfacher Zerstörung 981 Wiederbelebung. Kraftvoller Neubau unter Abt Olivier 1205/09ff. als eine der ersten gotischen Kirchen Burgunds, um

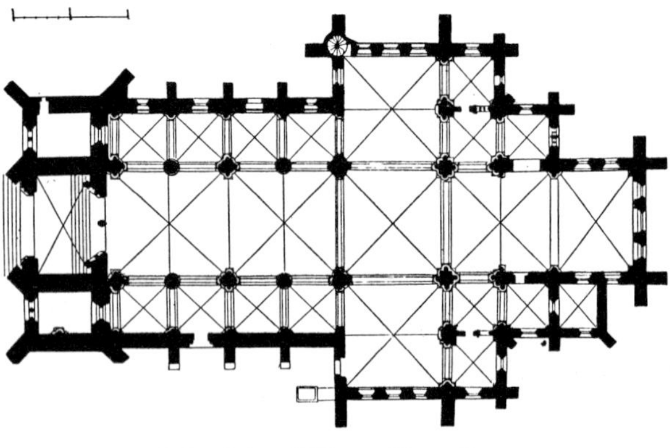

Saint-Seine-l'Abbaye, Notre-Dame

1240 Umplanung in Chor (Rose, inneres Maßwerkgitter am Obergaden) und N-Querhaus (Obergaden mit modernisierten Formen). 1255 Brand, Reparaturen im Querschiff (S-Arm, Vierungsgewölbe) und am um 2 Joche verkürzten Langhaus dauern bis ins 15. Jh., W-Fassade und Vorhalle unter Abt Jean de Blaisy (1398–1439), Vollendung des N-Turmes im 15. Jh., durchgreifende Restaurierung im 19. Jh. Helles und breites dreischiffiges **Langhaus* (vgl. Montréal) mit 2 Doppeljochen, ausladendes Querhaus mit östl. Kapellen, dreischiffiges Vorchorjoch mit Rechteckapsis – eine den Zisterziensern verwandte Lösung. Zweigeschossiger Aufriß: kräftige Arkaden auf glatten bzw. kantonierten Rundpfeilern mit Blatt- und Knospenkapitellen, glatte Wand unter Laufgang vor dreiteiligen Hochfenstern, sechsteilige Rippengewölbe im Mittelschiff (vgl. Sens). – Vielteilige Ausstattung: Lettner (in Apsis versetzt), spätes 14. Jh.; Verkündigungsgruppe der Sluter-Nachfolge, Mitte 15. Jh.; Wandmalerei mit Sequanus-Vita auf den Außenseiten der Vierungsschranken, frühes 16. Jh.; Chorgestühl von G. Theiss († 1750).

226 SAINT-SEINE-SUR-VINGEANNE (Côte-d'Or). Saint-Seine [G 4]. Eine Kapelle wird erstmals 630 erwähnt, 830 wird sie an die Abtei von Bèze zurückgegeben, im 10. Jh. zerstört und als dem hl. Sequanus geweihte Pfarrkirche gegen 1070 wieder aufgebaut. Der stehende Bau entstand um die Wende zum 14. Jh., eine Inschrift an einem der Chorpfeiler lautet: „ODITO LAPIS ME FECIT. 1300". 1444 Plünderung, 1636 Zerstörungen durch die Religionskriege, 1645 Neueindeckung des Vierungsturms. Die Chorfenster entstanden im 2. Viertel 16. Jh. Im 18. Jh. nivellierte man den Fußboden, der bis dahin drei Stufen besaß. Dreischiffige Basilika von drei Jochen, breite Seitenschiffe, niedrigeres Querhaus, Rechteckchor und Seitenkapellen, mächtiger quadratischer Vierungsturm mit noch ganz romanischen Klangarkaden. Von der Ausstattung ist vor dem Chorpfeiler ein Ecce-Homo aus dem 16. Jh. erhalten.
Der Kirche gegenüber liegt das Schloß, eine regelmäßige Rechteckanlage mit runden Ecktürmen, wahrscheinlich aus dem späten 14. Jh. Graben und urspr. Einbauten sind verschwunden; der „Donjon" entstand im 19. Jh. Eine zweite Anlage desselben Typs und wohl auch derselben Zeit, allerdings mit Donjon, befindet sich im Ortsteil Saint-Seine-la-Tour, in Rosières entstand im 3. Viertel 15. Jh. ein Donjon. Diese Häufung von befestigten Anlagen an dieser Stelle läßt sich wohl damit erklären, daß Saint-Seine direkt an der Grenze des Herzogtums lag.

227 SAINT-SEINE-SUR-VINGEANNE (Côte-d'Or). Château de Rosières [G 4]. 1294 gab es im Ortsteil Rosières, von dem im 18. Jh. nur noch zwei Häuser standen, eine „grange", einen Meierhof, für den sich der Grundherr von Saint-Seine, Regnaud de Saint-Seine, dem Herzog lehenspflichtig erklärte. Noch 1414 ist von dieser „grange, que l'on dit la grange de Rozières" die Rede. Erst 1474 liest man von einer „maison-forte de Rosières". Während des 3. Viertels des 15. Jh. muß also in Rosières anstelle der

„grange“ eine „maison-forte“ entstanden sein. Innerhalb des älteren unregelmäßigen Hofes, der wohl nie einen Graben besessen hatte, erhob sich nun ein mächtiger rechteckiger **Donjon* vom Typ Châtel-Gérard/Y. Ein Graben ist an zwei Seiten erhalten, umfaßte aber urspr. das ganze Gebäude. Obwohl der Bau unverputzt ist, lassen sich alte Öffnungen nicht erkennen, vermutlich waren es nur wenige kleine Fenster. Von einem Portal mit Zugbrücke, das sich in der W-Seite befunden haben soll, ist ebenfalls keine Spur zu sehen. Erhalten sind dagegen eine Bretèche oder Latrine nahe der NW-Ecke und ein umlaufender Wehrgang über Mâchicoulis, der sich an den Ekken zu großen oktogonalen Echauguettes über Encorbellements erweiterte. Nur eine Echauguette ist erhalten. Ausführung, Gliederung und Dekoration gehören zum Perfektesten, was in Burgund aus dieser Zeit erhalten ist. Eine Wendeltreppe liegt in der Mauerstärke der SW-Ecke. Auch der zierliche Torbau ohne Zugbrücke ist ein Schmuckstück: Über der rundbogigen, profilierten Durchfahrt belichtet ein von zahlreichen gratigen, sich überschneidenden Profilen gerahmtes Kreuzstockfenster das Obergeschoß. Seitlich wächst ein schlanker Treppenturm aus der Torwand.

1682 ließ Claude Bernard de Maillard Galerie und Pavillon im N erbauen. Dort ist – allerdings in sehr schlechtem Zustand – ein Fresko erhalten, das den Donjon im Zustand des späten 17. Jh. zeigt. Gleichzeitig entstanden wohl auch der diagonalstehende Pavillon an der SW-Ecke des Donjons, einige Fenster und die Aufteilung und Ausstattung des Innern. Doch sogar noch im ausgehenden 17. Jh. war man mit Fenstern sehr sparsam, das Innere wirkt dunkel. 1728 ist ein Garten mit Springbrunnen erwähnt, der wahrscheinlich vor der W-Seite lag.

228–233 SAINT-THIBAULT-EN-AUXOIS (Côte-d'Or). Ehem. Prioratskirche Saint-Thibault [E 5]. Um 1190 Gründung eines von der Abtei Saint-Rigaud abhängigen Priorates durch die Herren von Saint-Beury, um 1240 Ankunft von Reliquien des hl. Theobald, Entstehung einer Wallfahrt. Um 1240/50 Baubeginn einer Kirche, von der nach Einsturz (1712) und Brand (1728) ein Torso blieb; Neuweihe nach Reparaturen durch J.-A. Caristie 1753. Ältester Teil ist das teilweise noch spätromanische N-Querhaus mit einem **Figurenportal* von 1250/60: im schräg gestellten Gewände 4 anonyme Kostümfiguren unter Baldachinen, am Trumeau der hl. Theobald, am Sturz Tod und Himmelfahrt Mariä, am Tympanon ihre Krönung, in den Archivolten die Klugen und Törichten Jungfrauen sowie alttestamentarische Paare (Moses und Aaron, Salomo und David etc.). Die in die Reims-Nachfolge gehörenden Figuren sind gedrungen, ihre Gesten durchaus lebendig, die Gesichter derb. Türflügel mit Szenen aus dem Leben des Kirchenpatrons, um 1500. Um 1280/90 entstand die östl. an das N-Querhaus ansetzende elegante Saint-Gilles-Kapelle: Doppeljoch mit sechsteiligem Rippengewölbe und polygonale Apsis unter dem Einfluß der Gotik der Champagne.

Das fünfseitige, 27 m hohe **Chorpolygon*, ein überschlanker Glaskasten,

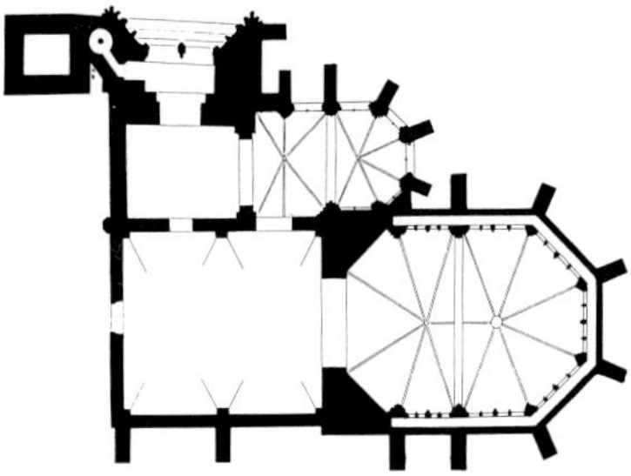

Saint-Thibault-en-Auxois, Saint-Thibault

wurde um 1300 in Auseinandersetzung mit Saint-Bénigne in Dijon begonnen, herzogliche Stiftungen 1299 und 1323; es ist die kühnste Leistung der burgundischen Gotik. Ungemein steil schießen die gewölbetragenden Dienste in die Höhe, die Wand ist mehrzonig negiert: Sockelarkatur, zweischalige Fensterreihe, filigran vergitterter Laufgang, vielteilige Maßwerkfenster.
Die Ausstattung überdurchschnittlich: **Rittergrabmal* des frühen 14. Jh.; stehende Madonna mit Kind und Vogel, um 1330; polychrome hölzerne **Altarreliefs* von 1330/50 mit der Vita des hl. Theobald; Triumphkreuz, um 1350; steinerne Sitzstatue des Kirchenpatrons in Mönchsgewand, um 1400; Reste des Kirchenschatzes (Schreine und andere Reliquiare, 13.–17. Jh., eucharistische Taube).

VII SAINT-VINCENT-DES-PRÈS (Saône-et-Loire). Saint-Vincent [E 8]. Erwähnung einer Kapelle im 10. Jh., um 1065/70 Rückerstattung einer Kirche an das Kapitel der Kathedrale von Mâcon durch Hugues de Vendenesse. Kräftige Landkirche aus dem 2. Drittel

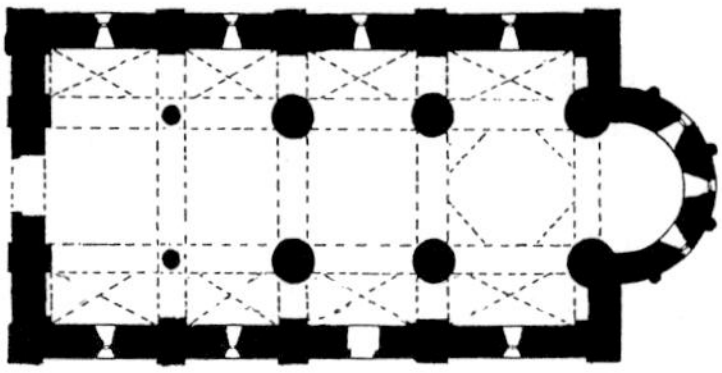

Saint-Vincent-des-Prés, Saint-Vincent

11. Jh.: 3 Schiffe, 3 Joche, nicht ausladendes Querhaus mit Trompenkuppel und mächtigem Turmaufsatz, halbrunde Apsis mit Halbsäulen- und Rundbogengliederung. Im schlanken Mittelschiff tragen Rundpfeiler (vgl. Tournus) eine Gurtentonne, der Obergaden vermauert, in den Seitenschiffen Gratgewölbe.

234 SAINTE-MAGNANCE (Yonne). Saint-Magnance [D 5]. Kirche und Ort haben ihren Namen von der hl. Magnantia, die im 5. Jh. dem Leichnam des hl. Germanus von Ravenna nach Auxerre gefolgt, 448 gestorben und „in aggere publico" begraben worden sein soll. Im 7. Jh., so berichtet die Legende, habe ein Pilger ihre Gebeine gefunden, die in die Kirche von Cordois gebracht wurden. Im 13. Jh. kam der Sarkophag mit den Reliquien in die Kirche von Sainte-Magnance, einen Bau des 12. Jh., der im 16. Jh. durch Nicolas Boursaut und seine Gemahlin Anne Filzjean erneuert und 1514 geweiht wurde. Der hausförmige **Sarkophag* auf vier kurzen Säulen trägt antikisierenden Ornamentschmuck. Im Giebel ist die Heilige als Pilgerin mit Stab und Tasche dargestellt, in den Seitenfeldern die Auffindung ihrer Reliquien und ihre Bestattung. Die Ausfüh-

rung der Reliefs ist unbeholfen, doch spürt man bereits den Versuch, die Gewandfalten den Bewegungen des Körpers anzupassen. Wahrscheinlich entstand der Sarkophag um die Mitte des 12. Jh., vielleicht zusammen mit der ersten Kirche. Der Kopf der Heiligen wird in einem Kopfreliquiar aus dem 18. Jh. aufbewahrt.

235 SAINTE-MAGNANCE (Yonne). MANOIR DU CHÂTEAU-JACQUOT [D 5]. Am Ortsende neben der Hauptstraße von Saulieu nach Avallon erhebt sich über einer Talsenke das Manoir du Château-Jacquot. Der dreigeschossige **Donjon* bildet die NO-Ecke einer im heutigen Zustand jüngeren Hofmauer. Der Donjon besitzt an zwei sich diagonal gegenüberliegenden Ekken Rundtürme, von denen einer die Traufe des Donjons um ein Geschoß überragt und als Taubenturm dient, an den anderen Ecken hohe, schlanke Echauguettes. Sie sitzen auf Konsolen und sind nach unten offen. Zwei Kragsteine einer Bretèche sind über dem Portal der Hofseite erhalten, darüber sieht man noch die kleinen Öffnungen eines Wehrgangs im letzten Geschoß. Mit großer Sicherheit umgab ein Graben den Donjon, über den eine Zugbrücke zum Donjon-Eingang führte. Château-Jacquot ist ein stark vereinfachter und wesentlich bescheidenerer Nachfolgebau von Châtel-Gérard/Y. und entstand wohl noch im 14. Jh.

236–238 SAULIEU (Côte-d'Or). EHEM. KLOSTERKIRCHE SAINT-ANDOCHE [D 5]. Anfang 5. Jh. Erwähnung einer Kapelle am Grabort des orientalischen Missionars und Märtyrers Andochius, seines Gefährten Tyrsus und des Einheimischen Felix, 722 erste Nennung einer Basilika, 731 Zerstörung durch Sarazenen. Wiederaufbau angeblich mit Unterstützung Karls d. Gr.; aus dieser Zeit vielleicht die (unzugängliche) Krypta unter der Apsis; 843 Übergabe des Klosters an den Bischof von Autun. Im Dezember 1109 Reliquienübertragung durch den burgundischen Papst Kalixtus II.; wohl um 1125 Beginn eines Neubaus durch Bischof Etienne de Bâgé, den Bauherrn der Kathedrale in Autun. 1127 Ersatz der Mönche durch 12 Kanoniker. Vollendung gegen 1150/60. 1360 Beschädigung von Chor und Querhaus, erst 1704 Bau des schlichten Polygonalchores anstelle von ausladendem Querhaus und tiefem Rechteck(?)chor. 1869 übermäßige Restaurierung (Fassade, Portal), seit 1919 „Basilica minor". Von Interesse nur das **Pfeilerlanghaus* in der Nachfolge von Cluny III bzw. Autun: 3 Schiffe, 6 Joche, der übliche dreizonige Aufriß mit spitzbogigen Arkaden, Blendtriforium und Obergaden (hier nur 1 Fenster pro Joch), Spitztonne, Gratgewölbe in den Seitenschiffen. Der Dekor weit ärmer als in

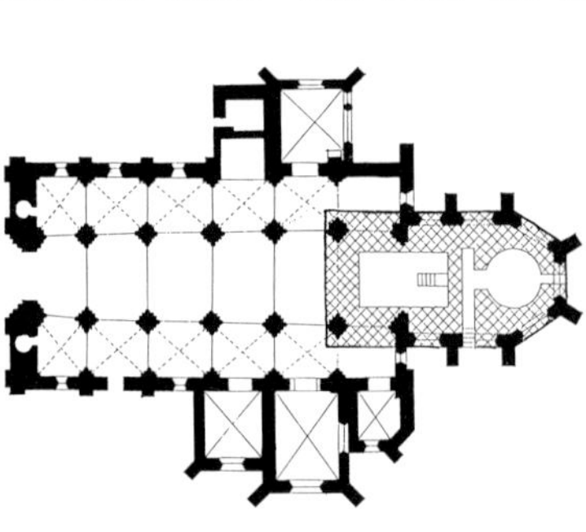

Saulieu, Saint-Andoche

Autun, die – überarbeiteten – **Halbsäulenkapitelle* von 1140/50 sind z. T. figürlich (Balaam auf der Eselin, Flucht nach Ägypten, Versuchung Christi, Erscheinung vor Magdalena, *Tod des Judas*) und wohl von den Pilasterkapitellen in Autun abhängig. Chorgestühl mit Wangenreliefs, Ende 14. Jh.; der **merowingische Andochius-Sarkophag* (mit halbrunden Schmalseiten) im 19. Jh. weitgehend erneuert.

239 SAUVIGNY-LE-BOIS (Yonne). Ehem. Priorat Saint-Jean-les-Bonshommes [C 4]. Die Mönche des um 1076 gegründeten Ordens von Grandmont, die „Bonshommes", erhielten zwischen 1174 und 1192 durch Ansëric IV de Montréal Land für eine Niederlassung, 1217 Bestätigung durch den Sohn des Stifters. Erhalten blieben einige Bogenstellungen des kleinen **Kreuzgangs* und die sorgfältig gemauerte **Kapelle:* Saal mit Ziegelsteintonne und halbrunder Apsis, deren Gewölbe erneuert ist und die außen und innen durch Säulen gegliedert ist.

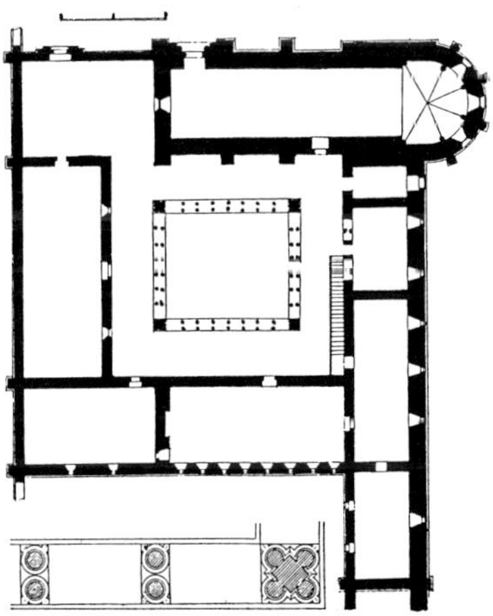

Sauvigny-le-Bois, ehem. Priorat

240 SAVIGNY-LÈS-BEAUNE (Côte-d'Or). Grand Château [E 6]. Um 1340 ließ Jean de Frolois, einer der mächtigsten Männer Burgunds, eine regelmäßige Rechteckanlage mit vier runden Ecktürmen und Graben erbauen. Die beiden Rundtürme der O-Seite sind wesentlich dicker als die der W-Seite, neben dem SO-Turm befindet sich eine Wendeltreppe in der Mauerstärke. Erhalten sind außer Mauern, Türmen und Graben Teile von Keller und Erdgeschoß der spätmittelalterlichen Einbauten. Ein Tor mit Zugbrücke lag an der W-Seite, an deren Türmen die Konsolen eines auskragenden Wehrgangs erhalten sind. Es ist denkbar, daß dieser Wehrgang ursprünglich die ganze Anlage umzog. Er entstand aber wohl nachträglich, vielleicht um die Mitte 15. Jh. 1478 Zerstörung durch Jean d'Amboise im Auftrag von Louis XI. Im frühen 17. Jh. Neubau der Dreiflügelanlage über den alten Fundamenten. Vollendung erst gegen Ende 17. Jh. Die Flügel sind zweieinhalbgeschossig und von einfachen Rechteckfenstern in Achsen belichtet. Die übergiebelten Lukarnen schneiden nach unten in das Halbgeschoß ein. Eine farbige Fassung der Fassade, die durch vertikale rote Bänder neben den Fenstern die Achsengliederung betonte, ist in Resten erhalten. Im Innern nimmt eine repräsentative Treppe mit drei geraden Läufen ein in allen Geschossen offenes Vestibül ein. Im 19. Jh. entstanden die Durchfahrt und der große galerieartige Saal mit Pi-

lastergliederung und Tonnenwölbung im O-Flügel und die Kapelle im NO-Turm. – Die wertvolle archäologische Sammlung, die Laurent de Migieu während der 2. Hälfte 18. Jh. angelegt hatte, verkaufte der gegenwärtige Besitzer samt aller Ausstattung und nutzt nun das sehr renovierungsbedürftige Obergeschoß für die Ausstellung alter Motorräder. Den Park verunstaltet eine umfangreiche Sammlung von Kampfflugzeugen.

241 SAVIGNY-LÈS-BEAUNE (Côte-d'Or). PETIT CHÂTEAU [E 6]. Bénigne Bouhier ließ nach 1671 an der Stelle älterer Nebengebäude das sog. Petit Château errichten, das 1683 vollendet war. Dieser Bau, der an Vorbilder des italienischen Manierismus erinnert, besteht aus porösen Quadern, die an Fenster- und Türrahmungen mit Quadern aus „mur vermiculé" wechseln. An einen annähernd kubischen Mittelpavillon schließen segmentbogige, um ein Halbgeschoß niedrigere Flügel an, die wieder in Pavillons enden. Über allen Fenstertüren liegen Okuli und tiefe Blendbögen, die zusammen mit der Rustikaquaderung ein lebhaftes Licht-Schatten-Spiel erzeugen. Auf der Balustrade der Terrasse zwei überlebensgroße, wahrscheinlich galloromische Köpfe.

242 SAVIGNY-LÈS-BEAUNE (Côte-d'Or). MAISON THEUREAU, GEN. MANOIR DE SAVIGNY-LÈS-BEAUNE [E 6]. Isaac Theureau, „fermier général de la baronnie de Savigny", erbaute um 1700 ein kleines privates Palais. Über einem Sockel mit Terrasse erheben sich zwei Wohngeschosse mit vier Fensterachsen. Der kräftige Portalrisalit mit Dreiecksgiebel und eigenem Dach, der ihn fast zu einem Zwerchhaus macht, und die als Köpfe ausgebildeten Schlußsteine an den Erdgeschoßfenstern erinnern noch an das 17. Jh., ebenso die von Voluten eingefaßten Lukarnen. Nebengebäude fassen den Hof ein, der zur Straße hin durch ein schmiedeeisernes Gitter abgegrenzt wird.

II, 243 SEMUR-EN-AUXOIS (Côte-d'Or). STADT [D 4]. Stadt mit reicher Vergangenheit: frühgeschichtliche Höhenfestung über dem Armançon, römisches Kastell, karolingische Niederlassung des Klosters Flavigny, mittelalterliche Burg auf der SW-Seite (4 runde Ecktürme erhalten, um 1300), langgezogene Stadtmauer (1371/72 von Philippe le Hardi angelegt) mit **Stadttor*.

II, 244–246 SEMUR-EN-AUXOIS (Côte-d'Or). EHEM. PRIORATS- UND PFARRKIRCHE NOTRE-DAME [D 4]. Vor 879 Gründung durch Girard de Roussillon, 879 Erwähnung einer von Flavigny abhängigen Kirche; 1065 ff. romanischer Neubau, 1075 Beisetzung des Herzogs Robert II. von Burgund, 1184 Erwähnung von Priorat und Pfarrei in einer Papsturkunde. Ab 1220/25 gotischer Neubau in Kathedralform nach dem Vorbild von Auxerre und Dijon in mehreren Abschnitten: rippengewölbte Basilika (60 m lang) mit 3 Schiffen und 7 Jochen, fünfteiligem ausladenden Querhaus, polygonalem Umgangschor mit 3 geraden Jochen und 3 Kranzkapellen. Der Choraufriß dreigeschossig: kantonierte Rundpfeiler mit Knospenkapitellen, vergittertes

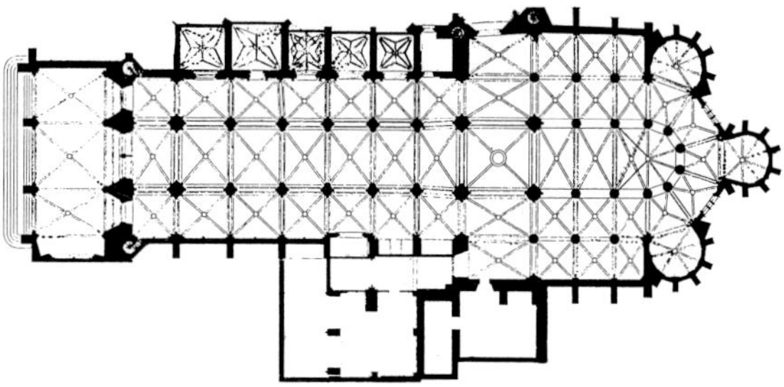

Semur-en-Auxois, Notre-Dame

zweischaliges Triforium mit plastischem Kopf-Dekor, Laufgang vor hohen Lanzett- bzw. Gruppenfenstern, Schlußstein mit Marienkrönung. Das ungemein steile, ab etwa 1240 in 3 Phasen entstandene **Langhaus* hat nur noch 2 Geschosse: erhöhte Arkaden und Gruppenfenster. Die 3 westlichen Joche mit den Portalen, die Türme über den ersten Seitenschiffjochen und die terrassierte Vorhalle erst Anfang 14. Jh.; Langhaus-Kapellen 15./16. Jh. Restaurierung 1844/54 durch Viollet-le-Duc.
Die W-Portale mit ihren Skulpturen 1793 zerstört, erhalten aber das nördliche Querschiffportal, die **Porte des Bleds,* von etwa 1250: am Tympanon lebhafte Szenen aus der Geschichte des Apostels Thomas in 2 Streifen (Unglaubigkeit, Tätigkeit als Baumeister in Indien), darüber Halbfigur Christi mit Weltkugel, Archivolte mit Monatsdarstellungen, die Gewändefiguren fehlen. – Umfangreiche Reste alter Ausstattung: Glasfenster und Kapellenschranken 13.–16. Jh.; Tafelbild eines stehenden Christus, 1299 (?) datiert; ausdrucksstarke **Grablegung,* 1490; Gemälde der Wurzel Jesse, 1453 datiert; Sebastian und Christus im Elend, frühes 16. Jh.

247–249 SEMUR-EN-BRIONNAIS (Saône-et-Loire). Saint-Hilaire [D 9]. In der Nachfolge der 3. Kirche von Cluny entstand ab etwa 1120/30 in Semur, dem Geburtsort des hl. Hugo von Cluny, eine Kirche, die erst gegen Ende 12. Jh. vollendet wurde. 1274 stifteten der Grundherr von Semur, Jean de Châteauvilain, und Bischof Girard von Autun das Kollegiat Saint-Hilaire für 13 Kanoniker. 1364 und 1576 Zerstörungen durch die Engländer bzw. durch die Hugenotten. Die dreischiffige Basilika von vier Jochen mit kaum ausladendem Querhaus, dreischiffigem Chorjoch und Dreiapsidenchor hat im Langhaus einen dreizonigen Aufriß: Arkaden über Rechteckpfeilern mit halbrunden bzw. gestuften Vorlagen, Blendtriforium und Obergaden mit je einem Fenster pro Joch. Die Vorlagen sind im Erdgeschoß kanneliert, darüber werden sie zu Halbsäulen, die die Gurte der Rundtonne tragen. Diese Tonne stammt aus dem 19. Jh. und ersetzt eine ursprüngliche Spitztonne. Der ganze Bau zeichnet sich im *In-

nern wie am **Außenbau* durch eine im Vergleich mit anderen Cluny-III-Nachfolgern sparsame Dekoration, dafür aber sorgfältige Bearbeitung des Mauerwerks aus. Nur den oktogonalen Vierungsturm schmücken im 1. Freigeschoß Blendarkaden, im 2. Geschoß gestufte Schallarkaden mit Archivolten und eine Blendbogenreihe unter der Traufe. Im N und S befindet sich je ein romanisches Stufenportal mit Säulen, im Tympanon ein Vierpaß bzw. ein Henkelkreuz. Das mit kleinteiligen geometrischen Mustern reich verzierte **W-Portal* hingegen besitzt figürlichen Schmuck: im Sturz Hilarius-Szenen, im Tympanon eine Majestas Domini mit Evangelistensymbolen. Das Lamm im Bogenscheitel ist ein Zitat von Charlieu/Loire, mit dessen Portal dasjenige von Saint-Hilaire verwandt ist.

250 SEMUR-EN-BRIONNAIS (Saône-et-Loire). CHÂTEAU SAINT-HUGUES [D 9]. Befestigung des Felsplateaus wenigstens seit dem 9. Jh. Urspr. umzog eine Mauer den ganzen Sporn. Freelan de Chamelet (oder Chamilly) soll im 10. Jh. einen Donjon errichtet haben, der stehende **Donjon* entstand aber frühestens in der 1. Hälfte 13. Jh., vielleicht auch erst 1262 ff., als Jean de Châteauvilain, der Stifter des Kollegiats, Grundherr geworden war. Eine „Chemise", d. h. eine Schildmauer, die die am meisten gefährdete Stelle des Donjons schützen soll, deckt hier die W-Ecke. Sie ist mit zwei Rundtürmen besetzt, die ehemals ein Tor flankierten; der Bogenansatz ist auf beiden Seiten erhalten. Der hochgelegene Zugang des Donjons ist ebenfalls noch erkennbar. Er ist gerahmt von einer rechteckigen Vertiefung, die ein Hinweis auf eine Zugbrücke sein könnte. Das Kreuzstockfenster entstand im 16. Jh. Zu Beginn des 19. Jh. unternahm man einen vergeblichen Abbruchversuch, in jüngster Zeit sind Sicherungs- und Erhaltungsarbeiten begonnen worden.

251 SENNECEY-LE-GRAND (Saône-et-Loire). SAINT-JULIEN [F 7]. Kräftige romanische Pfarrkirche, die von dem Priorat Saint-Marcel-lès-Chalon abhing: das dreischiffige und vierjochige Langhaus und ein Teil des wenig tiefen Querhauses mit dem **Vierungsturm* wegen der spitzbogigen Arkaden und der Spitztonne im fensterlosen Mittelschiff wohl erst frühes 12. Jh., altertümlich dann die Pfeilerform und die Rundtonnen in den Seitenschiffen und im Querhaus. Der 2 Joche tiefe rippengewölbte Rechteckchor, den Kapellen flankieren, ist spätgotisch; auf seiner S-Seite die Kapelle der Herren von Ruffey von 1427.

IX, 252–254 SENS (Yonne). KATHEDRALE SAINT-ETIENNE [B 2]. Das gallische Agendicum wurde in der 2. Hälfte 3. Jh. durch den Märtyrer Sabinian christianisiert, angeblich erbaute der Heilige seine erste Kirche an der Stelle eines heidnischen Tempels. Zwischen 609 und 623 Erwähnung einer Gruppe aus 3 Kirchen: im N das Baptisterium St-Jean-Bapt., in der Mitte die Basilika St-Jean, im S die Basilika Notre-Dame. 968 Brandzerstörung der Bauten, 982 Weihe einer neuen Stephanus-Kirche durch Erzbischof Séguin. Der heutige Bau wurde durch Erzbischof Henri Sanglier (1122–42) um 1130 als 115 m lange Basilika mit einem Eingangsjoch

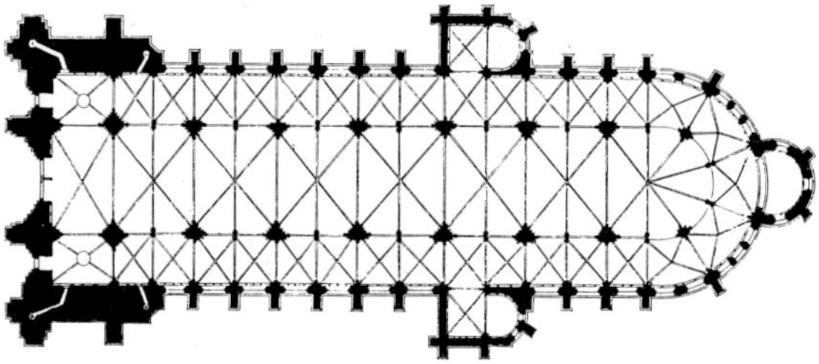

Sens, Kathedrale

zwischen Doppeltürmen, 6 Doppeljochen und einem halbrunden Chorumgang mit einer wohl rechteckigen Scheitelkapelle sowie zwei apsidialen Kapellen am Langhaus begonnen. 1164 Weihe des Hochaltares durch Papst Alexander III. unter Erzbischof Hugues de Toucy (1142–68), der den frühgotisch umgeplanten Großbau weitgehend vollendete. 1184 Stadtbrand, dabei wohl Beschädigung der Kirche. 1267/68 Einsturz des S-Turmes der Fassade und langwierige Reparatur, um 1300 Bau von Kapellen am Langhaus und Beginn eines (bald aufgegebenen) Querschiffeinbaus. Erst 1490 – um 1502 Einbau des **südlichen Querhauses* mit Moses-Portal und 1500 – um 1516 des nördlichen mit Abraham-Portal durch Martin Chambiges. 1490 – um 1532 Bau des südlichen Turmes der Fassade, 1793 Zerstörung aller Portalstatuen bis auf den hl. Stephanus am Trumeau.

Begonnen wurde die als Hauptwerk der Frühgotik berühmte Kirche noch in romanischen Formen (Chorаußenmauern, Kapelle Joh. d. T., Gratwölbung des Umgangs) vielleicht als fünfschiffige Anlage; um 1145 Umplanung unter dem Einfluß des 1144 geweihten Chorneubaus der Abteikirche Saint-Denis: Beibehalten wurde der querhauslose, möglicherweise auf 3 Schiffe reduzierte Grundriß, neu ist wohl das gebundene stützenwechselnde System des nun 15,25 m breiten, aber nur 24,5 m hohen Mittelschiffs, dessen Überwölbung das kurz zuvor in der Normandie „erfundene" Rippengewölbe ermöglichte, und weitgehend auch der **Aufriß vom Chor* (Doppelsäulen im Umgang, Triforium, Obergaden, Rippen) und vom Langhaus (Wechsel von gestuften Pfeilern und Doppelsäulen, Zwillingsarkaturen mit Öffnungen auf den Dachstuhl der Seitenschiffe, Obergaden, dieser nach 1268 vergrößert, dabei wurden die Kappen der kuppeligen sechsteiligen Rippengewölbe angehoben). Ausgebaute Emporen, das typische Merkmal des vierzonigen frühgotischen Aufrisses, fehlen, sie hätten das Gewölbe auf eine unabstützbare Höhe gebracht.

Das älteste W-Portal ist das nördliche, das Johannes-Portal, um 1185: an Sturz, Tympanon und Archivolten ein ausführlicher Täufer-Zyklus wie in Auxerre, die 6 Gewändefiguren verloren, am geschrägten Sockel Avaritia und Largitas. Vom *Mittelportal* des späten 12. Jh. sind die Klugen und Törichten

Jungfrauen am Türpfosten, die Freien Künste und die Monatsdarstellungen am Sockel der Gewände sowie die schlanke **Trumeaufigur des Stephanus* erhalten. Am Tympanon wurde nach 1268 das erste Programm (Predigt und Steinigung des Kirchenpatrons) wiederholt, an den Archivolten Engel, Tugenden und Märtyrer, die Gewände leer. Das südliche Marienportal mit Tod, Grablegung, Himmelfahrt und Krönung um 1300, Gewände leer, am Sockel 24 Gestalten des Alten Bundes.
Von der Ausstattung bedeutende Reste: steinerne Sitzfigur des Thomas von Canterbury, Ende 12. Jh.; hölzerne Kreuzigungsgruppe aus Cérisiers, 1. Hälfte 13. Jh.; Sitzfigur einer Maria mit Kind, 1334 von dem Kanoniker Manuel de Jaulnes gestiftet; Altar des Erzbischofs Tristan de Salazar, 1500–1515, mit 3 Steinfiguren (Sabinian, Maria und Stephanus); Reste des Grabmals des Kardinals Antoine Duprat, frühes 16. Jh.; Hochaltar von Servandoni, 1742; allegorienreiches Grabmal, 1777 von G. Coustou für die 1765 bzw. 1767 gestorbenen Kinder Ludwigs XV.; Glasfensterreste vom 12.–17. Jh.; vom Kirchenschatz wenig erhalten.

255 SENS (Yonne). PALAIS ARCHIÉPISCOPAL (PALAIS SYNODAL) [B 2]. Teil des hochgotischen Bischofspalastes, südlich an die Kirchenfassade anschließend. Von Erzbischof Gautier Cornut (1222–41) als dreigeschossiges Rechteck 1235/40 erbaut: im Untergeschoß 2 Schiffe mit Rippengewölben auf Rundpfeilern, im Erdgeschoß Gänge und gewölbte Kammern, im Hauptgeschoß großer, heller Gewölbesaal von 6 Jochen. Flügelanbauten unter Louis XII (um 1520) und Henri II (1557). Von Viollet-le-Duc stark restauriert.

256 SENS (Yonne). SAINT-SAVINIEN [B 2]. Erstes christliches Heiligtum in Sens, am Grabort des um 300 hingerichteten Sabinian, nahe der untergegangenen Abtei St-Pierre-le-Vif, erbaut. Neubau einer Kirche im späten 11. Jh. laut der Balduinus-Petronilla-Inschrift an einem Rundpfeiler im nördlichen Querhaus: dreischiffiges Pfeilerlanghaus von 4 Jochen, urspr. mit Holztonne; Querhaus mit tonnengewölbten Armen, die **2 Arkaden auf Rundstützen* mit der gratgewölbten Vierung verbinden; Glockenturm; tonnengewölbter Rechteckchor mit Nebenräumen, kleine Rechteckkrypta.

257 SENS (Yonne). EHEM. KLOSTERKIRCHE SAINT-JEAN (HOSPITALKAPELLE) [B 2]. Gründung eines Klosters um 500 durch den Erzbischof; 876 Nennung von Nonnen, ab 1111 von Augustinerchorherren; in der Revolution Umwandlung in ein Hospital. Nach Zerstörungen 1417 und 1567 ist der erhaltene Bau das Ergebnis einer Wiederherstellung von 1672–84: das dreischif-

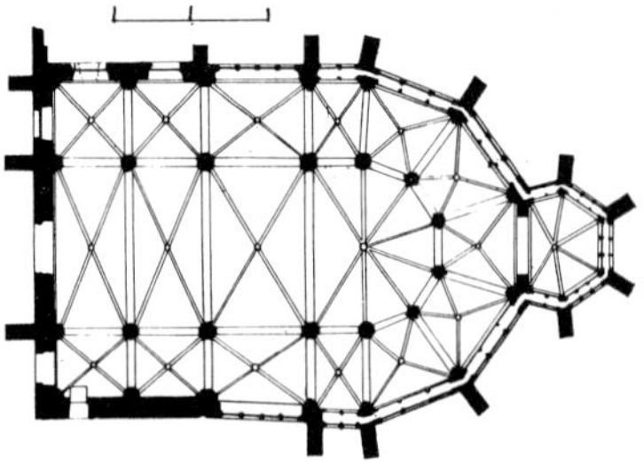

Sens, Saint-Jean

fige Langhaus 17. Jh., der polygonale *Chor mit Umgang und einer Scheitelkapelle* um 1230/40.

258 SERCY (Saône-et-Loire). Schloss [E 7]. Die Geschichte von Grundherrschaft und Schloß Sercy reicht zurück in die 1. Hälfte 12. Jh., und wie an kaum einem anderen Bau in Burgund kann man hier die Veränderungen der Jahrhunderte bis zum letzten Umbau 1929 ablesen. Die ältesten Teile befinden sich im NW der auf den ersten Blick sehr verwirrend scheinenden Anlage. Sie gehören zu einem annähernd quadratischen Donjon, dessen rundbogiger Zugang, begleitet von einer Bifora, im heutigen Innenhof erhalten ist. Weitere romanische Öffnungen sind im ehem. 2. Obergeschoß des Donjons erhalten. Auch die beiden unregelmäßigen Umfassungsmauern (die innere umfaßt heute alle Gebäude, die äußere ist nur noch ungefähr durch die Lage des SO-Turms und des Torturms im S und durch den Rest des Grabens im O erkennbar), ein Graben und die einschiffige, tonnengewölbte Kapelle mit niedrigem Querschiff und halbrunder Apsis in der ehem. Basse-cour gehörten wahrscheinlich zu dieser Anlage. Im 13. Jh. besetzte man die äußere Mauer mit starken Rundtürmen, von der der nordwestliche am Donjon und der südöstliche, der im 15. Jh. zum Taubenturm wurde, erhalten sind.
Zwischen 1427 und 1464 errichtete Guillaume de Sercy die beiden schlan-

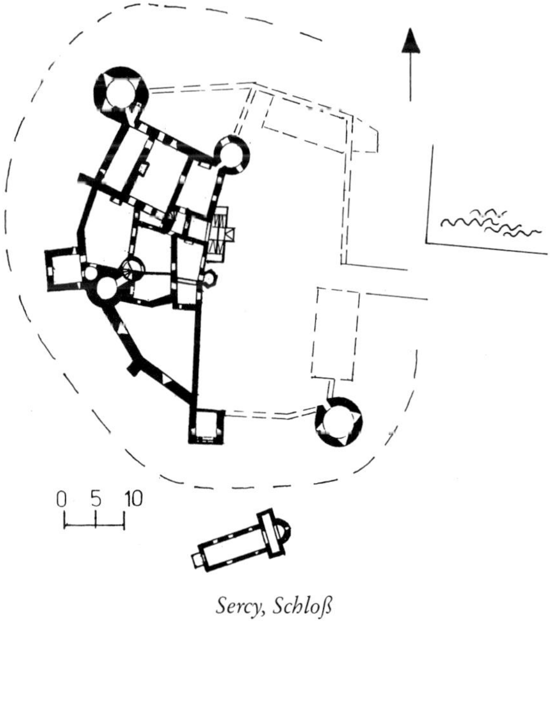

Sercy, Schloß

ken Rundtürme, an denen die Konsolen eines auskragenden Wehrgangs zu sehen sind, und das W-Logis, das an den Donjon anschließt. Die entscheidenden Erneuerungen, die das Aussehen der Anlage noch heute prägen, folgten gegen Ende des Jahrhunderts im Auftrag von Jean de Sercy. Er ließ das Niveau des Innenhofes um wenigstens ein Geschoß anheben, so daß der Zugang zum Donjon heute ebenerdig ist; er ließ den großen Zugangsturm im O und die dahinterliegende Wendeltreppe anfügen, durch die der Hofbereich östlich des Donjons abgeriegelt wurde. Er erhielt ein Dach und diente künftig als Küche. Außerdem entstanden neue Logis' im S und O mit Fachwerkfassaden zum Innenhof und ein großer polygonaler Treppenturm in der SW-Ecke des Hofes. Der quadratische Turm an der SO-Ecke der Anlage entstand im 16. Jh. und schneidet die alte Außenmauer ab, die urspr. im S weiterführte und an der Stelle des kleinen polygonalen Türmchens auf Encorbellement auf die O-Mauer traf. Im späten 15./frühen 16. Jh. entstanden auch der Torbau im S und die Poterne mit Zugbrücke, die vom W-Bau auf den Graben führte. Schließlich hatte Jean de Sercy in die Nische, die zwischen W-Bau, Donjon und Zugangsturm im O entstanden war, eine Kapelle einfügen lassen. Sie soll ein schönes Maßwerkfenster, eine Altarnische und einen Altar gehabt haben.

Regularisierungspläne des späten 18. Jh. scheiterten. 1811 entstanden anstelle einer einläufigen Treppe vor dem östlichen Zugang die heutige mehrläufige Treppe und Veränderungen im Innern und an der Hoffassade des westlichen Logis'. 1929 brannte der Donjon. Seither fehlt seine östliche Hälfte, und an ihrer Stelle befindet sich ein Innenhof. Die westliche Außenmauer mußte erneuert werden.

259, 260 SULLY (Saône-et-Loire). SCHLOSS [E 6]. Eine Grundherrschaft und wahrscheinlich auch eine befestigte Anlage existierten bereits seit etwa 1180. Seit dem 13. Jh. gehörte sie nacheinander den Familien de Couches und de Montaigu. 1469 gingen „chastel, maison-forte et forteresse du dit Sully" durch Heirat an Hugues de Rabutin, den Grundherrn von Epiry (s. Saint-Emiland). Gaspard de Saulx-Tavannes, in dessen Familie sich Sully seit 1515 befand, begann um 1570 mit einem Neubau, den nach seinem Tod 1573 seine Witwe fortführte. Der Architekt war Nicolas Ribonnier aus Langres; er hatte für denselben Bauherrn bereits Schloß Le Pailly bei Langres gebaut. Gegen 1610 scheint der Bau abgeschlossen gewesen zu sein. Im frühen 18. Jh. erneuerte man die N-Seite, 1830 wurde die S-Front gotisiert, um 1890 wurden O- und S-Front in Renaissanceformen umgebaut.

Die regelmäßig rechteckige Vierflügelanlage ist von einem breiten Graben umzogen und an den Ecken von diagonalstehenden Türmen begleitet, die die zweigeschossigen Flügel um ein Geschoß übersteigen. Die einzige im urspr. Zustand erhaltene Seite ist die **Eingangsseite* im W. Sie besteht aus Rustikamauerwerk im Sockel und Großquaderwerk in wechselnd starken Lagen im Erdgeschoß, wo zwei große Kreuzstockfenster das rundbogige Mittelportal rahmen. Das Obergeschoß gliedern gerahmte Doppelpilaster, die im Wechsel große Kreuzstockfenster und der Wand aufgelegte Tafeln einfassen. Ein hoher Dreiecksgiebel betont die Mitte. Weitgehend original ist auch der Innenhof, wo man hinter der Fassade des O-Flügels Reste eines Logis aus dem 15. Jh. findet. Der Innenhof ist stark plastisch gegliedert: Das Erdgeschoß ist umlaufend rustiziert, im Obergeschoß begleiten ionische Pilaster die Fensterachsen. Auf jedes zweite Fenster folgt eine ehem. mit allegorischen Figuren bemalte Flachnische. Unter diesen Nischen befinden sich im Erdgeschoß Tondi mit Büsten. Über den Nischen Kartuschen. Ein skulptierter Fries schließt die Fassaden nach oben ab.

Für die Zeit des späten 16./frühen 17. Jh. ist der Anlagetyp erstaunlich altertümlich. Man würde kein Kastell vom Typ Ancy-le-Franc mehr erwarten, sondern eine Dreiflügelanlage mit Ehrenhof. Im 18. Jh. verlegte man die N-Fassade weiter nach außen und gewann Raumtiefe und fünf Fensterachsen. Die zweigeschossige Fassade besitzt einfache Rechteckfenster zwischen toskanischen Pilastern (in Burgund selten in dieser Zeit!) und einen flachen Mittelrisalit mit Giebel, vor dem eine elegante Treppe zu einer breiten Terrasse führt.

261, 262 TALANT (Côte-d'Or). NOTRE-DAME [F 5]. 1210 gründete Herzog Eudes III ein Priorat und eine Burg auf einer Anhöhe in der Nähe von Dijon. Mit dem Bau der Kirche wurde anscheinend erst um 1240/45 begonnen, ihre Fertigstellung zog sich allerdings bis in das 15. Jh. Eine schöne gotische Inschrift am zweiten Langhauspfeiler im SO nennt „DIMENCHE L'AN MILLE CCCC ET XXX LE IIe JOUR DE JUILLET" als Tag der Weihe. Im Chor Einbau eines Flamboyantfensters und Anbau von zwei niedrigen symmetrischen Räumen, die den Gesamtplan zumindest im Grundriß zu einem langgezogenen Rechteck werden lassen. Im W Abtrennung von zwei kleinen Räumen im 1. Joch der Seitenschiffe. Restaurierungen während der 2. Hälfte 19. Jh. und 1973–1975.

Dreischiffige Basilika von 10 Jochen ohne Querhaus, langgezogener Rechteckchor und kleine quadratische Seitenkapellen. Der Aufriß ist zweigeschossig: Über den spitzbogigen Arkaden folgen eine hohe Wandfläche, ein kleiner Obergaden und ein Rippenge-

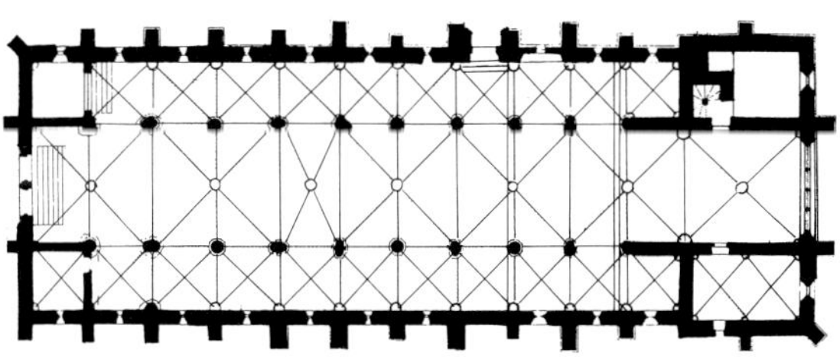

Talant, Notre-Dame

wölbe. Das **Langhaus* wirkt schon auf den ersten Blick sehr uneinheitlich. Im O beginnend, wechseln die Pfeilerformen nicht nur in den starken und schwachen Stützen eines Stützenwechsels, sondern auch die starken Stützen untereinander. Zudem sind die Vorlagen an einigen Stützen angesetzt, an anderen angearbeitet. Möglicherweise waren zunächst nur Rundpfeiler geplant, denn am 1. Pfeilerpaar im O sind nachträglich Vorlagen an eine Rundstütze angefügt. Später könnte man auf sechsteilige Gewölbe umgeplant und einen Stützenwechsel eingeführt haben. Das 3. Pfeilerpaar ist polygonal. Ab dem 6. Joch verzichtete man auf die wandgliedernden Vorlagen im Mittelschiff und änderte wieder den Pfeilergrundriß, der nun halbrunde Vorlagen für die Arkadenunterzüge besitzt. Ebenso erstaunlich ist die Tatsache, daß die Mittelschiffpfeiler Vorlagen für die Gurtbögen der Seitenschiffgewölbe haben, diese Vorlagen aber an den Außenwänden der Seitenschiffe fehlen.

Wie kaum eine andere Kirche hat Notre-Dame in Talant eine reiche Ausstattung, die z. T. aus der Burg stammen mag, bewahrt. Nur die wichtigsten Stücke seien genannt: eine Madonna aus Stein des 14. Jh., die zur Nachfolge der Madonna von Fontenay gehört; Margarete und Rochus, 16. Jh.; Stephanus mit Stiftern, 16. Jh.; eine hl. Magdalena, ein Meisterwerk aus der Werkstatt der Gebrüder Péchinot aus Talant, 1570, mit Inschrift an der Wand; im südlichen Seitenschiff eine **Grablegung* aus dem frühen 16. Jh. mit unterlebensgroßen, zeitgenössisch gekleideten Figuren; auf dem Altar der ehem. Nikolauskapelle ein Christus im Elend aus dem 16. Jh.; in der gegenüberliegenden Kapelle eine farbig gefaßte Madonna aus Stein, die dem Bildhauer Jean Dubois aus Dijon zugeschrieben wird. Außerdem birgt die Kirche eine Reihe von Bildern, u. a. eine hl. Klara, französische Schule des 17. Jh., eine Verkündigung der Zeit um 1700, eine Taufe Christi aus dem 18. Jh. An mehreren Pfeilern befinden sich Inschriften, die sich z. T. auf Figuren oder Stifter, z. T. auf Epitaphien beziehen. Beachtlich auch die schönen Grabsteine.

263 TALMAY (Côte-d'Or). DONJON UND SCHLOSS [G 5]. In der 2. Hälfte 13. Jh. ließ Guillaume de Pontailler eine wahrscheinlich regelmäßige Anlage mit Graben und Donjon und drei Rundtürmen an den Ecken errichten, von der nur der fünfgeschossige **Donjon* erhalten ist. Ein Wasserschlaggesims gliedert ihn etwas unterhalb der Mitte. Die quadratischen Wehröffnungen unter der Traufe dürften ursprünglich sein, die regelmäßig versetzten Bretèches und Latrinen kamen wohl erst im 14. Jh. hinzu.

Für den Bau des Logis', das aus der Achse der alten Anlage gedreht worden ist, beauftragte Pierre Ier Filsjean den Pariser Architekten Pierre Cottard. Seine Vorschläge kamen nicht zur Ausführung. Auch Pierre II Filsjean berief nacheinander acht Architekten, um schließlich 1762 das Projekt von Jacques-Louis Daviler zu wählen, dessen Ausführung er Jean-Antoine Caristie anvertraute. Das siebenachsige **Logis* besitzt zwei Geschosse über einem durchfensterten Sockel und ist von zwei Pavillons begleitet, die, an der Hofseite als quadratische Baukörper hervortretend, einen Ehrenhof noch andeuten, an der Rückseite als flache Risalite erscheinen. Dreiachsige Risalite betonen auch die Mitte der Langseiten. Die abgeschrägten Ecken der Pavillons sind durch Lagerfugen betont, dazwischen stuft sich die Wand in rechteckigen Tafeln zurück, die die zart profilierten Rundbogenfenster rahmen. Der Schrägung an den Ecken sind ebenfalls schmale Tafeln aufgelegt. Der Hauptbau ist schlichter, eine zweiläufige Treppe führt zum wenig betonten Zugang. Die Innenausstattung entstand bis 1825. Hier wird bereits der beginnende Frühklassizismus spürbar.

264–266 TANLAY (Yonne). SCHLOSS [D 3]. Seit dem 13. Jh. bestanden eine Grundherrschaft und eine Burg Tanlay, die Louise de Montmorency 1535 erwarb. Ihr ältester Sohn François de Coligny, Seigneur d'Andelot, begann um 1555 mit dem Bau eines neuen Schlosses, das von der Vorgängeranlage wohl nicht nur die allgemeine Form, sondern auch Teile der Fundamente und des Grabens übernahm. Von der leicht querrechteckigen Anlage mit runden Ecktürmen entstanden bis zum Tod von François de Coligny 1569 der südliche Bereich des Hauptgebäudes, der südliche Flügel und die beiden Rundtürme. Danach scheint der Bau nur noch langsam fortgeschritten zu sein.
Erst 1643 führte Particelli d'Hémery, der Schloß und Domäne ein Jahr zuvor erworben hatte, das angefangene Projekt weiter, indem er den Architekt Pierre Le Muet damit beauftragte. Bis 1648 vollendete dieser die Fassaden des Hauptgebäudes, einen großen Teil der Dekoration der Räume und den blockartigen ***Torbau,* der noch an Bauten des 15. Jh. erinnert. Doch statt Zugbrücke und Wehrgang besitzt dieser Torbau eine rhythmische Gliederung aus dorischen Säulen mit beringten Schäften, die zu beiden Seiten einer rundbogigen Durchfahrt und eines (vergitterten) Fensters eine halbrunde Nische mit einer Tafel darüber rahmen. Die steinerne Brücke trägt zwei Obelisken, die in der gleichen Weise wie die Säulenschäfte gemauert sind und deren mächtige Sockel als Schilderhäuschen dienen. Eine Mauer mit Blendarkaden und Wehrgang schloß urspr. anstelle der Balustrade die O-Seite. Elemente des spätmittelalterlichen Wehrbaus sind hier mit der Dekoration der Zeit kombiniert worden.
Im W schließt der zweigeschossige Hauptbau den nicht ganz rechtwinkligen ***Hof* ab. Die kurzen „Flügel", die ihm an beiden Seiten angeschoben sind, erkennt man nur von außen bzw. an den eigenständigen Dächern. Vom Hof aus sind sie durch die beiden symmetrisch angelegten Treppentürme, die mit drei Seiten eines Oktogons in den entstandenen Winkeln stehen, verborgen; auch dies ein Motiv spätmittelalterlicher Anlagen. Je zwei Pilasterpaare trennen die zart profilierten Rechteckfenster. Die 7 Fensterachsen enden in reich dekorierten Lukarnen. Die schmaleren und niedrigeren Seitenflügel besitzen im Erdgeschoß offene Arkaden, die ebenfalls von Doppelpilastern eingefaßt werden. Nur der S-Flügel besitzt ein Obergeschoß. Vermutlich war diese Gliederung für die

Dekoration der Hauptfassade bestimmend. An der Gartenseite fehlen nämlich die Pilaster, Lukarnen wechseln mit Œils de bœuf.
Ein kleiner rechteckiger, eingeschossiger Vorbau, der auf die Brücke führt, verstellt die Fassade ein wenig. Hinter diesem Vorbau errichtete Le Muet das Vestibül der Caesaren, das vier dorische Säulen in 3 × 3 Kompartimente teilen. Hier wie im Außenbau ist die Feinheit der Linien und Profilierungen auffallend. Im Obergeschoß befindet sich die Galerie, deren gesamte Ausstattung aus Grisaillemalerei besteht. Der *Turm der Liga* im SO besitzt noch die ursprüngliche, vor 1569 entstandene **Ausmalung*, darunter ein Deckenfresko, das wohl mit Recht der Primaticcio-Schule zugeschrieben wird. Es zeigt die versammelten olympischen Götter in den Gestalten der führenden Mitglieder von Liga und Hugenotten. Ebenfalls auf einen Entwurf von Le Muet geht der 530 m lange gerade Kanal zurück, der zu einem zierlichen Wasserschloß führt, das als „eyecatcher" am Ende dieser Achse errichtet wurde.
Seit 1558 entstand vor dem Graben das sog. Petit Château, eine Art monumentaler Torbau mit kurzen angeschobenen Flügeln, die eine vorgezogene Durchfahrt im Erdgeschoß als Risalite rahmen. Ähnlich kompliziert wie der Aufbau ist auch die Dekoration, zu der Rustikamauerwerk im Sockel, Eck- und Rahmenquaderung im Erdgeschoß, Pilastergliederung, übergiebelte Fenster und ein ornamentaler Fries im Obergeschoß sowie reich verzierte Lukarnen gehören. 1610 war das Petit Château vollendet. Mit seiner Rückseite grenzt es an die Cour verte, die an drei Seiten von Mauern mit Blendarkaturen eingefaßt wird. Große Tore führen von hier in die Wirtschaftshöfe.

267 THENISSEY (Côte-d'Or).
DONJON UND SCHLOSS [E 4]. Schon zu Beginn des 14. Jh. existierte eine Maison-forte, von der anscheinend Teile des Grabens, ein halb verfallener Rundturm und die angrenzende Mauer im O stammen. 1481 erhielt Guillaume III Poinceot, „seigneur de Thenissey, le droit et pouvoir de contraindre les habitants du lieu à faire guet et garde à la forte tour, que le feu Guillaume Poinceot, son père, avoit fait construire et réédifier au lieu de la place et maison forte qui était d'ancienneté audit Thenissey, et à contribuer aux menus emparements de ladite tour et maison forte . . .", d. h. um 1460/70 entstand eine „forte tour", der heutige **Donjon.* Dieser große Rechteckbau muß nahezu fensterlos und von einem an zwei Seiten erhaltenen Graben umgeben gewesen sein. An der W-Seite besitzt er zwei Latrinen für die oberen Geschosse. Die Wendeltreppe liegt in der Mitte der Hofseite unmittelbar hinter der Wand und überragt das Dach. Wahrscheinlich besaß sie ein Portal mit Zugbrücke, das tiefer lag und dessen Balkenschlitz durch das heutige Portal zerstört wurde. Die Konsolen eines Wehrgangs umziehen den ganzen Bau. Seine Höhe läßt sich an der erhaltenen Mittelwand des ursprünglichen gigantisch hohen Daches ablesen. Möglicherweise besaß er an den Ecken Echauguettes wie Rosières (s. Saint-Seine-sur-Vingeanne/C.). Das ehemals niedrigere Hofniveau

wurde wohl wie das Dach mit dem Neubau des 18. Jh. verändert.
Zwischen 1718 und 1736 ließ die Familie de Clugny dem Donjon gegenüber ein ***neues Schloß* erbauen, für dessen Plateau die Gräben regularisiert und wohl auch erweitert worden sind. Der langgestreckte, streng gegliederte Bau erhebt sich über einem belichteten Sokkelgeschoß. Ein auskragendes Gesims trennt das 2. vom 3. Geschoß, das etwas niedriger ist. Der flache Mittelrisalit mit Giebel und betonten Lagerfugen an den Ecken lockert die etwas eintönige horizontale Reihe der segmentbogigen Fenster nur wenig auf. Auffallend ist der Risalit der Rückseite: Er ist in den beiden äußeren Achsen gerundet, nur die Mittelachse trägt einen Giebel. Das Dach dieses Risalits, das dessen Form wiederholt, reicht bis zum First des Hauptbaus. Hinter dem Risalit liegt ein doppelgeschossiger Salon. Im Graben vor der S-Fassade sind zwei Inseln angelegt, auf denen Personifikationen von Tag und Nacht stehen.

THYARD – s. u. Bissy-sur-Fley.

268, 269 TIL-CHÂTEL (Côte-d'Or). Saint-Florent-et-Saint-Honoré [F 4]. Til-Châtel, das antike Castrum ad Tilliam, später Castrum Tillence in pago divionense, liegt an der römischen Straße von Chalon nach Langres und ist 230 n. Chr. zum ersten Mal erwähnt. In der Nähe fand man Reste eines Aquädukts und eine große Anzahl gallorömischer und mittelalterlicher Gräber.
Bischof Betto von Langres gab 801 die Kirche von Til-Châtel den Augustinern von Saint-Etienne in Dijon, die im 10. Jh. durch die Grundherren von Til-Châtel enteignet wurden. 1033 Rückgabe mit der Auflage, ein Kanonikerstift mit Prior einzurichten. Schon im 13. Jh. wurde dieses Stift zu einem einfachen Priorat von Saint-Etienne.
Die stehende Kirche, die wohl im 2. Drittel 12. Jh. entstand, ist eine dreischiffige Basilika mit fünf querrechteckigen Jochen, Querhaus, Vierungsturm, Chorjoch und drei halbrunden Apsiden. Ihr **Aufriß* ist zweigeschossig: Stämmige Pfeiler mit schlanken Halbsäulchen tragen die Spitzbogen der Arkaden, der Obergaden schneidet in die ebenfalls spitzbogige Gurtentonne ein. Die gratgewölbten Seitenschiffe besitzen gestufte Gurte über Wandvorlagen und eine Blendbogenreihe an den äußeren Wänden. Die Kapitelle im Langhaus sind mit Fabelwesen, Bändern, Ranken und Voluten verziert (nach 1842 restauriert). Vermutlich sind auch sie das Werk von „Petrus divionensis", der das S-Portal signierte. Es zeigt im Tympanon Christus in der Mandorla mit Evangelistensymbolen. Auch das **Hauptportal*, über dem Spuren einer Vorhalle sichtbar sind, ist reich dekoriert: Fünf Säulenpaare mit Archivolten staffeln sich in die Tiefe; auffallend ist neben den Spuren der Restaurierung auch die Analogie der Tympanondarstellung zum S-Portal. – Im Innern mehrere Priestergrabsteine des 13. Jh. mit Ritzzeichnungen und an einem Pfeiler der N-Seite eine Inschrift, ein Epitaph aus dem frühen 15. Jh.

271 TONNERRE (Yonne). Ehem. Kollegiatskirche Saint-Pierre [C 3]. Den großen Stadtbrand von 1556 haben

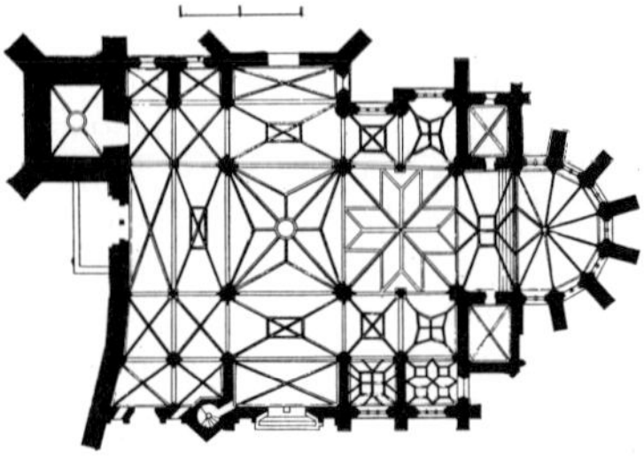

Tonnerre, Saint-Pierre

nur wenige mittelalterliche Teile überlebt: an der W-Front Reste des romanischen Baus von 1110/20 mit einem Doppelportal, am rechten Tympanon noch 3 grobe Figurenmedaillons; der polygonale Chor um 1300. Das nur ein Doppeljoch tiefe Langhaus, das fünfteilige Querhaus und der quadratische Vorchor entstanden nach dem Brand in Renaissance-Formen mit einer Prachtfassade nach S; kurios das Nebeneinander von gotisierenden Pfeilern und toskanischen Säulen, phantasievolle Sterngewölbe im Mittelschiff.

270, 272–274 TONNERRE (Yonne). HOSPITAL NOTRE-DAME-DES-FONTENILLES [C 3]. Eines der ältesten erhaltenen Spitäler Frankreichs: 1293 von Margarete von Burgund (1249–1308), Witwe Karls von Anjou und Gräfin von Tonnerre, gegründet. Der 1295 vollendete gewaltige, aber schmuckarme **Krankensaal* (ohne die zerstörte Vorhalle 91 m lang, 18,30 m breit, 8,30 m hoch) ist fast unverändert erhalten. Die

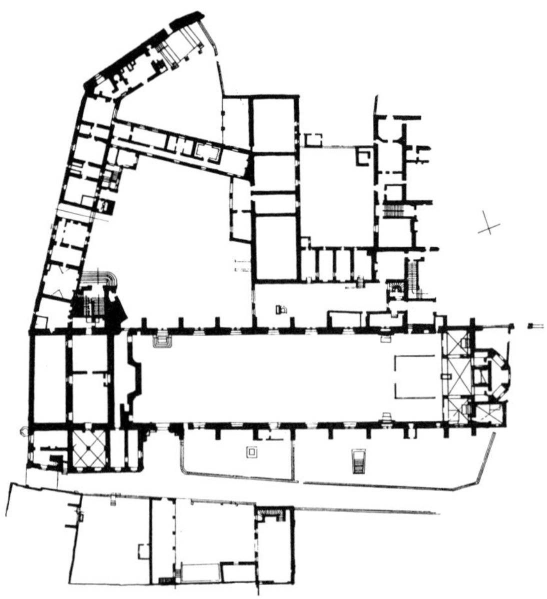

Tonnerre, Hospital

Betten der Kranken standen so (vgl. Beaune), daß sie auf die Altäre der 3 rippengewölbten Kapellen am O-Ende blicken konnten. Eine umlaufende Holzgalerie gab Zugang zu den Fenstern. Ein Meisterwerk der Zimmermannskunst ist die durchlaufende Holztonne. Zerstört sind das zweiseitige Eingangstympanon (segnender Christus und Weltgericht) und das Grabmal der Stifterin (1826 erneuert), die im Hospitalbereich wohnte.
Bedeutende Ausstattung: 2 weibliche Holzfiguren, um 1300; überlebensgroße steinerne Madonna mit Moses im brennenden Dornbusch, Anfang 14. Jh.; ausdrucksstarke **Grablegung* von 1454, eine der ersten Darstellungen des Themas; aus Paris kam 1819 das **Marmor-Grabmal des Marquis de Louvois* († 1691), eines Ministers von Louis XIV, und seiner Gemahlin, ein Hauptwerk (1693/99) von François Girardon; von diesem auch die bronzene „Weisheit", die „Wachsamkeit" von M. Desjardins.

275–279 TOURNUS (Saône-et-Loire). SAINT-PHILIBERT [F 8]. Im 7. Jh. wurde in Noirmoutier/Vendée ein Philibert-Kloster gegründet. Durch die ständigen Normanneneinfälle von dort vertrieben, begaben sich die Mönche unter Abt Hilbod 836 auf eine lange Wanderschaft, die sie zunächst nach Déas/Loire-Atlantique (Saint-Philbert-de-Grandlieu) führte und die schließlich unter Abt Geilo 875 in Tournus endete. Dort bestand bereits eine kleine Abtei mit dem Patrozinium des hl. Valerianus. Diese Valerianus-Kirche muß von den neuangekommenen Mönchen erweitert oder neu gebaut worden sein, vermutlich als mehrschiffige ungewölbte Anlage mit einer Umgangskrypta, an deren rechtwinklig geführten Gang parallel zueinander kleine halbrunde oder rechteckige Kapellen anschlossen (vgl. Saint-Philbert-de-Grandlieu). Reste dieses Baus könnten in den kleinen Anräumen der heutigen Krypta erhalten sein. 937 zerstörten die Ungarn Stadt und Kloster, es folgte eine schwere Hungersnot. 946 verließen aufgrund schwerer innerer Erschütterungen des Klosters viele Mönche Tournus, um erst 949 wieder zurückzukehren.
Danach wird man mit einem Neubau der 937 zerstörten Kirche rechnen dürfen, der wahrscheinlich O-Teile etwa wie Clermont-Ferrand oder Saint-Maurice-d'Agaune und ein drei- oder fünfschiffiges ungewölbtes Langhaus gehabt hat. Erhalten sind davon der Grundriß des heutigen Umgangschores und die **Außenmauern des Langhauses* mit den breiten, flachen Vorlagen, die man möglicherweise zu einer großen Rundbogengliederung ergänzen kann. 979 wurden die Reliquien des hl. Valerianus zunächst in ein „superius oratorium", später in ein „inferius oratorium" überführt. 1007 oder 1008 soll ein Brand die gesamte Klosteranlage und große Teile des Kirchengeräts vernichtet haben. Trotzdem scheinen die Mauern so weit stehengeblieben zu sein, daß sie eine notdürftige Reparatur der Kirche zuließen, die mit der Weihe 1019 abgeschlossen war.
Um 1020/30 begann man im W einen Neubau, der, schmaler als das alte Langhaus, etwa die Breite des soeben erneuerten Chores besaß. Die mächtigen Rundpfeiler waren nun eindeutig

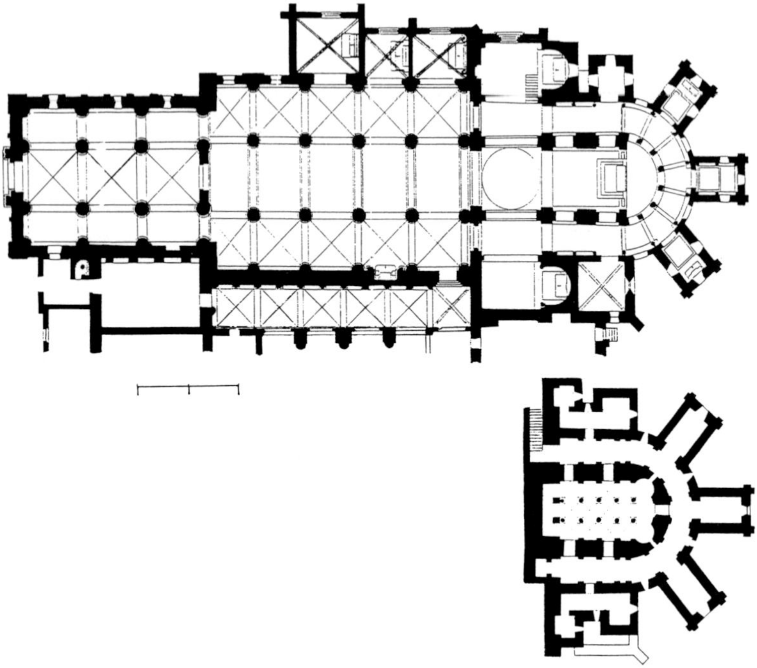

Tournus, Saint-Philibert

für die Aufnahme einer Mittelschifftonne, wohl mit Fenstern im Tonnenfuß, bestimmt (vgl. Cluny II). Die geplante Höhe dieses Langhauses läßt sich innen an den **Fenstern des Vierungsturms* ablesen, die heute in die Kirche blicken. Um 1040/50 muß diese Planung sehr unvermittelt aufgegeben worden sein. Man versuchte nun, den Wölbungsplan auf ein breiteres Langhaus, für das die alten Außenwände verwendbar waren, zu übertragen. Die mächtigen Rundpfeiler rückten weiter auseinander, das **Mittelschiff* wurde also breiter. Die Jochtiefe hingegen bemaß man geringer, so daß die Mittelschiffjoche nun nicht mehr wie im älteren Projekt quadratisch, sondern rechteckig wurden. Dafür wurden die Seitenschiffjoche quadratisch. Das hängt mit den Wölbungsmöglichkeiten zusammen und geht wohl auf die Erfahrung in Chapaize/S. zurück: Quadratische Joche konnte man mit Kreuzgratgewölben eindecken, für die Mittelschifftonne war die Jochform ohne Belang. Die Seitenschiffe in Tournus erhielten also halbrunde Vorlagen (auf die alten Wände) und zum Mittelschiff hin ansteigende Gratgewölbe. Die Fenster

des Mittelschiffs schnitten – ebenso wie ursprünglich in Chapaize – in die halbrunde Tonne ein.
Gleichzeitig wurde die begonnene Kirche im W zum Untergeschoß eines **Narthex;* er erhielt Gratgewölbe im Mittelschiff und Quertonnen in den Seitenschiffen. Dafür setzte man die Kämpfer der Rundpfeiler tiefer. Die eingefügte W-Wand der Kirche überschneidet das 3. Pfeilerpaar. Um 1070 entstand das helle, luftige Obergeschoß des Narthex, das bereits von den Wölbungserfahrungen profitiert, denn hier ist die tonnengewölbte Basilika perfekt: Zwei große Obergadenfenster je Joch belichten die Zone zwischen den auffallend breiten Arkaden und der Tonne, über den Seitenschiffen liegen Vierteltonnen. Über dem 1. Joch des Narthex-Obergeschosses erheben sich die beiden **Fassadentürme,* in deren Schächte man hinaufblicken kann. Zum Langhaus hin befindet sich hier in einem kastenartigen Vorsprung der sog. **Gerlannus-Bogen.* Die beiden skulptierten Quader sind möglicherweise Inkunabeln der burgundischen Plastik und in die 1. Hälfte 11. Jh. zu datieren. An dieser Stelle könnten sie durchaus wiederverwendet sein.
Auch am **Außenbau* bestätigt sich diese Baugeschichte. Die Geschosse, die durch die Lisenengliederung und die verbindenden Blendbogenreihen festgelegt sind, stimmen mit den tatsächlichen Geschossen nicht überein. An ihnen wird aber die geplante Geschoßteilung sichtbar. Die über diese Breite statisch bedenkliche Wölbung des Langhausmittelschiffs wurde wohl schon um 1070/80 durch die bestehende Quertonnenwölbung ersetzt, die eine Notlösung darstellt. Um 1100 muß ein Einsturz des Vierungsturms die **O-Teile* und die beiden O-Joche des Langhauses beschädigt haben, denn in diesen beiden Jochen fehlt der Schichtwechsel in der Mauerung der Schwibbögen, die urspr. Gurtbögen der Tonne gewesen sind. Im 3. Joch ist dieser Schichtwechsel noch ansatzweise erhalten – ein Zeichen dafür, daß beim Einsturz auch dieser Bogen größtenteils heruntergebrochen war. Bis kurz nach Mitte 12. Jh. zogen sich die Bauarbeiten an Chor, Vierungsturm und W-Türmen. Eine Weihe, die Papst Calixtus II. 1120 vornahm, läßt sich vielleicht auf die Vollendung des Chorhaupts beziehen.
Vom **Kreuzgang,* der bereits während der 1. Hälfte 11. Jh. entstand und in dem man 1056 den später kanonisierten Abt Ardain beisetzte, steht noch der N-Flügel. Die übrigen Teile, die wie das Dormitorium 1237 unter Abt Bérard erneuert worden waren, brach man in den siebziger Jahren des 18. Jh. ab, die drei Öffnungen zur Kirche wurden vermauert. Im O liegt der Kapitelsaal. Auch er wurde 1237 in hochgotischen Formen als feingliedrige dreischiffige Konstruktion erneuert. Bei Restaurierungsarbeiten fand man in der Wand die breiten rundbogigen Öffnungen, die den romanischen Kapitelsaal mit dem Kreuzgang verbanden. Viele Teile der stehenden Klostergebäude sind bei den Restaurierungsarbeiten im frühen 20. Jh. erneuert worden. Einige Originale sind vor dem Kapitelsaal ausgestellt.

280 TOURNUS (Saône-et-Loire). PALAIS ABBATIAL [F 8]. Jean de Toulon-

jon, der später Kardinal wurde, ließ zwischen 1471 und 1494 im SO der Abteikirche ein Abtspalais errichten. Anders als gewöhnliche Stadthäuser, die meist große Bogenöffnungen für Läden im Erdgeschoß besitzen, gliedern strebepfeilerartige Vorlagen mit Fialen die langgestreckte Fassade in gleichmäßigem Rhythmus. Dazwischen öffnen sich hohe sechsteilige Kreuzstockfenster mit reicher Profilierung und Kielbögen in den Stürzen. Ein **Prunkportal* mit krabbenbesetztem Bogen und Kreuzblume bildet das letzte Fassadenjoch. Im urspr. ganz ähnlich gestalteten Obergeschoß sind heute die Kreuzstockfenster bis zum 2. Querbalken von oben vermauert. An der SW-Ecke des Gebäudes erhebt sich ein polygonaler Treppenturm, der ebenfalls noch alte Fenster besitzt.

281 TREIGNY (Yonne). Schloss Ratilly [A 4]. Wahrscheinlich um 1400 ließ Jean de Beaumont, seit dem späten 14. Jh. Grundherr der Domäne Ratilly, die doppelquadratische Anlage mit Rundtürmen an den Ecken, ausgedehnten Gräben und einem turmflankierten Tor errichten. Wohn- und Wirtschaftsgebäude sind nicht erhalten. Schon zu Beginn der Religionskriege starke Beschädigungen, 1587 bzw. 1617 entstanden die heutigen Einbauten, die mit ihren zur Zugangsseite stehenden Giebeln und den Fenstern die Wirkung der ehemals ganz geschlossenen Kurtine mit Wehrgang romantisch verfälschen. Dennoch ist keine der vergleichbaren doppelquadratischen Anlagen Burgunds (Commarin/C., Saint-Emiland/S., Chailly/C., Vianges/C.) in den Außenmauern so vollständig erhalten wie Ratilly.

282 UCHIZY (Saône-et-Loire). Saint-Pierre [F 8]. Ludwig der Stammler schenkte Dorf und Kirche 878 der Abtei Saint-Philibert in Tournus, die dort ein Priorat einrichtete. Die bestehende Kirche stammt jedoch erst aus der 1. Hälfte 12. Jh., folgt aber im Aufbau noch dem alten Tournus-Chapaize-Muster des 11. Jh. Dreischiffiges Langhaus von vier Jochen, ausladendes **niedriges Querhaus, Vorjoch, drei Apsiden, hoher, schlanker Vierungsturm* mit geschoßtrennenden Gesimsen und einfachen Öffnungen, das letzte Geschoß 16. Jh., keine Gliederungen. Im schmalen Mittelschiff folgen auf die spitzbogigen Pfeilerarkaden ein Obergaden und eine Spitztonne. Über den annähernd quadratischen Seitenschiffjochen Gratgewölbe. Die dunkle „abgeschnürte" Vierung dürfte die Folge der Sorge um den Vierungsturm sein, der wenig früher in Chapaize wegen mangelhafter Statik eingestürzt war.

283, 284 VALLERY (Yonne). Schloss [A 2]. Eine ausgedehnte unregelmäßige Burganlage scheint in Vallery schon in der 1. Hälfte 12. Jh. entstanden zu sein, obwohl ein Grundherr, Jean de Vallery, erst seit der zweiten Jahrhunderthälfte bekannt ist. Zur Zeit der Kreuzzüge des hl. Ludwig gewannen die Vallery Macht und ließen wohl um die Mitte 13. Jh. die riesige Umfassungsmauer (ca. 150 × 100 m) mit Rundtürmen und zwei sich gegenüberliegenden **turmflankierten Toren* mit Zugbrücken besetzen. Die Ansicht von Ducerceau zeigt für das späte 16. Jh. eine noch weitgehend intakte Anlage mit zwölf Rundtürmen. Noch im 18. Jh. sollen elf

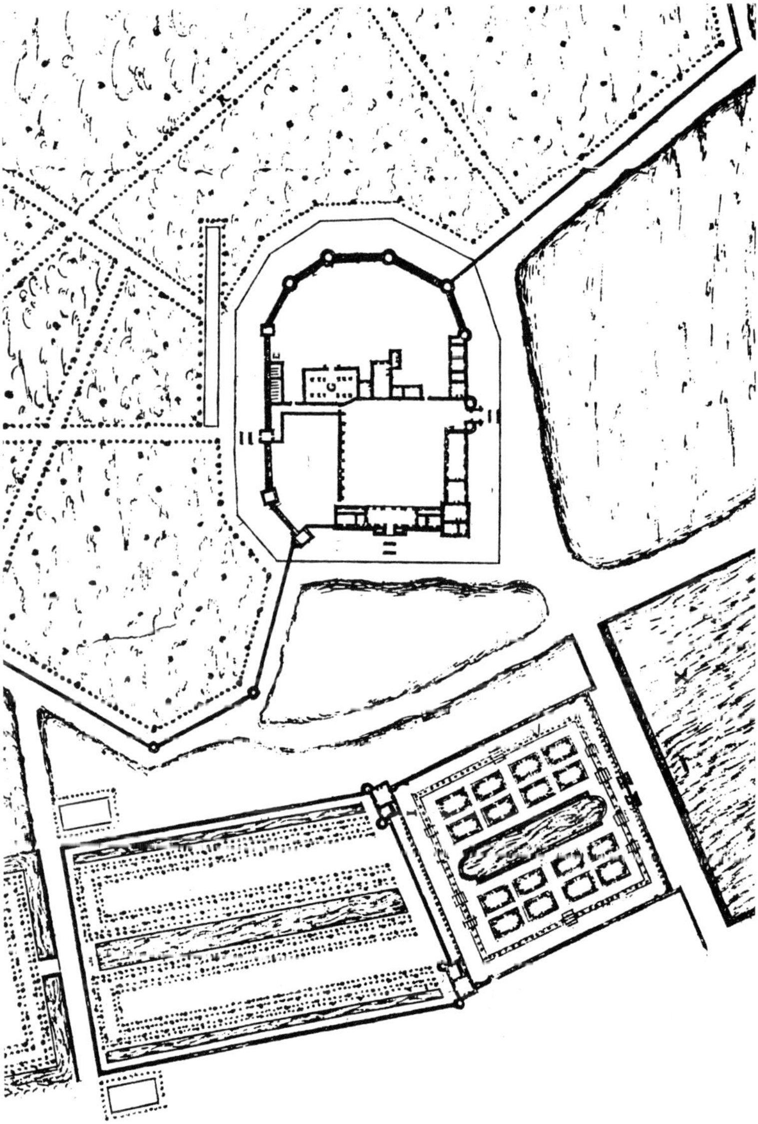

Vallery, Schloß (nach Ducerceau)

Türme und große Teile der Mauern aufrecht gestanden haben.
1548 kam Vallery an Jacques d'Albon, den Marschall von Frankreich, der die alten Kurtinen im S und im O bis zum Torbau abräumen ließ und einen Neubau begann. Geplant war eine Dreiflügelanlage mit zwei Eckpavillons, die den Hauptbau um ein Geschoß übersteigen sollten, in der zeittypischen Bauweise des „brique et pierre". Die nördliche Hälfte der mittelalterlichen Burg diente nun als Basse-cour, die Tore sollten offensichtlich weiter benutzt werden. Zur Ausführung gelangten indessen nur der siebenachsige Hauptflügel, der **SO-Pavillon* und der O-Flügel. Im W begnügte man sich mit einer Mauer mit Blendarkaden und Obelisken. Im Erdgeschoß des **S-Flügels* liegt eine Galerie. Ihre elegante, ausgewogene Architektur veranlaßte Du Cerceau zum Vergleich mit dem Louvre, was später zu der Vermutung führte, Pierre Lescot sei der Architekt von Vallery. Häufiger Besitzerwechsel und chronischer Geldmangel veranlaßten kurz vor 1747 und im frühen 19. Jh. den Abriß mehrerer Bauteile. Heute stehen zwei Geschosse des Pavillons, dessen ehemals innenliegende N-Wand an die anderen Fassaden angeglichen worden ist, und ein großer Teil des Hauptgebäudes mit der Galerie. Ihr fehlt allerdings das urspr. Obergeschoß. Die Fassaden sind mit fensterrahmenden Ädikulen, Nischen und Tafeln aus Haustein reich gegliedert, die wie ein Ziegelverband gemauerten Eckquaderungen geben den Fassaden ein unruhiges Aussehen. Die Galerie besteht ganz aus Haustein und Marmorverkleidung. Die ehem. offenen Rundbögen ruhen auf Rechteckpfeilern mit Doppelpilastern, darüber liegen Marmortafeln, die gleich den Tondi in den Bogenzwickeln von einem zarten Muster gerahmt sind. Masken betonen die Bogenscheitel. Über dem Gesims folgen Dreieckgiebel über den Bögen, dazwischen kleine Schmuckaufsätze. Das Obergeschoß mit dem Wechsel aus Fenster und Nische gehört dem 19. Jh. an.

VANTOUX – s. u. Messigny-et-Vantoux.

285 VARENNE-L'ARCONCE (Saône-et-Loire). Saint-Pierre-ès-liens [D 9]. Weitgehend urspr. erhaltene Kirche der Brionnais-Gruppe aus dem 2. Viertel 12. Jh., motivisch wohl am nächsten mit Saint-Germain-en-Brionnais verwandt. Dreischiffiges Langhaus von drei Jochen, spitzbogige Arkaden über kreuzförmigen Pfeilern mit Halbrundvorlagen an 3 Seiten, kein Obergaden, Tonne im Mittelschiff, Gratgewölbe in den Seitenschiffen, die hier schmaler sind als in Saint-Germain und deshalb nicht quadratisch, sondern längsrechteckig, hohes Querhaus, Vorjoch und Apsis mit Blendarkaden. Der Chor besitzt heute eine vernachlässigte barocke Ausstattung.
Besonders auffallend ist die **Fassade*: In einem hohen, hervortretenden Portalblock folgt auf das Gewändeportal mit ornamentierten Archivolten ein von kannelierten Pilastern flankiertes Feld, in dem sich ein Fenster, das von einem breiten Schmuckrahmen umgeben und von dünnen Säulchen eingefaßt wird, öffnet. Auch an der inneren W-Wand wird dieses Fenster von einer Blendgliederung begleitet. Darüber ein

auskragendes Gesims und ein zweites, kleineres, ebenfalls reich ornamentiertes Fenster. Der hohe Vierungsturm, um den sich die Baumassen in charakteristischer Weise staffeln und gruppieren, gibt dieser Kirche wie fast allen dieser Gruppe eine malerische Silhouette.

286, 287 VERMENTON (Yonne). NOTRE-DAME [C 4]. Mathilda, comtesse de Nevers soll um die Mitte 12. Jh. eine Kirche gestiftet haben, die jedoch wohl erst um 1170 begonnen und um 1190 vollendet war. 1230 wurden die O-Teile erneuert und die Seitenschiffe vergrößert. Weitere eingreifende Umbauten und Erweiterungen im späten 13./frühen 14. Jh. Ab 1804 Ausbau des südlichen Fassadenturms.
Vom urspr. Bau des späten 12. Jh. stehen noch das kurze, niedrige Langhausmittelschiff von zwei quadratischen Jochen mit massigen Pfeilern und Doppelsäulen im Wechsel, die auf ein geplantes sechsteiliges Rippengewölbe hinweisen, der W-Bau, der N-Turm und Reste eines Figurenportals. Der ***N-Turm* besitzt drei ungewöhnlich reich gegliederte Freigeschosse, von denen das letzte oktogonal ist. Am ***Portal*, das von mächtigen Strebepfeilern eingeschlossen wird, sind nur drei beschädigte Gewändefiguren erhalten, Sturz und Tympanon sind verschwunden, nur die Archivolten sind noch da. Zum Programm gehörte der thronende Christus mit Evangelistensymbolen im Tympanon, im Gewände Anbetung der Könige, in den Archivolten erkennt man noch Engel, Monatsdarstellungen, Stephanus und die 24 Ältesten.
1230 wurden die Seitenschiffe verbreitert und neu gewölbt und die O-Teile erneuert; es entstanden eine quadratische Vierung, nicht ganz quadratische Querhausarme und ein gerader Chor. Um 1300 wurde dieser Chor erneut verändert und zu einem dreischiffigen Hallenchor von drei Jochen ausgebaut. Große Fenster belichten von drei Seiten diesen im Verhältnis zum älteren Langhaus völlig überdimensionierten (übrigens auch als Bautyp in Burgund sehr seltenen!) Chor und lassen den Gegensatz zwischen beiden noch gravierender erscheinen.

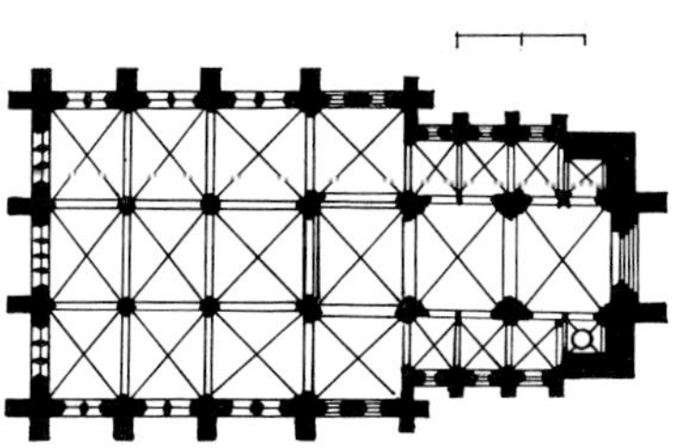
Vermenton, Notre-Dame

288–295 VÉZELAY (Yonne). EHEM. ABTEIKIRCHE SAINTE-MADELEINE [B 4/5]. Girard de Roussillon gründete 858 in Vézelay am Fuße des Berges ein Nonnenkloster, das unmittelbar dem Hl. Stuhl unterstand. Es ging wenig später im Normannensturm unter. 20 Jahre nach dieser Gründung – 878 – wird von der Weihe einer Kirche berichtet, die zu einem (gleichzeitig?) auf dem Berg angelegten Mönchskloster gehörte. Über ihre Form ist nichts bekannt. Im frühen 11. Jh. führte Wilhelm von Volpiano hier die cluniazensische Reform ein. Wenig später scheint der Magdalenenkult aufgekommen zu sein (über die Herkunft der Reliquien besteht keine Klarheit), 1050 nennt Papst Leo IX. erstmals neben Maria, Petrus und Paulus auch Magdalena als Kirchenpatronin. Eine für das Jahr 1104 bezeugte Weihe bezieht sich wohl auf die Erneuerung der O-Teile. Die Ähnlichkeit der wenig später entstandenen Langhäuser von Avallon und Vézelay könnte ein Hinweis darauf sein, daß Vézelay ebenfalls eine weite halbrunde Apsis und zwei Nebenapsiden besaß. Nachrichten über wachsende Pilgerströme in Vézelay machen jedoch einen Umgangschor wahrscheinlicher. Umgangschöre waren seit dem späten 10. Jh. auch an anderen Kirchen mit berühmten Wallfahrten entstanden. 1120 brannte das karolingische Langhaus (absichtlich?) und wurde unmittelbar danach durch das stehende ersetzt. Anläßlich eines Besuches in Vézelay vollzog der Papst 1132 eine Weihe, doch dürfte sich die Vollendung des ungewöhnlich langen Schiffes bis um 1140 hingezogen haben. Danach begann man mit dem Bau der dreijochigen Vorhalle. Zwischen 1145 und 1151 wurde der Michaelsaltar auf der Empore geweiht, 1152 waren die W-Türme im Bau. 1165 brannte es in der Krypta. Anscheinend waren die Schäden so schwer, daß man sich abermals zu einem Chorneubau entschloß, der im späten 12. Jh. begonnen wurde. Schon im 13. Jh. ließ die Wallfahrt nach, die Magdalenenpilger zogen nun dorthin, wo die Heilige gelebt hatte, in die Provence. Im 15. Jh. wurde das Kloster dem König unterstellt, seit 1537 war es nur noch ein Kanonikerstift. 1569 gingen bei den Angriffen der Protestanten die Magdalenenreliquien verloren. 1840–61 leitete Viollet-le-Duc die Restaurierungsarbeiten.

Man betritt Sainte-Madeleine von W durch eine Dreiportalanlage, die zu dem dreijochigen, dreischiffigen Narthex führt. Seine W-Joche dienen zwei Fassadentürmen als Unterbau. Urspr. niedriger geplant (vgl. die Bogenansätze an der Langhauswestwand), ist der Narthex heute höher als das Langhaus. Emporen, deren Gewölbe die Gratgewölbe des Mittelschiffes stützen (wie Tournus, Narthex-Obergeschoß), begleiten das Mittelschiff, im östlichsten Joch überbrückt diese Empore auch das Mittelschiff und nimmt dort

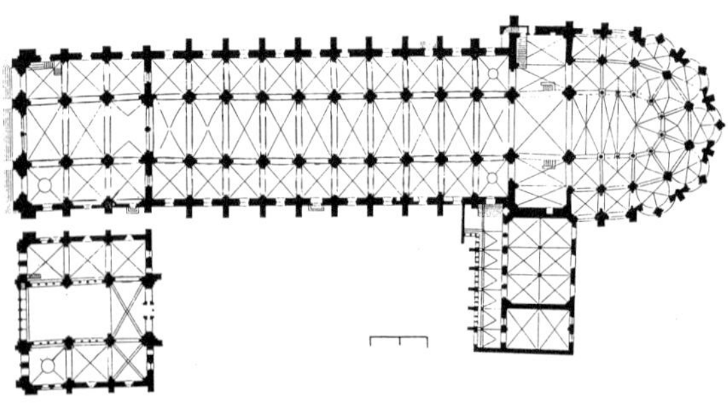

Vézelay, Sainte-Madeleine

den Michaelsaltar auf. Darunter liegt die berühmte Portalanlage, die in das ***Langhaus* führt, das sich in einer fast endlos scheinenden Flucht von 10 Jochen nach O erstreckt. Der Aufriß ist zweigeschossig, gehört also nicht in die Gruppe der Cluny-III-Nachfolge. Regelmäßige Kreuzpfeiler mit halbrunden Vorlagen tragen die rundbogigen Arkaden, die von einem Ornamentband begleitet sind. Auf dem darüberliegenden, ebenfalls skulptierten und sich über die Vorlagen verkröpfenden Gesims stehen eckige Vorlagen für die Schildbögen, die die hochliegenden Obergadenfenster rahmen. Auch diese Schildbögen und die Rücklagen der gestuften Unterzüge sind ornamentiert, die Unterzüge selbst sind, wenigstens zum Teil, im Schichtwechsel gemauert. Das Langhaus besitzt – wie Anzy-le-Duc – Gratgewölbe in allen drei Schiffen. Weshalb man 1120ff. in Vézelay offenbar bewußt auf eine Nachahmung des eben vollendeten Cluny III verzichtete und auf das Muster eines beinahe 100 Jahre älteren Baus zurückgriff, ist eine offene Frage.

Das einschiffige ***Querhaus* gehört in den Oberteilen zur gotischen Erneuerung und lädt mit je zwei Jochen nach beiden Seiten aus. Es besitzt eine Empore mit Doppelöffnungen unter einem halbrunden Überfangbogen, einen weit heruntergezogenen Obergaden und vierteilige Rippengewölbe auf schlanken Diensten. Durch den Anschluß an das alte Langhaus und die Vorgaben durch den Vorgängerbau im O ist der Bereich von Querhaus und Vierung etwas verzogen.

Der ***Umgangschor* beginnt mit zwei geraden Jochen, von denen das 1. sechsteilig rippengewölbt ist, das 2. in der westlichen Hälfte vierteilig, die östliche Hälfte des Joches nimmt der Zweistrahl der Chorhauptwölbung ein. Im Aufriß öffnet sich das 1. Langchorjoch in je einer breiten Arkade (das sechsteilige Gewölbe ist also von unten nicht berücksichtigt), das 2. Joch besitzt zwei Arkaden, die außen wie die Bögen des Chorhauptes auf stämmigen Rundpfeilern ruhen, in der Mitte auf zierlichen Säulen. Darüber folgen die umgangtiefe Empore und der Obergaden, deren Formen denen im Querhaus entsprechen, und die Rippengewölbe. Die direkt aneinander anschließenden Kapellen des Chorrundes und des Vorchors sind außen durch Strebepfeiler, innen durch niedrige Wände getrennt. Eine ganz ähnliche Disposition – allerdings mit belichteten Emporen und „normannischer" Dekoration – besitzt der fast gleichzeitig entstandene Chor von Saint-Etienne in Caen! Versuche, den Kapellenkranz zu einem zweiten Umgang aufzulösen, hatte es während der ganzen Frühgotik in der Île-de-France gegeben, 1140 in Saint-Denis, später in Saint-Martin-des-Champs in Paris, 1170/80 schließlich in Saint-Rémi in Reims.

Die besondere Bedeutung von Sainte-Madeleine in Vézelay liegt jedoch in dem riesigen Bestand erhaltener *Plastik* an Portalen und Kapitellen. Während die äußeren Portale in der Revolution ihre Skulpturen weitgehend verloren (das neuromanische Weltgerichtstympanon stammt von Viollet-le-Duc), ist die innere Portalfront unter der Empore vollständig erhalten. Am Trumeau des ***Mittelportals* steht groß und in den Sturz hineinreichend Johannes d. T., begleitet von kleineren Apostelfiguren (Petrus und Paulus), denen weitere Apostel in den Gewänden entsprechen. Unter diesen Apostelgruppen je zwei überreich verzierte Säulen, wodurch dieser Bereich zweizonig wirkt. Auf dem Sturz ein Zug der Völker der Welt (rechts Panotier, Pygmäen und die Völker Europas, links Römer, Skythen und Parther). Die äußere Archivolte ist ornamentiert, auf der inneren reihen sich Tierkreiszeichen und Monatsdarstellungen. Das **Tympanon* rahmen je Seite vier „Kästchen" mit weiteren Darstellungen verschiedener Völker (Griechen, Juden, Kappadokier, Araber und Inder, Äthiopier, Kreter?, Byzantiner?, Armenier). In der Mitte thront Christus in der Mandorla, von dessen Händen Strahlen auf die Köpfe der Apostel ausgehen. Man hat diese Darstellung als eine Kombination der Themen der Ausgießung des Hl. Geistes, also Pfingsten, und der Aussendung der Apostel, also Stiftung der Kirche, gedeutet, in die alle Völker der Erde einbezogen sind. Tierkreiszeichen und Monatsdarstellungen sollen auf die Verbindung des Menschen mit der Heilsgeschichte im Ablauf des Jahres verweisen. Zu dieser ungewöhnlichen Ikonographie kommt die majestätische – und doch gleichzeitig durch die Körperhaltungen und die zahllosen geschwungenen und gedrehten, eng aneinanderliegenden Falten der Gewänder nervöse –, unruhige und dynamische Wirkung. – Die Seitenportale, die von (nachträglichen) gestelzten Archivolten mit plastischem Schmuck umgeben sind, besitzen kleine zweizonige Tympana, die unmittelbar auf den figürlichen Kapitellen aufsitzen. Durch die Anordnung in Reihen wirkt die gesamte Darstellung ruhiger, wenngleich die Figuren denen des Haupttympanons ähnlich sind. Am **S-Portal* Verkündigung, Heimsuchung, Anbetung der Hirten und – oben – Anbetung der Könige; am N-Portal Emmaus-Jünger und Erscheinen Christi vor den Jüngern. Man hat für die Plastik dieser Portale auf die Plastik der 3. Kirche von Cluny hingewiesen, ohne daß unmittelbare Vorbilder namhaft gemacht werden konnten.

Neben diesen Portalen besitzt Sainte-Madeleine mit über 150 **Kapitellen* einen der umfangreichsten Zyklen Frankreichs. Er entstand etwa 1120–1130/35, im Narthex wenig später. Nahezu zwei Drittel dieser Kapitelle tragen figürlichen Schmuck, dessen Themen oft dem Alten Testament, seltener dem Neuen Testament, daneben auch der antiken Mythologie entstammen, außerdem Mönchsväter, Heilige, der Kampf von Engeln mit Dämonen. Ebenso wie die ikonographische Erklärung der Darstellungen hat auch das Problem der „Händescheidung" und Zuschreibung die Kunstwissenschaft seit fast einem Jahrhundert beschäftigt, doch kann weder das eine noch das andere als geklärt gelten.

An die südliche Querhausstirn schließt in voller Breite der Kapitelsaal an, der heute durch den Kreuzgangflügel von Viollet-le-Duc gestützt wird. Der zweischiffige und dreijochige Raum entstand 1161/71. Die Rippengewölbe über Konsolen besitzen skulptierte Schlußsteine, denen thematisch Reliefmedaillons in den Gewölbekappen zugeordnet sind.

296, 297 VILLENEUVE-SUR-YONNE (Yonne). STADT UND DONJON [B 2]. Etwa ein Jahrhundert bevor Louis IX die berühmte Planstadt Aigues-Mortes im Süden Frankreichs gründete, ließ Louis VII (1137–1180) nach dem gleichen Muster eine Stadt mit vier Toren, Mauern, Gräben und einem Netz sich rechtwinklig kreuzender Straßen errichten. Im NO der Stadt erhob sich die Burg. Philippe II Auguste ließ 1204–11 im Graben vor der Mauer den mächtigen runden *Donjon* errichten, der nur über Brücken zugänglich war. Eine Treppe in der 4 m starken Mauer verband die rippengewölbten Rundräume der einzelnen Geschosse. In der Revolution wurde dieser Donjon z. T. abgebrochen. Aus dem 13. Jh. stammen auch die beiden erhaltenen Stadttore, die Porte de Sens und die **Porte de Joigny*, und wahrscheinlich die Türme der Stadtmauer. Die urspr. quadratischen Tortürme mit gestuften Strebepfeilern, spitzbogigen Durchfahrten und Fallgittern glichen den in Bildquellen überlieferten Tortürmen von Montréal und den erhaltenen in Druyes-les-Belles-Fontaines (dort allerdings der Abschluß des oberen Tores spätes 14. Jh.). Nach den Zerstörungen durch den Hundertjährigen Krieg und die Religionskriege erhielten beide Torbauten im 16. Jh. Ecktürme, die Porte de Sens runde, die Porte de Joigny quadratische. Ebenfalls Teil der mittelalterlichen Befestigungen war die Brücke mit ursprünglich 16 verschiedenen Bögen, von denen sieben erhalten sind.

298–301 VILLENEUVE-SUR-YONNE (Yonne). NOTRE-DAME [B 2]. Die ungewöhnlich große Pfarrkirche Notre-Dame gehört in ihren Anfängen erst in die Zeit von Louis IX, d. h. etwa in die Mitte des 13. Jh. Der Bau zog sich aber über drei Jahrhunderte hin und ist ein Schulbeispiel für die Entwicklung der Dekoration im französischen Sakralbau. Bis etwa 1300 entstanden der **Chor* und die drei östlichen Langhausjoche, im frühen 14. Jh. die restlichen **Langhausjoche*, die **Vorhalle* und die Untergeschosse der Fassadentürme. Weiterbau erst im frühen 16. Jh., zunächst Verglasung der Fenster, seit 1551 Bau der **W-Fassade*, deren Vollendung Jean Chéreau aus Joigny zugeschrieben wird, der 1575 eine Zeichnung dieser Fassade anfertigte. 1597 Vollendung der W-Joche, 1613 Einbau der Rose in die W-Fassade, 1865 ff. Restaurierung.

Dreischiffige, querhauslose Basilika von 9 Jochen, Vorhalle, Umgangschor und drei Kranzkapellen. Der Aufriß ist zweigeschossig, das im Kronland übliche Triforium fehlt. Über den Arkaden über Rundpfeilern mit Diensten – am 1. und 3. Pfeiler von O bemerkt man einen leichten Stutzenwechsel – folgen der Obergaden mit dem traditionellen burgundischen Laufgang und ein vierteiliges Rippengewölbe, nur im 1. Joch im W ein Sterngewölbe. Das Chorhaupt ist fünfseitig polygonal, die hohen Obergadenfenster nehmen jeweils eine ganze Polygonseite ein. Umgang und Kapellen sind durch Blendarkaden gegliedert.

Den Außenbau lassen die massiven Strebepfeiler an Chor und Langhaus noch schwer und mauerhaft erscheinen. An die gleichzeitig im Kronland entstandenen Bauten der Hochgotik erinnern nur die großen Chorfenster und die Strebebögen. Mit der Wiederaufnahme der Baustelle im frühen 16. Jh. fügte man auch die Seitenkapellen an die W-Joche an, in deren Dekoration und Ausstattung Motive der spätesten Gotik neben denen der voll entwickelten Renaissance stehen. Die W-Fassade dagegen ist noch ganz nach den Prinzipien gotischer Kathedralfassaden angelegt – zwei Türme und drei Portale zwischen tiefen Strebepfeilern –, aber ihre Dekoration hat nichts Gotisches mehr. Ionische und korinthische Säulenpaare mit Gebälk und Dreiecks- bzw. Segmentgiebeln auf hohen Piedestalen gliedern die Stirnen und die Seiten der Strebepfeiler, die kurzen, gleichhohen Tonnenstücke zwischen diesen Strebepfeilern sind kassettiert. Darüber liegen ein Triglyphenfries mit Wasserspeiern und eine Terrasse, im Mittelschiff eine Rose. Auf die Ausführung der Fassadentürme wurde verzichtet. Diese W-Fassade bricht kurz hinter dem runden Treppenturm, der die NW-Ecke markiert, sichtbar ab, doch auch die Seitenkapellen sind durch Pilastergliederung zwischen den Maßwerkfenstern und ein Gebälk ausgezeichnet.

Neben einigen ursprünglichen, z. T. nur fragmentarisch erhaltenen Glasfenstern bewahrt Notre-Dame eine **Grablegung* von Jean Goujon (um 1510–64/69). Maria, begleitet von zwei Frauen, steht hinter dem schlichten Sarkophag, zu dessen Häupten und Füßen je zwei weitere Personen stehen, die Christus – eine Holzfigur aus dem 14. Jh. – soeben in den Sarg gelegt haben. Anders als die dramatisch bewegten und in reicher zeitgenössischer Tracht dargestellten Figuren der wenig älteren Grablegung von Châtillon-sur-Seine trauern diese Figuren still. Hier machen nicht ausladende Gebärden und ekstatisch gedrehte Kopf- und Körperhaltungen das Maß des Unglücks deutlich. Hier tragen die Figuren schlichte, ein wenig an der Antike orientierte Gewänder, und jede steht für sich allein.

302, 303 VITTEAUX (Côte-d'Or). STADT UND MAISON BÉLIME [E 5]. Das Cartularium von Flavigny-sur-Ozerain nennt einen Grundherrn von Vitteaux, Pierre de Vitteaux, 1100. Bis zum 17. Jh. zählte diese Familie zu den mächtigsten in Frankreich. Infolge einer Rebellion gegen Henri IV ordnete dieser 1602 die Zerstörung der Burg von Vitteaux an, die erst 1631 unter Louis XIII erfolgte. Von dieser mittelalterlichen Festung, die wohl seit dem späten 12./frühen 13. Jh. entstanden war, sind einige **Türme und der Graben,* der die Stadt umgab, erhalten. Sie bilden einen romantischen Rahmen um die noch weitgehend mittelalterliche Stadt. Besonders bemerkenswert sind eine hölzerne Markthalle und ein Fachwerkhaus mit schönen Schnitzereien. Außerdem besitzt Vitteaux eines der besterhaltenen Häuser des 13. Jh., die **Maison Bélime* (um 1225–50). Ihre Giebelseite durchbrechen zwei große Biforen auf zierlichen Säulchen, den massiven rundbogigen Stürzen sind rundstabgerahmte Dreipässe aufgelegt. Ein zweiter Rundstab über Gewändesäulchen bildet den äußeren Rahmen. Das kräftige Sohlbankgesims setzt sich an der Mauer fort und rahmt rundbogig das schlichte Portal. Über einem zweiten, leicht auskragenden Gesims in

Traufhöhe liegt eine sehr viel kleinere und einfachere Bifora. Ihr Sturz ist ebenfalls massiv, die kleinen eingetieften Bögen tragen Masken.

304 VOUGEOT (Côte-d'Or). CHÂTEAU DU CLOS DE VOUGEOT [F 5]. Im 12. Jh. gründeten die Mönche von Cîteaux eine Kelterei in Vougeot. Der Abt Jean Loisier ließ ab 1551 das stehende Schloß erbauen. Um einen trapezförmigen Hof gliedern sich zwei Wohnflügel, Kelter und Keller. Der zweigeschossige N-Flügel ist an der Außenseite von zwei schlanken quadratischen Türmen eingefaßt, die rundbogige Durchfahrt in der Mitte rahmen zwei breite Portale, die außen eine toskanische Pilastergliederung, zum Innenhof eine Gliederung aus kannelierten Freisäulen und ein Gebälk mit Rosetten und Bukranien besitzen. Kreuzstockfenster belichten das Obergeschoß, die Lukarnen tragen Giebel. Die Gestaltung des O-Flügels weicht von der des N-Flügels kaum ab. Der Keller an der S-Seite ist durch zwei Säulenreihen in drei Schiffe geteilt. An seiner Außenseite verläuft eine Holzgalerie. Die Kelter im W gleicht in ihrer Form einer Vierflügelanlage mit einem kleinen Innenhof. Hier werden vier alte Pressen aufbewahrt.

CHRONOLOGIE DER ABGEBILDETEN WERKE

Architektur

Autun, sog. Janus-Tempel und Porte Saint-André: nach 10 v. Chr.

Auxerre, Saint-Germain, Krypta: um 840/60

Flavigny-sur-Ozerain, Saint-Pierre, Krypta: um 864/78

Fixey, Saint-Antoine, Vierung und Querschiff: 10. Jh.

Berzé-le-Châtel, Burg, Umfassungsmauern und Terrassen: E. 10. Jh.

Farges-lès-Mâcon, Saint-Barthélemy: um 1000 ff.

Châtillon-sur-Seine, Saint-Vorles: um 1000

Dijon, Saint-Bénigne, Rotunde: 1001 beg.

Tournus, Saint-Philibert, Narthex-UG, Krypta, Chorumgang, Langhaus, nördl. Kreuzgangflügel: 1. H. 11. Jh.

Perrecy-les-Forges, Saint-Pierre-et-Saint-Paul, Langhaus: 1. H. 11. Jh.

Chapaize, Saint-Martin: um 1030 ff.

Bourbon-Lancy, Saint-Nazaire: um 1030 ff.

Saint-Vincent-des-Prés, Saint-Vincent: 2. D. 11. Jh.

Blanot, Saint-Martin: M. 11. Jh.

Donzy-le-Pertuis, Dorfkirche, O-Teile: M. 11. Jh.

Curgy, Saint-Ferréol: nach M. 11. Jh.

Berzé-la-Ville, Château des Moines: 2. H. 11. Jh.

Auxerre, Saint-Etienne, Krypta: 2. H. 11. Jh.

Anzy-le-Duc, Sainte-Trinité: 2. H. 11. Jh.

Tournus, Saint-Philibert, Narthex-OG, Langhaus-Wölbung: 3. V. 11. Jh.

Iguerande, Saint-André: um 1070/80

Avallon, Saint-Lazare, Chor: 4. V. 11. Jh.

Cluny III, Saint-Pierre-et-Saint-Paul: 1088 ff.

Paray-le-Monial, Notre-Dame: 1090 ff.

Saint-Germain-en-Brionnais, Saint-Germain: 1095 ff.

Sens, Saint-Savinien: E. 11. Jh.

Bonnay, Saint-Hippolyte: E. 11. Jh.

Mont-Saint-Vincent, Saint-Vincent: E. 11./A. 12. Jh.

Malay, Notre-Dame: E. 11./A. 12. Jh.

Laives, Saint-Martin: E. 11./A. 12. Jh.

Laroche-Saint-Cydroine, Saint-Cydroine: E. 11./A. 12. Jh.

Sennecey-le-Grand, Saint-Julien: A. 12. Jh.

Chalon-sur-Saône, Kathedrale: A. 12. Jh.

Tournus, Saint-Philibert, Chorhaupt: A. 12. Jh.

Bois-Sainte-Marie, Notre-Dame: A. 12. Jh. beg.

Vézelay, Sainte-Madeleine, Langhaus: um 1120 beg.

Autun, Saint-Lazare: 1120 beg.

Semur-en-Brionnais, Saint-Hilaire: um 1120/30 ff.

Gourdon, Notre-Dame: 1. V. 12. Jh.

Beaune, Notre-Dame: um 1125/30 ff.

Saulieu, Saint-Andoche: um 1125 beg.
Avallon, Saint-Lazare, Langhaus um 1130 ff.
Sens, Kathedrale: um 1130 beg.
Issy-l'Evêque, Saint-Jacques-le-Majeur: 1. D. 12. Jh.
Auxerre, ehem. Bischofspalast, Galeriebau im O: 1. D. 12. Jh.
Dijon, Saint-Philibert: 1137 ff.
Marmagne, Abbaye de Fontenay, Klosterkirche: 1139 beg.
Vézelay, Sainte-Madeleine, Narthex: um 1140 beg.
Pontigny, Klosterkirche: 1145 beg.
Ligny-le-Châtel, Saint-Pierre-et-Saint-Paul: 1. H. 12. Jh.
Uchizy, Saint-Pierre: 1. H. 12. Jh.
Marcigny, Saint-Nicolas, Portal: 1. H. 12. Jh.
Cluny, Saint-Marcel, O-Teile: 1. H. 12. Jh.
Charmoy, Saint-Martin, O-Teile: 1. H. 12. Jh.
Saint-Point, Dorfkirche: 1 H. 12. Jh.
Varenne-l'Arconce, Saint-Pierre-ès-liens: 2. V. 12. Jh.
Châteauneuf, Saint-Paul: 2. V. 12. Jh.
Mâcon, Saint-Vincent, Narthex nach M. 12. Jh.
Mont-Saint-Jean, Burg, Vierturmanlage in Mauerring des 10. Jh.: nach M. 12. Jh.
Montréal, Notre-Dame: um 1160 ff.
Til-Châtel, Saint-Florent-et-Saint-Honoré: 2. D. 12. Jh.
Vermenton, Notre-Dame: um 1170/90
Druyes-les-Belles-Fontaines, Saint-Romain: 2. H. 12. Jh.
Marmagne, Abbaye de Fontenay, Klosterbauten, Kreuzgang: 2. H. 12. Jh.
Martailly-lès-Brancion, Saint-Pierre: 4. V. 12. Jh.
Vézelay, Sainte-Madeleine, Chorneubau: E. 12. Jh.
Druyes-les-Belles-Fontaines, Burg: E. 12. Jh.
Pontigny, Klosterkirche, Chorneubau: 1186 beg.
Saint-Albain, Saint-Albain: um 1200 ff.
Pontaubert, Notre-Dame: E. 12./A. 13. Jh.
Vitteaux, Stadtbefestigung: E. 12./A. 13. Jh.
Villeneuve-sur-Yonne, Donjon: 1204 beg.
Saint-Seine-l'Abbaye, Notre-Dame: 1205/09 ff.
Appoigny, Saint-Pierre-et-Saint-Paul, Chor: 1210/20
Auxerre, Saint-Etienne, Chor: um 1215 ff.
Dijon, Notre-Dame: um 1220 ff.
Semur-en-Auxois, Notre-Dame: 1220/1225 ff.
Saint-Père-sous-Vézelay, Notre-Dame: 1225/30 ff.
Sens, Saint-Jean: um 1230/40
Cluny, Notre-Dame: 1233 ff.
Rouvres-en-Plaine, Saint-Jean-Baptiste, O-Teile: 1233 ff.
Chalon-sur-Saône, Kathedrale, O-Teile: 1230/35 ff.
Auxonne, Notre-Dame: 1235/37 ff.
Sens, Palais Archiépiscopal: 1235/40
Talant, Notre-Dame: 1240/45 ff.
Saint-Thibault-en-Auxois, Saint-Thibault: 1240/50
Vitteaux, Maison Bélime: 2. V. 13. Jh.
Beaune, Stadthaus in der Rue Rousseau-Deslandes: 1. H. 13. Jh.
Beaune, Stadthaus am Kreuzgang von Notre-Dame: 1. H. 13. Jh.
Sauvigny-les-Bois, Saint-Jean-les-Bonshommes: 1. H. 13. Jh.

Villeneuve-sur-Yonne, Notre-Dame: M. 13. Jh. ff.
Aignay-le-Duc, Saint-Pierre-et-Saint-Paul: nach M. 13. Jh.
Dijon, Saint-Bénigne, Oberkirche: 1275 ff.
Auxerre, Saint-Germain, O-Teile: 1277 ff.
Semur-en-Auxois, Burg und Stadtbefestigung: 2. H. 13. Jh.
Tonnerre, Hospital: 1293 beg.
Semur-en-Brionnais, Burg: 13. Jh.
Villeneuve-sur-Yonne, Stadttore: 13. Jh.
Saint-Julien-du-Sault, gotisches Haus: 13. Jh.
Rully, Burg: E. 13. Jh.
Couches-les-Mines, Tour Bajol: E. 13./A. 14. Jh.
Bèze, Château des Abbés: E. 13./A. 14. Jh.
Martailly-lès-Brancion, Château de Brancion, Logis: E. 13./A. 14. Jh.
Saint-Seine-sur-Vingeanne, Saint-Seine: um 1300
Dixmont, Saint-Gervais-et-Saint-Protais: um 1300
Montbellet, Château de Buffières: nach 1305
Cluny, sog. Fassade des Papstes Gelasius II.: 1310/20
Savigny-lès-Beaune, Schloß: um 1340
Châtel-Gérard, Donjon: 1360/61
Thenissey, Donjon: um 1360/70
Dijon, Tour de Bar: 1365 ff.
Saint-Bris-le-Vineux, Saint-Prix-et-Saint-Cot: 1370 beg.
Bourgvilain, Schloß: um 1370/80
Mellecey, Château de Germolles: 1382 ff.
Bourbon-Lancy, Uhrturm: 14. Jh.
Saint-Emiland, Château d'Epiry: E. 14. Jh.
Sainte-Magnance, Manoir du Château-Jacquot: E. 14. Jh.
Lichères-sur-Yonne, Manoir de Faulin, Einbau des freistehenden Donjons in Anlage des 13. Jh.: E. 14./A. 15. Jh.
Bissy-sur-Fley, Château de Thyard: E. 14./A. 15. Jh.
Treigny, Château de Ratilly: um 1400 ff.
Oyé, Donjon: um 1400
Auxonne, Burg: 1414 ff.
Gevrey-Chambertin, Schloß, Logis in Anlage von 1280/89: um 1430 ff.
Flavigny-sur-Ozerain, Saint-Genès, Modernisierung einer rom. Emporenkirche (?): 1430 ff.
Berzé-le-Châtel, Torbau: um 1435 ff.
La Clayette, Schloß, Erneuerung einer älteren Anlage (Gotisierung im 19. Jh.)
Posanges, Schloß: 1437 ff.
Couches-les-Mines, Burg, Bau von Donjon und Kapelle in Anlage von ca. 1264: um 1440/70
Beaune, Hôtel-Dieu: 1443 ff.
Flavigny-sur-Ozerain, Stadttor: 2. V. 15. Jh.
Beaune, Hôtel des Ducs: 1. H. 15. Jh.
Dijon, Hôtel Morel-Sauvegrain: M. 15. Jh.
Foissy, Château d'Antigny: M. 15. Jh.
Flavigny-sur-Ozerain, Stadthaus: nach M. 15. Jh.
Châteauneuf-en-Auxois, Burg, Einbau der beiden Logis und Veränderung der Tore, Bau des Wehrgangs: 1457 ff.
Bonnay, Château de Besanceuil, Donjon: um 1460
Corcelles-les-Arts, Schloß, Bau von Logis, Treppenturm und Wehrgang: 1460/65
Tournus, Palais abbatial: 1471 ff.

Saint-Seine-sur-Vingeanne, Château de Rosières: 3. V. 15. Jh.
Auxerre, Uhrturm: 1483
Dijon, Maison Millière: 1483
Joigny, Saint-Thibault: 1489 ff.
Noyers, Notre-Dame: 1489 ff.
Mâcon, Maison du Bois: 1490 ff.
Dijon, Saint-Michel: 1497 ff.
Auxonne, Stadttor: 2. H. 15. Jh.
Marcigny, Tour du Vieux Moulin: 15. Jh.
Asnières-en-Montagne, Schloß: E. 15. Jh.
Dijon, Hôtel Chambellan: E. 15. Jh.
Sercy, Schloß: E. 15. Jh.
Cluny, Palais des Abtes Jacques d'Amboise: um 1500
Joigny, Maison du Bois: A. 16. Jh.
Beaune, Hôtel de la Mare: A. 16. Jh.
Noyers, Fachwerkhäuser: A. 16. Jh.
Auxonne, Notre-Dame, Vorhalle: um 1516 ff.
Bourbon-Lancy, Maison du Bois: 1. V. 16. Jh.
Paray-le-Monial, Rathaus: 1525/28
Beaune, Notre-Dame, Bouton-Kapelle: 1525/33
Montigny-sur-Aube, Schloß: 1537/52
Ancy-le-Franc, Schloß: 1543/44 ff.
Jours-lès-Baigneux, Schloß, Logis: 1546/47 ff.
Auxonne, Stadthaus: M. 16. Jh.
Vallery, Schloß, Flügel und Pavillon: 1550 ff.
Nuits-sur-Armançon, Schloß: um 1550
Grury, Château de Montperroux, Logis und Hofbauten: 2. V. 16. Jh.
Charolles, Klarissenkloster: 1. H. 16. Jh.
Villeneuve-sur-Yonne, Notre-Dame, Westfassade: 1551 ff.
Vougeot, Clos de Vougeot: 1551 ff.
Cravant, Saint-Pierre-et-Saint-Paul: 1551/98
Ligny-le-Châtel, Saint-Pierre-et-Saint-Paul, Chor und Querschiff: 1554/74
Tanlay, Schloß: 1555/1648
Cruzy-le-Châtel, Château de Maulnes: 1556 ff.
Tonnerre, Saint-Pierre, Neubau: 1560 ff.
Châtillon-sur-Seine, Maison Philandrier: 2. D. 16. Jh.
Dijon, Maison Milsand: um 1568
Sully, Schloß: um 1570 ff.
Auxerre, Saint-Pierre: 1575 ff.
Dijon, Hôtel Le Compasseur: um 1575/80
Morlet, Schloß, Torbau: 1584
Noyers, Stadthaus: 16. Jh.
Dijon, Maison des Caryatides: um 1600
Dijon, Maison Maillard: um 1600
Dijon, Hôtel de Voguë: A. 17. Jh.
Cormatin, Schloß: A. 17. Jh.
Bussy-le-Grand, Château de Bussy-Rabutin, Hauptflügel: um 1602 ff.
Couches-les-Mines, Maison des Templiers: um 1610
Curbigny, Château de Drée: um 1620
Commarin, Schloß: um 1620 ff.
Oyé, Château de Chaumont: 1638 ff.
Saint-Bonnet-de-Joux, Château de Chaumont-la-Guiche: 1648/52
Saint-Fargeau, Schloß: 1652 ff.
Epoisses, Burg: 1661
Savigny-lès-Beaune, Petit Château: 1671/83
Pierre-de-Bresse, Schloß: 1680 ff.
Dijon, Palais des Etats: 1681 ff.
Saint-Ambreuil, Château de La Ferté: 1682 ff.
Châlon-sur-Saône, Saint-Pierre: 1693/1713
Longecourt-en-Plaine, Schloß: E. 17. Jh.

Grosbois-en-Montagne, Château rose: um 1700
Savigny-lès-Beaune, Maison Theureau: um 1700
Messigny-et-Vantoux, Château de Vantoux: um 1700
Palinges, Schloß: um 1709 ff.
Thenissey, Schloß: 1718/36
Beaumont-sur-Vingeanne, Château de Beaumont: 1724 ff.
Mâcon, Hospice de la Charité: 1750/62
Fontaine-Française, Schloß: 1754/58
Talmay, Schloß: 1762 ff.
Pierre-de-Bresse, Château de Terrans: 1765 ff.
Buffon, Schmiede: 1768 ff.
Givry, Saint-Pierre-et-Saint-Paul: 1770
Dijon, Hôtel Bazard: 1772
Le Creusot, Chateau de La Verrerie: 1784/88
Dijon, Theater: 1802
Saint-Bonnet-de-Joux, Château de Chaumont-la-Guiche, Regotisierung: 1840/50
Mâcon, Saint-Pierre: 1860 ff.
Dijon, Hôtel Aubriot, Rekonstruktion: 1908 ff.
La Rochepot, Burg, Rekonstruktion: A. 20. Jh.

Plastik

Saulieu, Saint-Andoche, Andochius-Sarkophag: 6. Jh.
Tournus, Saint-Philibert, Narthex-OG, Gerlannus-Bogen: um 1000
Dijon, Saint-Bénigne, Kapitelle in der Rotunde: um 1000
Perrecy-les-Forges, Saint-Pierre-et-Saint-Paul, Tympanon: um 1120/1130
Montceaux-l'Etoile, Notre-Dame, Tympanon: um 1125/30
Anzy-le-Duc, ehem. Priorat, Tympanon und Kapitelle: um 1130/40
Vézelay, Saint-Madeleine, Portale: um 1130/40
Autun, Kathedrale, Tympanon und Kapitelle: um 1140/50
Saulieu, Saint-Andoche, Kapitelle: um 1140/50
Saint-Julien-de-Jonzy, Saint-Julien, Tympanon: um 1150
Dijon, Saint-Philibert, Tympanon: M. 12. Jh.
Sainte-Magnance, Sainte-Magnance, Sarkophag: M. 12. Jh.
Avallon, Saint-Lazare, Portale: nach M. 12. Jh.
Til-Châtel, Saint-Florent-et-Saint-Honoré, Portale: 2. D. 12. Jh.
Autun, Musée Rolin, Lazarus-Grab: um 1170
Sens, Kathedrale, Mittelportal: E. 12. Jh.
Joigny, Saint-Jean, Grabmal der Adelaïs de Joigny: M. 13. Jh.
Auxerre, Saint-Etienne, W-Portale: um 1260
Semur-en-Auxois, Notre-Dame, Porte des Bleds: nach M. 13. Jh.
Rougemont, Notre-Dame, Portal: 2. H. 13. Jh.
Saint-Père-sous-Vézelay, Notre-Dame, Giebelfiguren: um 1300
Marmagne, Abbaye de Fontenay, Madonna v. Fontenay: E. 13./A. 14. Jh.
Rouvres-en-Plaine, Saint-Jean-Baptiste, Joh. d. T.: A. 14. Jh.
Saint-Thibault-en-Auxois, Saint-Thibault, Rittergrabmal: A. 14. Jh.
Dijon, Chartreuse de Champmol, Portalfiguren und Moses-Brunnen: 1385/95
Bard-le-Régulier, Saint-Jean-l'Evangéliste, Chorgestühl: 2. H. 14. Jh.

Rouvres-en-Plaine, Saint-Jean-Baptiste, Altar der Machefoing-Kapelle: 2. V. 15. Jh.
Auxonne, Notre-Dame, Madonna mit der Weintraube: M. 15. Jh.
Flavigny-sur-Ozerain, Saint-Genès, Verkündigungsengel: M. 15. Jh.
Semur-en-Auxois, Notre-Dame, Grablegung: um 1480/90
Montréal, Notre-Dame, Alabasterrelief: 15. Jh.
Talant, Notre-Dame, Grablegung: A. 16. Jh.
Montréal, Notre-Dame, Chorgestühl: 1525 ff.
Châtillon-sur-Seine, Saint-Vorles, Grablegung: um 1530
Villeneuve-sur-Yonne, Notre-Dame, Grablegung: M. 16. Jh.
Saint-Florentin, Saint-Florentin, Lettner: um 1600
Appoigny, Saint-Pierre-et-Saint-Paul, Lettner: 1606/10
Tonnerre, Hospital, Grabmal des Marquis de Louvois: 1693/99
Fixin, Napoleon Denkmal: 1846/47
Alesia, Vercingetorix-Denkmal: 1860/65

Malerei

Auxerre, Saint-Etienne, Scheitelkapelle der Krypta, Fresko der Tonne: um 1100/20
Gourdon, Notre-Dame, Apsisausmalung: 1. H. 12. Jh.
Berzé-la-Ville, Château des Moines, Kapellenausmalung: M. 12. Jh.
Martailly-lès-Brancion, Saint-Pierre, Ausmalung: 1325/35
Beaune, Hôtel-Dieu, Weltgerichtsaltar: um 1445/50
Beaune, Notre-Dame, Teppiche im Chor: 1474 ff.
La Ferté-Loupière, Saint-Germain, Totentanzfresko: um 1500
Tanlay, Schloß, sog. Turm der Liga, Kuppelfresko: vor 1569
Bussy-le-Grand, Château de Bussy-Rabutin, Ausmalung der Decken: 3. V. 17. Jh.

KÜNSTLERVERZEICHNIS

FOTONACHWEIS

Bildarchiv Foto Marburg: 7, 14, 22, 23, 24, 44, 45, 63, 64, 65, 99, 109, 128, 160, 210, 232, 238, 242, 253, 270, 271, 272, 286, 301

Hermann Hessler, Kaiserslautern: 3, 10, 11, 12, 15, 16, 17, 18, 19, 25, 34, 35, 49, 52, 53, 54, 66, 67, 72, 76, 77, 79, 82, 85, 87, 89, 91, 132, 133, 134, 139, 145, 146, 147, 151, 153, 154, 174, 175, 177, 180, 182, 183, 185, 193, 197, 200, 201, 203, 206, 215, 216, 220, 222, 223, 224, 225, 229, 230, 231, 233, 234, 237, 244, 245, 246, 247, 249, 260, 264, 265, 273, 274, 275, 276, 277, 278, 279, 281, 282, 287, 288, 289, 290, 291, 292, 293, 294, 295

Hirmer Fotoarchiv, München: XIII, 5, 9, 20, 84, 105, 126, 152, 252

Bernhard Laule, Freiburg: III, IV, VI, VII, VIII, IX, X, XI, XII, XIV, XV, 1, 2, 4, 6, 8, 21, 26, 27, 28, 29, 30, 31, 32, 33, 36, 38, 40, 46, 47, 48, 51, 55, 56, 57, 58, 59, 60, 61, 68, 69, 70, 71, 73, 74, 75, 78, 80, 81, 86, 88, 90, 92, 93, 94, 95, 96, 97, 98, 102, 103, 106, 107, 113, 114, 115, 116, 117, 118, 119, 120, 121, 122, 123, 124, 125, 127, 129, 130, 131, 135, 136, 137, 138, 140, 141, 142, 143, 144, 148, 149, 150, 155, 156, 157, 158, 159, 161, 162, 163, 164, 165, 166, 167, 168, 169, 170, 172, 173, 176, 178, 179, 181, 184, 186, 187, 188, 189, 190, 191, 192, 198, 199, 204, 205, 207, 208, 209, 211, 212, 213, 214, 217, 218, 219, 221, 226, 227, 235, 239, 240, 241, 243, 250, 251, 255, 256, 257, 258, 259, 261, 262, 267, 268, 269, 280, 283, 284, 285, 296, 297, 298, 299, 300, 302, 303

Werner Neumeister, München: I, II, V, XVI, 13, 37, 39, 41, 42, 43, 50, 62, 83, 100, 101, 104, 108, 110, 111, 112, 171, 194, 195, 196, 202, 228, 236, 248, 254, 263, 266, 304

Sämtliche Pläne nach Zeichnungen bzw. Umzeichnungen von Bernhard Laule. Die Karte zeichnete Michael Hootz.

1
2
3
4
5
Seine
YONNE
CÔTE-D'OR
Vallery
Sens
Dixmont
Villeneuve-sur-Yonne
Saint-Julien-su-Sault
Saint-Florentin
Joigny
Laroche-Saint-Cydroine
La Ferté-Loupière
Appoigny
Pontigny
Ligny-le-Châtel
Tonnerre
Tanlay
Cruzy-le-Châtel
Châtillon-sur-Seine
Montigny-sur-Aube
Chablis
Auxerre
Saint-Bris-le-Vineux
Ancy-le-Franc
Nuits-sur-Armançon
Asnières-en-Montagne
Cravant
Vermenton
Noyers
Rougemont
Buffon
Châtel-Gérard
Marmagne
Aignay-le-Duc
Jours-lès-Baigneux
Saint-Fargeau
Treigny
Druyes-les-Belles
Lichères-sur-Yonne
Vézélay
Sauvigny-le-Bois
Avallon
Pontaubert
Montreal
Epoisses
Semur
-en-Auxois
Bussy-le-Grand
Alise-Sainte-Reine
Flavigny-sur-Ozerain
Thenissey
Saint-Seine-l'Abbaye
Saint-Père-sous-Vézélay
Sainte-Magnance
Chastellux-sur-Cure
Posanges
Vitteaux
Til-Châtel
Bèze
Fontaine-Française
Saint-Seine-
sur-Vingeanne
Beaumont-sur-
Vingeanne